Jean Rousset

Le Mythe de Don Juan

Préface de Georges Forestier

ARMAND COLIN

Bibliothèque des classiques

Pierre ALBOUY, *Mythes et Mythologies dans la littérature française* [1969], Armand Colin, 2012.

Nels ANDERSON, *Le Hobo, sociologie du sans-abri* [1923], Armand Colin, 2011.

Peter BERGER, Thomas LUCKMANN, *La Construction sociale de la réalité* [1966], Armand Colin, 2012.

John DEWEY, *Démocratie et Éducation* [1916] suivi de *Expérience et Éducation* [1938], Armand Colin, 2011.

Alain GIRARD, *Le Choix du conjoint* [1964], Armand Colin, 2012.

Jack GOODY, *L'Évolution du mariage et de la famille en Europe* [1983], 2012.

Carl HEMPEL, *Éléments d'épistémologie* [1966], Armand Colin, 2012.

Karl MANNHEIM, *Le Problème des générations* [1928], Armand Colin, 2011.

Jean PIAGET, *La Psychologie de l'intelligence* [1947], Armand Colin, 2012.

Henri WALLON, *L'Évolution psychologique de l'enfant* [1941], Armand Colin, 2012.

© Armand Colin 1978, 2012 pour la présente édition.

ISBN: 978-2-200-27925-7

www.armand-colin.com

ARMAND COLIN ÉDITEUR • 21, RUE DU MONTPARNASSE • 75006 PARIS

Préface

par Georges Forestier

Lorsque Jean Rousset s'est lancé, vers le milieu des années 1970, dans le brillant essai qu'on réédite aujourd'hui, il s'est assigné une triple tâche. Rappeler tout d'abord que « Don Juan », avant de devenir partie prenante de l'imaginaire collectif contemporain (aussi bien comme type masculin que comme catégorie psychologique de la vie amoureuse et sexuelle), avait commencé par être un personnage de fiction, et tirer toutes les conséquences de cette dimension littéraire originelle et fondatrice. Inventer ensuite une autre approche que celle des historiens de la littérature et du théâtre, qui saisissaient bien l'apparition d'une « légende » de Don Juan au XVIIe siècle mais se sentaient ensuite démunis devant l'enchaînement infini des variations ; ce qui revenait à tenter de soumettre la perspective diachronique à une démarche structurale. Proposer enfin d'appliquer le concept de « mythe » à une histoire dont le surgissement à l'époque moderne est précisément observable, dont le lien à la littérature est sans ambiguïté et dont l'auteur est connu – bref, à une histoire qui ne semble pas témoigner d'un « récit des origines », offert aux interprétations des anthropologues. La chose paraît aller de soi aujourd'hui : Don Juan est bien un *mythe* qui s'est d'abord constitué comme mythe *littéraire*, qualification qui ne retire rien à sa nature de mythe, comme en conviennent aujourd'hui les mythologues pour qui les mythes n'existent que par la littérature. Rien n'était plus novateur que de l'affirmer et chercher à le démontrer il y a quarante ans.

Inventeur du « baroque littéraire » français et fin connaisseur du XVIIᵉ siècle européen, Jean Rousset aurait pu être tenté par une simple approche diachronique. Il connaissait mieux que quiconque la première version de l'histoire, celle du dramaturge espagnol Tirso de Molina (*El Burlador de Sevilla y convidado di piedra* [Le trompeur de Séville et l'invité de Pierre]), apparue dans les années 1620. Il savait que le sujet s'inscrivait dans une perspective « apologétique » et possédait de ce fait des significations religieuses et morales très précises. En cette première moitié du XVIIᵉ siècle où les prêtres invitaient sans cesse leurs paroissiens à « se convertir » sans retard, c'est-à-dire à décider *sur le champ* de mener une vie « en Dieu », loin du péché et des passions, Tirso racontait ce qu'il advient de celui qui pense avoir tout son temps, remettant toujours à plus tard le moment de s'amender ; de celui qui, persuadé de pouvoir bénéficier *in extremis* de la miséricorde divine, se livre à tout ce vers quoi peut l'entraîner l'abandon aux passions. Pour transfigurer en un drame puissant ce qui n'aurait pu rester qu'une fable morale, Tirso avait joué avec la contradiction qui était alors au cœur de la « condition chrétienne » : dans les faits, en dépit de leurs objurgations hebdomadaires et de leurs menaces de voir Dieu retirer sa grâce, les prêtres n'en donnaient pas moins l'absolution aux pires des pécheurs dès lors qu'ils se confessaient sur leur lit de mort ; pour un poète de théâtre, une telle contradiction offrait de quoi forger une fiction qui mettrait en scène l'affrontement, devenu tragique, entre l'urgence du renoncement au péché et le refus de croire à l'urgence, entre la promesse de la grâce divine et l'imminence du châtiment. Reste que toute fiction puissante, même si elle est source de réécritures, ne devient pas mythe – ou, du moins, ne peut-être qualifiée de mythe sous peine de faire perdre toute substance à ce mot. Surtout lorsque la version originelle possède un substrat aussi daté et aussi marqué idéologiquement.

L'originalité première de l'approche offerte par l'essai de Rousset tient ainsi à ce qu'il n'a pas fait de cette version originelle le point de départ de sa réflexion et que, du coup, il ne s'est pas épuisé ensuite à tenter de suivre le fil de ses avatars. Il est vrai qu'il pouvait se dispenser de ce travail : il y avait longtemps que les historiens du théâtre avaient étudié comment les Italiens avaient aussitôt adapté la pièce de Tirso de Molina en gardant seulement la deuxième partie du titre (*Il Convitato di pietra* : l'invité de pierre), comment les Français avaient adapté à leur tour les versions italiennes sous le titre *Le Festin de Pierre*, et comment les éditeurs posthumes de Molière en rebaptisant son propre « Festin de Pierre » *Don Juan ou Le Festin de Pierre* avaient infléchi sans le savoir la signification du sujet, inflexion qui finirait par se révéler décisive avec Mozart et surtout les Romantiques.

Rousset avait eu le loisir de constater que cette approche historique revenait à considérer « Don Juan » comme une histoire aux variations infinies, sans qu'il soit possible d'en comprendre la raison autrement qu'en célébrant les chefs-d'œuvre de Molière et de Mozart, en criant au génie de leurs auteurs, ou en se plaçant sur le plan de la psychologie. C'est pourquoi on parlait de « légende », ou de « thème », et nullement de « mythe ». Du coup, les questions que l'on posait à cette histoire concernaient soit le personnage – qui est Don Juan ? y a-t-il un Don Juan éternel ? une seule figure aux multiples facettes ? – soit chacune des manières dont dramaturges, poètes, puis romanciers s'étaient saisi de l'histoire et du personnage, sans qu'il fût possible de donner vraiment du sens aux ressemblances et différences.

Pour se dégager de cette perspective traditionnelle, Rousset a commencé par formuler différemment un paradoxe observé depuis longtemps par les historiens de la littérature et du théâtre : le fait qu'un sujet aussi lié aux valeurs religieuses et morales d'une époque ait pu être repris par des hommes qui tournaient toutes les valeurs en dérision comme les auteurs italiens « *dell'arte* », puis par des artistes aussi peu religieux que Molière ou Mozart. Il y avait là de quoi donner à penser que si cette histoire avait pu continuer à séduire les créateurs et à trouver à chaque époque un nouveau public, c'est qu'elle était d'emblée dotée de constituants anthropologiques plus profonds. Ce qui incitait à réfléchir sur son lien indissociable avec la mort, aussi bien par la modernisation de la vieille légende du retour du mort vengeur (« l'invité de pierre ») que par le foudroiement en scène du personnage principal. On entrevoit ainsi le cheminement de la pensée de Jean Rousset : en se demandant pourquoi les transformations, souvent considérables, que dramaturges et artistes ont fait subir à cette histoire n'ont pas fait disparaître certains éléments du drame originel de Tirso, Rousset en a conclu que ce drame s'est immédiatement constitué en une *structure*, organisée autour de quelques constituants-clés.

En somme, ce qui a changé avec Rousset, c'est qu'il a osé affirmer – non sans prudence dans son introduction, témoignage de ses hésitations initiales – qu'on ne peut saisir les spécificités de « Don Juan » en se contentant d'en suivre l'histoire ; qu'il ne sert à rien de regarder tous les Don Juan comme une simple série continue de réécritures engendrant variations, métamorphoses, transfigurations, déplacements génériques ; et qu'on peut dépasser le constat de l'infinie variation des réécritures en mettant en place « une structure » qui permet de comprendre le mécanisme des réécritures ; et donc le fond stable de la structure.

Assurément, si Rousset a pu proposer une approche aussi nouvelle, c'est qu'il s'était depuis longtemps forgé des instruments. La méthodologie qu'il avait exposée et mise en œuvre dans *Formes et significations* (1966) a trouvé à s'appliquer merveilleusement dans *Le Mythe de Don Juan*. Avant d'interpréter une œuvre, expliquait-il en substance, commençons par regarder la *forme* qu'a donnée l'écrivain à son œuvre. Plutôt que de se perdre dans le jeu des variations, ce qui conduit à surinterpréter les plus célèbres versions de « Don Juan », montre-t-il ici, commençons par rechercher si sous les multiples avatars de cette histoire on ne distingue pas une *forme*. Ce qui justifie qu'on puisse parler de mythe.

Cette forme s'organise selon Rousset autour de trois « invariants », qui sont les apparitions du mort, le groupe féminin, le héros (ses agissements et sa culpabilité). À première vue, la chose paraît aller de soi, puisque le mythe de Don Juan pourrait se résumer à la fable d'un héros réprouvé dont les agissements criminels auprès des femmes (symbole d'un comportement général socialement répréhensible) lui attirent un châtiment surnaturel envoyé par Dieu et exercé par la statue d'un homme qu'il a tué. Il faut se garder d'une telle simplification, et l'on doit donc souligner ici la force de cette approche formaliste, qui a permis à Rousset d'inverser le raisonnement traditionnel.

Jusqu'à lui, on se bornait à constater que depuis le XIXᵉ siècle la plupart des écrivains qui ont esquivé la dimension surnaturelle de l'histoire se sont crus obligés de justifier cette esquive par des explications ou des pirouettes ; de même on observait que les metteurs en scène du *Don Juan* de Molière ou du *Don Giovanni* de Mozart qui ont tenté au XXᵉ siècle de rendre prosaïque et banal le retour du mort et le châtiment divin infligé au héros ont tous été conduits à se justifier de leur interprétation désacralisante. Grâce à son raisonnement de nature formaliste, Rousset a pu sauter de ce simple constat à l'interrogation fécondante. Il s'est demandé si cette histoire ne reposerait pas sur une *structure* constituée de quelques éléments permanents (c'est ce qu'il appelle des « invariants »), qui subsistent en filigrane même lorsqu'ils ont été sciemment supprimés par les meilleurs artistes des deux derniers siècles – ce qui justement constitue cette histoire en mythe. Et ce qui permet de comprendre pleinement les « significations » des variations, des pirouettes et des esquives.

De la même manière, le fait que Rousset ait posé le « groupe féminin » parmi les invariants structuraux peut paraître évident au point de relever de la lapalissade. En fait, il n'allait pas de soi que cet élément devînt un élément constitutif du mythe : le premier Don Juan, celui de Tirso, n'était pas un « Don Juan ». Présenté comme un « *burlador* », il était l'homme qui « joue de (mauvais) tours » à tout le monde, jusqu'à son père et ses meilleurs amis, tout cela pour donner libre cours à l'expression intempérée de ses passions ; du coup, il enchaînait les forfaits, violait, tuait, enlevait, reniait la parole donnée. Les femmes semblaient n'être qu'un élément parmi d'autres de la course passionnelle du personnage, l'expression la plus frappante de son goût pour la mystification. Elles n'en occupaient pas moins une place centrale, et sont rapidement, de ce fait, devenues un constituant du mythe. Même chez Molière : certes, Molière a éliminé le personnage d'Anna, la fille du Mort, mais il est allé si loin dans l'éradication de toute violence chez Don Juan qu'il a dû renforcer verbalement la dimension séductrice du personnage, fixant ainsi pour toujours (mais sans le vouloir, on va le voir) la figure de Don Juan sur son rapport aux femmes. Autrement dit, c'est avec la prédominance progressive du « groupe féminin », conçu non plus seulement comme l'illustration principale des méfaits d'un « trompeur », mais comme un abcès de fixation, que les possibles d'une infinie variation se sont cristallisés dans un invariant structurel.

Un tel livre, quarante ans plus tard, appelle-t-il des inflexions et des prolongements ? Oui, comme tout grand livre par rapport auquel les historiens de la littérature ultérieurs ont été conduits à situer leur réflexion. Les avancées en matière de philologie théâtrale et de dramaturgie ont ainsi permis de répondre à des questions que Jean Rousset avait laissées en suspens. Pour tenir cette préface dans des bornes raisonnables, nous choisirons de ne répondre qu'à une seule de ces questions.

Rousset voyait dans l'éviction par Molière du personnage de la fille du Mort, Anna, et dans la suppression du duel meurtrier contre le Commandeur, « une carence centrale, difficilement explicable » (p. 58). Il tentait de la justifier par des « raisons techniques », invoquant la difficulté de mettre en scène le meurtre du Commandeur, ou les contraintes de la célèbre *unité de temps* qui auraient empêché Molière de faire tenir ensemble dans une même pièce ce meurtre

« commis six mois plus tôt » et la rencontre sous les yeux du spectateur entre Don Juan et sa victime devenue statue de Pierre. En fait Rousset, sur ce plan, n'a pas vu qu'on pouvait inverser le raisonnement. Rien n'empêchait que, le Commandeur tué six mois plus tôt, sa fille Anna n'apparaisse, poursuivant Don Juan de sa vengeance pour avoir enchaîné dans un même mouvement criminel son propre viol et le meurtre de son père. Dès lors, dans quel but Molière a-t-il insisté sur le fait que la mort de ce Commandeur dépourvu de fille n'était justement pas le résultat d'un meurtre, mais d'un duel en bonne et due forme pour lequel Don Juan aurait même obtenu sa grâce ?

La réponse tient justement dans une raison technique, découverte depuis que Rousset a publié le présent essai, et l'on peut être assuré que l'explication l'aurait séduit dans la mesure où elle confirme que les significations d'une forme littéraire découlent des contraintes de sa mise en œuvre. Composant sa pièce après avoir préalablement passé commande des décors, Molière fut de ce fait soumis à des contraintes scénographiques inédites, qui expliquent les importantes différences entre sa comédie et les versions antérieures de l'histoire. Le choix préalable d'un décor différent par acte a eu pour effet d'immobiliser son Don Juan en cinq lieux successifs : du coup, le dépravé qui chez ses prédécesseurs ne cessait d'enchaîner forfaits et fuites s'est transformé tantôt en discoureur (actes I et V), tantôt en auditeur silencieux des faiseurs de remontrances (acte IV), tantôt en héros de petites comédies autonomes (acte II entier et début de l'acte IV). Et ces contraintes techniques se sont répercutées sur la caractérisation du personnage. Conformément à la tradition, son père lui reproche d'avoir commis un « amas d'actions indignes » et « une suite continuelle de méchantes affaires », mais les seules dont il est précisément question dans la pièce de Molière se ramènent à rejeter la femme qu'il avait arrachée à son couvent, à rater (en coulisses) l'enlèvement d'une jeune fiancée et à promettre le mariage à deux paysannes sans abuser d'elles. Son Don Juan ne viole pas, il ne tue pas et ne manifeste pas cette violence froide qui dans les deux précédents *Festin de Pierre* français conduisait son père à mourir de chagrin : il parle, il écoute ou il joue.

De plus, pour rapprocher plus encore le personnage de son public, en particulier de l'aristocratie mondaine dont il était la coqueluche (l'auteur comique populaire est une invention du XIXᵉ siècle républicain), Molière a achevé de le transformer : le grand seigneur espagnol à l'insouciance criminelle, qui abusait des femmes par surprise, par violence ou par serment de mariage non tenu, se présente sous les plus beaux atours d'un courtisan français, aussi joliment paré – « une perruque blonde et bien frisée, des plumes à votre chapeau, un habit bien doré et des rubans couleur de feu » – que les « petits marquis » qui hantaient les salons des dames parisiennes et qui allaient entourer Célimène et Alceste un an plus tard dans *Le Misanthrope*. Et c'est pourquoi Molière a innové en faisant prononcer par son héros une éblouissante apologie de la séduction universelle et de l'inconstance. En cette période où les recueils du poète latin Ovide, l'*Art d'aimer* et *Les Amours*, faisaient les délices des salons mondains, Molière a eu l'idée géniale de transposer sur Don Juan les aveux jadis mis en vers par Ovide dans la plus connue de ses élégies (*Amours*, II, 4) : « Je n'ai pas la force de me gouverner, je suis comme le navire qu'emportent les flots rapides. Mon cœur ne s'astreint pas à préférer certaines beautés, il trouve cent raisons de les aimer toutes », aveux suivis de l'énumération de toutes les formes de beauté féminine qui l'attirent et ainsi conclus : « Enfin, de toutes les belles que l'on admire à Rome, il n'en est pas une seule que ne convoite mon amour. » C'est donc Molière qui a posé la pierre essentielle qui conduira les romantiques à aimer Don Juan et à, comme le dit Rousset (p. 80), « se reconnaître en lui comme un frère ». Grâce à Ovide Molière a plaqué sur Don Juan le plaisir gracieux de la possession universelle. Assurément il eût été bien étonné si on lui avait prédit que ce beau discours à la mode ovidienne tenu par un seigneur espagnol transformé en « petit marquis » bien parisien servirait un jour de socle à la définition moderne du « donjuanisme ».

On pourrait poursuivre en faisant remarquer que ces mêmes contraintes techniques permettent de résoudre un autre étonnement de Rousset : le fait que Don Juan « l'improvisateur » toujours en mouvement s'arrête à l'acte I pour délivrer une théorie de la séduction à travers son autoportrait de conquérant. Mais il est temps de conclure.

Qui songe encore aujourd'hui à Tirso de Molina en évoquant le nom de Don Juan ? Qui peut savoir ce que doit la définition moderne du « donjuanisme » à l'idée qu'a eue Molière d'adapter à son personnage les vers d'Ovide ? Personne, à part les connaisseurs. Molière lui-même, qui semble ne pas avoir connu le texte espagnol de Tirso, n'a eu aucun scrupule à transformer l'histoire qu'il héritait des Italiens et des Français. Quant à Mozart et Da Ponte, ils ont fait comme s'ils ignoraient que tous leurs prédécesseurs sans exception avaient très soigneusement distingué la scène du souper avec la statue du Commandeur et la scène de l'ultime rencontre mortelle avec la statue. Ne parlons pas de toutes les métamorphoses que l'histoire de Don Juan a subies depuis les Romantiques et auxquelles Jean Rousset consacre un chapitre. Or c'est justement cela qui caractérise le mythe. La dissolution des spécificités marquantes d'une histoire dans la mémoire collective qui permet à cette histoire et à ses personnages de se réduire à ses éléments structurels fondamentaux. Comme l'a montré Jean Rousset, Don Juan, est devenu un mythe parce qu'il est devenu « un bien commun que tout le monde s'approprie sans jamais l'épuiser ». Admirable formule, qui suffirait à résumer le caractère encore novateur et toujours indispensable de ce livre.

Jean Rousset

Le Mythe de Don Juan

Introduction

Ma légende... C'est une histoire épique, interminable, épisodique, confuse, absurde, rebondissante comme un feuilleton ou comme la vie.

GHELDERODE, *Don Juan.*

La question qui se pose en premier lieu est celle-ci : parlant de Don Juan, peut-on en parler comme d'un mythe ? Il importe de la poser, pour deux raisons : l'incertitude, la fluidité de la notion même de mythe, la situation particulière de l'histoire qui se raconte depuis plus de trois siècles sur le Séducteur et l'Invité de pierre. On va le voir, la réponse, avant de se fixer, hésitera entre le oui et le non.

A-t-on le droit d'inscrire Don Juan dans la catégorie des mythes classés et définis par Éliade, Lévi-Strauss ou Vernant, parmi ces mythes des sociétés archaïques qui remontent aux origines, « au temps sacré des commencements », avant toute ère historique ? Or Don Juan est né à l'âge historique, à l'âge moderne, il est daté, on en connaît la première version, cette version « authentique » qui échappe aux ethnologues ; en ce sens, il n'appartiendrait pas à la famille des mythes.

Voici qui va peut-être permettre de l'y introduire ; il est fondé sur la mort, – sur la présence active *du* Mort, de la Statue animée, véritable protagoniste du drame, médiateur de l'au-delà, agent de la liaison avec le sacré. Ce n'est pas tout : ce Mort que le vivant offense en l'invitant à souper, ce Mort qui revient pour punir, il sort d'une légende populaire largement répandue dans l'Occident chrétien[1]. Ainsi un fonds mythique enfoui affleure dans le *Don Juan* qui nait en 1630. Et sous cet humus légendaire, on devine, peut-être, un substrat plus profond, une survivance d'anciens cultes des morts avec offrande de nourriture. On sait l'importance du repas, de l'échange alimentaire dans le scénario donjuanesque. On le voit ainsi se rapprocher de la sphère mythique dont il semblait d'abord s'éloigner.

Au surplus, il n'est pas indifférent que le Mort punisseur intervienne sous la forme non pas d'un spectre ou d'un squelette comme dans les contes du folklore, mais d'une statue : le merveilleux est mieux servi par ces allées et venues de l'immobile, par cet amalgame inquiétant de pierre et de pensée. On y adjoindra ce thème apparenté : la légende de la statue fiancée qui vient réclamer son promis le soir de ses noces, dont la *Vénus d'Ille* est l'une des mises en œuvre littéraires.

Voici, en revanche, qui va nous éloigner à nouveau de la sphère mythique : « les mythes n'ont pas d'auteur » (Lévi-Strauss), ils ont une longue préhistoire orale, ils vivent d'une « tradition » anonyme. Mais *Don Juan* a un auteur sans lequel il ne fût pas venu à l'existence, la version inaugurale est attestée dans un texte écrit. Admettra-t-on qu'un document émanant d'un professionnel de l'écriture puisse constituer l'acte de naissance d'un mythe ? Rien de plus contraire à la définition généralement reçue.

Toutefois on constate par ailleurs un fait historique qui entre dans cette définition : Don Juan n'a pas tardé à se rendre indépendant de son inventeur et du texte fondateur ; Tirso et le *Burlador* originel sont oubliés, les utilisateurs n'y font plus référence, mais Don Juan ne se laisse pas oublier, il vit d'une vie autonome, il passe d'œuvre en œuvre, d'auteur en auteur, comme s'il appartenait à tous et à personne. On reconnaît là un trait propre au mythe, son anony-

---

1. Cf. L. Petzoldt, *Der Tote als Gast. Volkssage und Exempel*, Helsinki, 1968, qui fait état de 250 versions. Voir plus loin le chapitre « Genèse ».

mat lié à son pouvoir durable sur la conscience collective ; celui-ci va de pair avec son aptitude à toujours naître et renaître en se transformant. Plasticité et propriété indivise : d'une part un récit assez ouvert, assez perméable aux circonstances de lieu et de temps pour se prêter à la métamorphose sans perdre son identité première ; d'autre part, un bien commun que tout le monde s'approprie sans jamais l'épuiser.

Ce dernier trait nous oriente du côté de la réception : je pense à la fonction de modèle, d'action exemplaire exercée par le mythe dans les sociétés traditionnelles, où chaque récepteur s'identifie au héros, au dieu, revivant ou rejouant la geste instauratrice pour déchiffrer dans le temps actuel sa propre situation. Qu'en est-il avec *Don Juan* ? À qui le spectateur va-t-il s'identifier ? Aux victimes du libertin, ou aux instances d'opposition et de châtiment ? Ou au héros lui-même ? Mais en ce cas, prendra-t-on le point de vue du délinquant condamné par le xviie siècle ? Ou celui de l'amant fascinateur, du rebelle glorifié par le romantisme ? Ou même celui du mystificateur tourné en dérision par notre temps ? Il y a là, selon les versions et les époques, selon le genre et la mise en scène, et selon l'attente du public, toute une gamme de solutions différentes, voire opposées. C'est un facteur important de variations, qui feront du héros un modèle tantôt négatif, tantôt positif.

Il y a toutefois un revers à cette plasticité, à cette action de longue durée sur l'imagination collective : c'est l'usure et la dégradation, *un* donjuan ! Le donjuanisme ! Voilà le déchet, le produit banalisé d'une dégénérescence ; que reste-t-il du prototype, du pécheur, du libertin et de ses affrontements avec le Ciel dans le petit-maître du xviiie siècle, dans l'homme à femmes de la fin du xixe ? La substance mythique s'est évaporée, l'identité première s'est effacée sous l'effet d'une dislocation : l'ensemble initial et constitutif s'est désagrégé ; en accaparant l'intérêt pour lui seul, le héros s'est détaché du scénario global, il a perdu le contact avec l'Invité de pierre et le dénouement surnaturel. Mort du mythe – preuve aussi que le mythe a réussi, a trop bien réussi.

Ce constat de décomposition m'amène à traiter d'un second point : *comment en parler?* Plus précisément, comment organiser le livre de façon à ne pas manquer la totalité qui constitue Don Juan en mythe?

La première tâche, avant d'établir le corpus pertinent, consiste à décrire et articuler le domaine en isolant les éléments distinctifs dont le groupement formera le scénario donjuanesque permanent. On obtient alors les unités constitutives – les invariants – qui sont au nombre de trois :

1. *Le Mort :* l'Invité de pierre, j'ai montré que sa présence était fondamentale, que sans lui on raconterait une autre histoire, qu'on passerait à côté du mythe ;

2. *Le groupe féminin :* une série *n* de victimes, d'héroïnes, afin que soient attestées l'inconstance du séducteur, sa polygamie indifférenciée, sa manie de répéter, de toujours recommencer l'entreprise du voleur de femmes ; parmi elles, victime privilégiée, la fille du Mort ;

3. Le héros, Don Juan, celui qui s'attaque au Mort auquel il est relié intimement, puisqu'il a tenté de lui voler sa fille, qu'il l'a tué, qu'il en recevra le châtiment final.

Voilà un dispositif triangulaire minimal qui détermine un triple rapport de réciprocités ; entre ces trois unités, et à l'intérieur de chacune d'elles, maintes combinaisons sont concevables qui assurent au mythe sa mobilité, son élasticité et par suite sa réserve de virtualités, donc de métamorphoses.

Je place à dessein les trois invariants dans l'ordre de succession : Mort – groupe féminin – héros ; ils formeront dans cet ordre, qui est leur ordre d'importance, les trois chapitres de la première partie de l'essai qui va suivre : en tête, l'émissaire surnaturel, opérateur de fantastique et agent du dénouement, vers lequel tout converge ; en troisième rang, le héros, qui n'existe pleinement comme Don Juan que dans son rapport aux deux autres composantes ; au centre, le groupe féminin, très riche en combinaisons possibles, destinées à retentir sur l'ensemble ; et au centre de cette constellation d'héroïnes, je l'ai dit, Anna ; en sa qualité de fille du Mort et d'objet de rapt, donc d'occasion du duel et du meurtre de son père, elle fait fonction de charnière entre les trois unités du système donjuanesque.

On constate que je propose une méthode structurale, dont je n'accepterai cependant pas toutes les conséquences ; en dégageant du chaos des versions et des incohérences du devenir historique les points forts et les nœuds de relation, elle fournit un ordre logique et justifie l'ordonnance du livre. Elle a d'autre part constitué un outil indispensable dans une phase intermédiaire de la recherche : l'établissement du corpus.

Car on n'échappe pas à la question : de quels *Don Juan* parler ? Où est le véritable *Don Juan* ? Je ne l'entends pas au sens de modèle du personnage, ce modèle supposé qu'on s'est trop souvent et bien vainement évertué d'identifier, j'entends le *Don Juan* imaginaire qui à lui seul ferait autorité. Celui de l'inventeur espagnol sans qui nous ne parlerions même pas aujourd'hui du Prédateur et de son combat avec la statue animée ? Celui de Molière ou celui de Mozart, sans qui le prototype n'aurait sans doute pas survécu jusqu'à nous ? Et tous les autres, qui ont maintenu la tradition, assumé la mission importante de relais, parfois introduit un germe de novation et fait vivre, dans notre mémoire profonde, le mythe ? Ira-t-on jusqu'à dire que Don Juan est partout, c'est-à-dire dans toutes les versions qu'il en peut exister ? Oui, dans la mesure où cette ubiquité, cette présence diffuse est indispensable à la formation et à la vie d'une figure légendaire. Non, toutefois, s'il s'agit, comme ici, d'un cas particulier dans le domaine mythique : création littéraire, Don Juan est né et s'est développé dans des textes et des partitions qui s'affirment, chaque fois, dans leur unité singulière. C'est pourquoi je prodiguerai les micro-analyses de scènes ou de fragments pris à la loupe, tant il est vrai que la réalité de l'œuvre se perçoit dans son corps textuel. Sans renoncer cependant à renvoyer chaque unité à la totalité

du système donjuanesque ; le sens de chacune se lira dans sa superposition à toutes les autres.

Double perspective donc et travail constant de va-et-vient : s'il
y a autant de *Don Juan* qu'il se rencontre d'occurrences indivi-
duelles, chacune devrait être saisie dans la série des versions
reconnues. Ce qui nous ramène au problème du corpus de ces versions : comment l'établir ? Opération en deux temps : la structure
ternaire dont j'ai parlé s'est d'abord construite à partir de quelques
versions tenues, sans trop d'arbitraire, pour indiscutables, de Tirso
à Mozart ; elle a été ensuite utilisée comme instrument de pros-
pection et d'analyse pour compléter et unifier le corpus, par un
travail de filtrage, retenant les versions conformes, rejetant les versions dégradées. Corpus à vrai dire inachevable, il se publie et se
publiera encore nombre de *Don Juan ;* sans parler de ceux qui me
sont restés inaccessibles.

Ceci posé, comment procéder à l'analyse des versions retenues ?
Et tout d'abord, quelles priorités choisir ? Commencera-t-on par la
résistance du système, par sa permanence au long du devenir historique ? Ou au contraire par ses variations, ses oscillations ou ses
ruptures, c'est-à-dire par son histoire ?

Si j'ai établi les termes d'une structure, ce n'est pas pour exclure
la diachronie. Mais comment faire l'histoire de ce qu'on n'a pas
d'abord décrit et décomposé en ses unités simples et stables ? Pour
citer Jakobson, « seule l'existence d'éléments invariants permet de
reconnaître les variations[1] ». En revanche, sans les variations, le scénario se réduirait, dans ses récurrences successives, à la répétition
d'un schéma rigide ou inerte ; l'exploration diachronique fera vivre
et respirer le système préalablement reconnu et défini dans sa fixité.
Les grandes phases de l'évolution historique ne seront donc ni igno-
rées, ni traitées pour elles-mêmes, elles figureront, au fur et à
mesure que l'occasion s'en présentera, dans les chapitres consacrés
aux invariants. Préséance restera donc à ceux-ci ; c'est dire que la

---

1. *Essais de linguistique générale*, Paris, 1963, p. 39.

démarche heuristique présentée il y a un instant commandera l'organisation de l'exposé.

Faut-il redire que, pour les raisons données plus haut, le livre commencera par la fin, par le Mort et ses apparitions, puisque j'en fais le véritable protagoniste. Ce sera le premier chapitre. Le second portera logiquement sur la fille du Mort et le groupe féminin ; on l'a dit, Anna est en principe la figure dominante des héroïnes et la fonction charnière du dispositif ; elle fera le lien et le joint entre le premier et le troisième chapitre consacré au héros. Si je réserve à Don Juan cette position en troisième rang, c'est pour qu'il soit bien établi que le héros n'est pas isolable, qu'il est au contraire subordonné aux deux autres invariants.

On pourrait dire à ce propos, en reprenant une utile distinction de Raymond Trousson[1], que le XIXᵉ siècle et le nôtre ont fait, de ce qui était autrefois un « mythe de situation », un « mythe de héros » et que je voudrais le restituer à ce statut initial qui a été un peu perdu de vue, le rendre à l'ensemble dont il n'est qu'une partie. Je souhaite éviter, dans la mesure du possible, de construire mon Don Juan en *personnage*, d'explorer les orientations du penseur ou les secrets de l'homme de désir, de bâtir – une fois de plus ! une psychologie du super-amant, de l'érotique intensif ou insuffisant, obsédé ou déréglé ; sur ces aspects, la littérature est déjà surabondante. Don Juan sera traité, pour l'essentiel, comme énergie dans un réseau de forces qui se réalise par action et réaction, comme fonction dans un ensemble, comme nœud de relations ; il sera défini par ses rencontres, ses contacts, ses conflits avec les diverses figures qui, dans le scénario, le regardent, l'accompagnent, le poursuivent ou le fuient, le jugent, le condamnent... La plupart des textes donjuanesques, dramatiques surtout, sont des carrefours très fréquentés.

Pour bien marquer cette volonté de mise en rapports, la matière concernant le héros se répartira en sections construites sur des couples de corrélation ou d'opposition :

---

1. *Les Études de thèmes. Essai de méthodologie*, Paris, 1965, p. 35 ss.

    – *le réprouvé et ses juges,* qui sont le roi, le père, les victimes, le valet, le Commandeur, Dieu, où se posera la question de la culpabilité de Don Juan ;

    – *le comédien et ses spectateurs :* son art d'acteur vis-à-vis de partenaires auxquels il tente de faire croire que la fiction jouée par lui en virtuose de la parole et du geste est vraie, à la façon du comédien dupant son public, conformément à la poétique de l'illusion théâtrale ;

    – *l'improvisateur devant la Permanence,* symbolisée par la Statue : l'homme de l'instant face à ce qui conteste ou détruit le temps donjuanesque[1].

    Pour chacune de ces unités ou sous-unités, on procédera en mettant le corpus *en pile,* en superposant les versions comme si elles étaient synchroniques, de façon à dégager les principales combinaisons. On verra s'établir, par exemple, la règle des trois apparitions du Mort, laquelle rendra perceptibles certaines infractions majeures (Mozart) ; ou bien on observera le traitement tantôt effacé, tantôt hyperbolique d'Anna et le retentissement de ces oscillations sur le groupe féminin aussi bien que sur les autres invariants ; ou encore, pour en venir au héros, le rapport variable qu'il entretient comme coupable avec ses juges ou comme acteur avec ses partenaires pourra révéler des changements de point de vue sur le libertinage, la séduction, le mariage, donc des changements de société, de culture, selon les lieux et les moments ; ce seront les clivages historiques dont tiendra compte à l'occasion cette section à dominante synchronique. L'accent n'en portera pas moins sur les virtualités de ce jeu combinatoire que recèle le dispositif ternaire des invariants.

---

1. Le parti ainsi adopté s'écarte de celui que Kierkegaard, pour choisir un haut exemple, soutient avec tant de force dans un essai qu'il organise autour de la « centralité de Don Juan » ; il est vrai qu'il n'y est question que de l'opéra de Mozart : « Don Juan est le héros de l'opéra ; l'intérêt principal se concentre sur lui ; mais ce n'est pas tout, il donne de l'intérêt à tous les autres personnages. » *Ou bien... Ou bien,* trad. Paris, 1943, p. 93.

Nombre de combinaisons sont en effet concevables, chacune produisant une variation de sens, par modification interne ou externe, relative ou massive de l'une ou l'autre des unités constitutives ; on verra opérer tour à tour la soustraction ou l'extension, la suppression ou l'amplification, le dédoublement ou la contraction, etc. Le jeu des variantes respectera toutefois certaines conditions et contraintes : outre le maintien des trois composantes, celles-ci ne devraient pas être modifiées jusqu'à se trouver dénaturées et méconnaissables ; mais jusqu'à quel point ? Quelles sont les limites admissibles ? Admettra-t-on, par exemple, un groupe féminin réduit à une seule unité (Grabbe) ? ou la substitution au Mort de la foudre, d'un accident cardiaque (Anouilh) ? ou un Don Juan inapte à la conquête (Brancati) ? La réponse pourra varier chaque fois en fonction de la cohérence de l'ensemble, de la force des références à l'invariant substitué, de l'aura mythique.

D'autres contraintes sont inhérentes à la logique du récit : il y a une syntaxe narrative qui, comme la syntaxe de la phrase, autorise ou interdit certains placements ou déplacements ; les interventions de l'Invité de pierre n'ont pas leur place au début, mais à la fin du drame, de toute façon après le duel avec le Commandeur ; en revanche, ce duel est mobile sur la ligne du récit ; on le trouve le plus souvent en position médiane ; mais que Mozart, après Gluck et Gazzaniga, le place en introduction, c'est l'ensemble du discours narratif qui est remanié et le sens bouleversé : l'ouverture funèbre donne le ton et jette son ombre sur tout l'opéra.

À l'origine, la seconde partie de l'essai devait être réservée à la diachronie ; j'avais prévu quelque chose qui aurait pu s'intituler « Genèse et métamorphose » ou « Enchaînements et ruptures ». Seul un chapitre « Genèse » a survécu. C'est que les grands clivages historiques, l'avant-Mozart et l'après-Mozart entre autres, apparaissent suffisamment dans la première partie ; même s'ils y sont traités par la bande, ils ont la part qui leur revient. Ils ont du reste valeur d'évidence pour les historiens. De toute façon cela a été fait, et très attentivement, par Gendarme de Bévotte, plus récemment par l'Américain L. Weinstein et par d'autres. Pourquoi refaire ce qui, sur ce plan, a été bien fait ? À quoi bon reprendre la vaste entreprise de G. de Bévotte ? S'il faut la mettre à jour, l'améliorer ici ou là, c'est plutôt le point de vue et la méthode qui demandent à être renouvelés.

Aussi ai-je renoncé à un examen systématique des enchaînements qui relient, directement ou indirectement, le long du devenir historique, les versions donjuanesques ; non seulement parce qu'on peut se reporter à la bibliographie existante, mais plus encore parce que l'ordre historique de l'exposé est un ordre externe, illogique, non pertinent ; il n'engage pas à tenir compte des modes particuliers dans lesquels les œuvres littéraires se réalisent, avec leurs traits propres et leurs différences spécifiques.

C'est pourquoi les métamorphoses dues à la succession des temps, aux seules évolutions chronologiques seront remplacées par les métamorphoses que j'appelle *latérales* ; je les tiens pour plus pertinentes, car c'est ici le discours littéraire qui se trouve immédiatement intéressé. Je pense aux glissements d'un genre à un autre, d'un sous-genre à un autre, et aux transpositions qui en résultent, aux « traductions » d'un même texte, du même scénario d'un système formel dans un autre système formel ; ce texte, ce scénario sera dès lors écrit, raconté différemment. L'histoire du mythe est aussi un voyage à travers les formes : Don Juan est né au théâtre et s'y développe presque exclusivement jusqu'à la fin du XVIIIᵉ siècle ; tous les modes théâtraux y collaborent, du drame écrit aux branches populaires et semi-orales, commedia dell'arte, foire, tréteaux, marionnettes, mais aussi l'opéra, *seria* et surtout *buffa* ; ce passage du parlé au chanté provoque des modifications importantes ; lesquelles ? et selon quelles lois de transformation ?

On le constate, l'attention à l'ordre de succession historique se trouve prise en compte, secondairement, par l'analyse des métamorphoses latérales, du fait que celles-ci se répartissent en grandes zones chronologiques : jusqu'à Mozart, on vient de le voir, toutes les formes théâtrales, et elles seules. Après Mozart, ce sera l'éparpillement, la diversification des genres ; plus précisément, après la diffusion de cette plaque tournante qu'est le conte fantastique de Hoffmann : un *récit* qui raconte une représentation de l'*opéra* de Mozart, suivi d'une méditation qui est un *essai*, le premier grand essai sur le thème. À partir de ce texte-carrefour, les trois genres littéraires qui s'y rencontrent vont se séparer, chacun suivant sa dynamique particulière, ce qui n'exclut pas de nouveaux échanges en cours de route. Passant de l'un à l'autre, chaque fois repris, modulé, remodelé par ces transpositions, le scénario donjuanesque sera transformé par la concurrence des genres tout autant que par les bouleversements de l'histoire.

Désormais et jusqu'à nos jours, les versions de plus en plus nombreuses se transcrivent, se traduisent dans les formes les plus diverses, souvent mélangent leurs apports : théâtre encore et toujours, mais aussi romans et nouvelles, poèmes et récits en vers (de Byron et Musset à Baudelaire, Trakl ou Jouve), et puis essais, innombrables essais d'historiens, de psychologues et psychiatres, de philosophes et esthéticiens depuis Kierkegaard, de critiques enfin qui pullulent au XXᵉ siècle.

Qu'il soit bien entendu dès ce préambule – mais on l'a déjà compris – que Don Juan et tous ceux qu'il rencontre, séduit ou provoque, créations des poètes, des dramaturges, des musiciens, n'existent que dans la fiction. Le libertin qui affronta, qui affronte encore la statue de pierre ne peut avoir vécu dans la Séville du Siècle d'or, si ce n'est dans l'imagination de Tirso et de ses spectateurs ou lecteurs, comme il vit encore dans la nôtre. C'est à ce titre qu'il peut nous concerner aujourd'hui.

C'est pourquoi seront écartés de ce livre les Lauzun, Richelieu ou Casanova – même Casanova pourtant passé à l'état de quasi-mythe –, et tous leurs imitateurs du XVIIIᵉ siècle et du nôtre. En seront exclus aussi, tout fictifs qu'ils sont, les roués et hommes à bonnes fortunes, heureux conquérants ou savants corrupteurs qui, de Crébillon fils à Laclos et Sade, peuplent tant de récits ; ni Lovelace, ni Bel-Ami, bien que souvent cités dans les traités et les bibliographies, ne figureront ici : il leur manque d'avoir combattu contre le Mort.

Le champ s'en trouvera sévèrement réduit, j'en conviens ; il le fallait pour que l'étude conserve sa cohérence et son unité. De toute façon la matière est inépuisable.

Première partie

Les invariants

I

Les apparitions du Mort

Au fond du mythe l'énigme de la statue de pierre.

BLANCHOT.

Don Juan comme mythe prend donc naissance dans la mort, par *le* Mort, par le contact final avec l'Invité de pierre, ce *Convitato di pietra* qui a donné leur titre à tant de pièces, de scénarios et d'opéras. Éros et Thanatos sont si étroitement associés dans cette aventure qu'en les dissociant on la dénaturerait ; aussi cette histoire ne prend-elle son vrai sens que par sa fin. Le drame de Don Juan se lit à l'envers, à partir de l'épisode fantastique : la rencontre avec la Statue, les apparitions du Mort. Tout se joue autour de ces face-à-face surnaturels, sur ce seuil interdit aux vivants.

Quand de nos jours les incroyants du mythe racontent à leur tour l'histoire de Don Juan, ils s'en prennent logiquement à l'Invité de pierre et à la « descente en enfer », qu'ils présentent comme une mystification, un jeu théâtral monté par des farceurs (Montherlant) ou par le héros lui-même (Frisch), à moins qu'ils ne leur substituent l'hémiplégie (Lavedan) ou l'infarctus (Anouilh) ; et s'ils remettent en scène la pièce de Molière, ils remplacent la statue qui parle et marche par les frères d'Elvire (Arnavon) ou par deux sbires, allégories du pouvoir politique (Chéreau). On n'élimine pas la mort du séducteur, mais on le fait mourir naturellement. Si le Commandeur

ne peut plus exister aujourd'hui que parodiquement ou allusivement, la parodie n'en fait pas moins référence au dénouement traditionnel.

De Tirso à Frisch, du Mort présent au Mort refusé ou subverti
se déploie sur trois siècles la trajectoire du mythe avec ses métamorphoses et ses renversements de sens ; pour qui veut surprendre
ceux-ci, il n'est pas de meilleur terrain d'observation que les gestes
et paroles attribués successivement à ce véritable protagoniste
qu'est l'Invité de pierre[1].

Vu dans l'optique du dénouement, Don Juan est présenté comme
un coupable condamné, comme un transgresseur qui se heurte
au représentant de la loi ; ce qu'est l'ordre violé, et la nature de la
faute, on le verra plus loin (chapitre « Le réprouvé et ses juges »).
Quelle que soit la version considérée, quel que soit le point de vue
adopté, le héros nous est toujours montré en marge de tous, en
guerre contre tous. Mais le dessous des cartes lui reste caché ; il sera
réservé au coup de théâtre final de lui en faire connaître le sens ; et
de lui annoncer le plus imprévu des châtiments.

L'histoire de Don Juan est celle d'un coupable soumis à une
inculpation d'abord diffuse et qui lui reste inintelligible jusqu'au
moment où, ayant provoqué les apparitions du Mort accusateur,
il se trouve placé devant l'évidence de la faute ou du verdict. On
conçoit dès lors que l'aventure de Don Juan puisse se raconter par
la fin et s'interpréter à partir de son dénouement funèbre.

Le lieu

Les versions les plus nombreuses étant des œuvres dramatiques,
parlées ou chantées, l'analyse doit porter tout d'abord sur le lieu
théâtral.

---

1. Micheline Sauvage insiste elle aussi sur l'appartenance nécessaire de la Statue
à tout récit donjuanesque : « la Statue est inséparable du mythe », *Le cas Don
Juan*, Paris, 1953, p. 171 et tout le chapitre V, 1.

Premier signe du bouleversement qui va se produire dans la fiction racontée : les sites antérieurement montrés, palais, rue, plage, campagne, sont soudain remplacés par une église, un mausolée, un cimetière[1]. Aux lieux profanes se substitue l'inattendu, l'insolite, le lieu sacré où se rejoignent l'au-delà et l'ici-bas ; c'est la maison des morts dont l'installation sur la scène marque l'intrusion du fantastique et de la tragédie dans la comédie. À ce tournant de l'aventure, tout va changer ; et c'est l'irruption du site imprévu qui l'annonce, sinon au héros – il est sourd à tous les signes – du moins au spectateur. C'est là, en ce lieu-seuil, qu'apparaîtra le Mort.

Il convient maintenant de nuancer en tenant compte des occurrences particulières. Dans la règle, le Commandeur apparaît à trois reprises : la première et la troisième dans le lieu sacré qui est sa demeure réservée, la deuxième chez Don Juan, palais ou hôtellerie ; la succession est la suivante, sur le mode de l'alternance : 1-sacré, 2-profane, 3-sacré. Ce schéma est généralement observé au XVIIe siècle, à la suite de l'inventeur espagnol, aussi bien par les Italiens : pseudo-Cicognini[2] et les scénarios, que par les Français : Dorimon, Villiers, Molière, mais aussi par Zorrilla dans sa reprise romantique. Ce dispositif à trois volets détermine une progression dans les intrusions inquiétantes et renforce le contraste du site funèbre et de la cérémonie du repas ; ceux-ci, d'abord distincts, se combinent dans la troisième scène.

La triple apparition pourra se réduire dans certains cas à deux par la fusion de 2 et 3 : Bertati-Gazzaniga, Mozart, Pouchkine,

---

1. Je laisse de côté le problème de mise en scène posé dès le XVIIe siècle. Pour Molière, voir M. Jurgens et E. Maxfield-Miller, *Cent Ans de recherches sur Molière*, Paris, 1963, p. 160-163 ; le contrat passé par Molière le 3 décembre 1664 avec deux peintres fournit une description précise des cinq décors prévus pour *Dom Juan* ; il permet au surplus d'en finir avec le poncif obstiné d'une pièce hâtivement bâclée.

2. *Pseudo*-Cicognini, parce que B. Croce a ruiné l'attribution traditionnelle à cet auteur, cf. *Aneddoti di varia letteratura*, t II, Bari, 1953.

Grabbe, Lenau[1]; elle peut même se limiter par contraction à une seule; il en est ainsi dans le premier opéra chanté sur ce thème, l'*Empio punito* (Rome, 1669), solution extrême et rarissime.

Est-il besoin d'ajouter que les *Don Juan* parodiques et critiques du xxᵉ siècle font apparaître leur Mort dérisoire partout ailleurs que dans un temple ou un cimetière ? Une salle (Frisch), un bureau de P.D.G. (Vailland), un bar (Ghelderode)... L'évacuation du mythe et de la mort entraîne l'exclusion du lieu sacré.

La triple apparition

L'apparition du Mort se répartit donc en trois séquences séparées, aussi bien dans le prototype que chez la plupart des successeurs :

1. la rencontre et l'invitation ;

2. la visite chez Don Juan ou, pour reprendre le titre qui a fait fortune, « le convive de pierre » ;

3. le repas chez le Mort.

Outre sa distribution en fin de spectacle, parfois à la fin de chacun des derniers actes (Molière), cette répétition du face-à-face funèbre indique assez son importance dans l'agencement du drame. Ce sont les modalités de ce triple affrontement qu'il faut maintenant analyser scène par scène.

La rencontre

La première scène se décompose elle-même en trois unités logiquement liées :

1. *La reconnaissance* du Mort par Don Juan : la statue est identifiée grâce à la lecture de l'épitaphe (Tirso et la plupart de ses suc-

---

1. De même Brecht, adaptant Molière. On notera la variante Pouchkine : le lieu final n'est pas le sépulcre, mais la chambre d'Anna (*veuve* du Commandeur) chez qui Don Juan a invité le Mort après avoir obtenu d'elle un rendez-vous.

cesseurs) ou par la seule ressemblance («Voici la statue du Commandeur» chez Molière, qui supprime l'inscription) ou par l'une et l'autre (Mozart). On notera la fonction charnière de cette unité initiale : *rappel* du meurtre oublié et *annonce* d'une vengeance future qui relient fortement le passé et l'avenir du récit, l'avenir ultime du dénouement mais aussi la suite immédiate, puisque la reconnaissance déclenche l'unité suivante et décisive, le défi et l'offense. Une mécanique irréversible est mise en marche.

2. *L'outrage :* à la vue du Commandeur et de son discours écrit, le héros réagit sur-le-champ comme s'il était attaqué et provoqué par cette présence imprévue, en attaquant, en provoquant lui-même ; d'abord, raillerie verbale : « Le voilà bon avec son habit d'empereur romain » (Molière) *« Oh! vecchio buffonissimo »* (Da Ponte-Mozart), ou moquerie gestuelle : il lui tire la barbe (Tirso), lui jette son gant (Cicognini, Perrucci). Dans ces premières insultes, l'offenseur ne veut voir que plaisanteries envers une effigie qu'il se refuse à prendre au sérieux : les morts sont bien morts, leur image est sans pouvoir sur les vivants. Ces impertinences resteraient sans effet, si elles ne s'accompagnaient de l'outrage le plus grave, l'invitation au Mort, qui enfreint l'interdit fondamental séparant le monde des défunts et le monde des vivants. Et pourquoi ? Défi ? dérision ? injure délibérée ou étourderie ? « pour se réjouir », dit le scénario Biancolelli. Au reste la motivation psychologique du sacrilège est rarement donnée dans les textes[1] ; elle importe peu, c'est un acte insensé et perçu comme tel, par le valet aussi bien que par le public. Il s'explique autrement, et sur deux plans : il remonte au fonds légendaire dans lequel le mythe plonge ses racines[2], il constitue la clé de voûte de la fable dramatique ; sans l'offense au Mort, la pièce

---

1. Bertati, le librettiste vénitien, la met dans la bouche de Don Juan : *« E perchè veda ch'io rido / di questo a bacca piena, / meco l'invita questa sera a cena »* (scène 18).
2. Cf. L. Petzoldt, *Der Tote als Gast, Volkssage und Exempel,* Helsinki, 1968. (Voir plus loin au chapitre « Genèse »).

s'arrêterait ou prendrait une autre direction ; interpellée, la Statue répond et engage l'action dans l'engrenage qui la conduit à son terme.

3. *La réponse.* Phase capitale aussi, parce que c'est elle qui fait surgir le fantastique sur la scène et le surnaturel dans la fiction vécue par les protagonistes. Le Mort vit, le marbre s'anime et le malaise s'installe, effroi chez le valet, doute ou étonnement chez le maître, l'un et l'autre dans le public. Le message lancé par jeu se trouve imprévisiblement reçu et renvoyé : « la Statue m'a fait signe » (Sganarelle). Ce « signe » donné en réponse à l'invitation peut être ou bien un geste d'acquiescement de la tête ; c'est le cas chez Molière et dans le scénario Biancolelli : « la statue me répond par une inclination de tête » ; ou bien par le même geste doublé de parole, le plus souvent un laconique *oui;* ainsi chez Cicognini, chez Villiers, chez Bertati, chez Mozart.

Selon que l'invitation a été faite par le valet seul sur l'ordre de Don Juan (Cicognini) ou par le valet puis par le maître, la réponse aura un seul ou deux destinataires. Molière opte pour cette seconde solution, qui contraint le héros incrédule à s'engager lui-même pour se trouver à son tour devant l'incompréhensible :

> DON JUAN. – Viens, maraut, viens je te veux bien faire toucher au doigt ta poltronnerie, prends garde. Le Seigneur Commandeur voudrait-il venir souper avec moi ?
>
> *La Statue baisse encore la tête.*
>
> SGANARELLE. – ... Eh bien, Monsieur ?
> DON JUAN. – Allons, sortons d'ici. » (III, 5)

Vilar mettait un long silence avant cette dernière réplique de Don Juan, qui élude et s'en va ; inquiet ? décontenancé ? ou simplement surpris ?

Il faut signaler deux variantes opposées, l'une muette et immobile, chez Tirso : la Statue ne donne aucune réponse, sinon implicite ou virtuelle, puisqu'elle sera présente au souper ; l'autre musicale et vocale, celle de Da Ponte-Mozart, où l'intervention du Comman-deur *précède* la reconnaissance et l'invitation; c'est la voix d'outre-tombe qui interrompt les facéties de Don Juan dans le cimetière, l'interpelle, lui annonce le dénouement prochain :

> COMMENDATORE. – *Di rider finirai pria dell'aurora.*
> DON GIOVANNI. – *Chi ha parlato?...*
> COMMENDATORE. – *Ribaldo! audace! Lascia a' morti la pace.* (II, 15)

L'initiative du dialogue revient ici à l'émissaire du ciel, à cette basse soutenue par les trombones alors réservés à la musique sacrée; c'est l'au-delà qui attaque et menace. Ce dont le délinquant est accusé, c'est d'être dans ce lieu qu'il profane, c'est de troubler la paix des morts. Ce thème habituellement latent est explicite dans un important scénario italien du XVIIe siècle, *L'ateista fulminato* : « *Non disturbare la quiete ai morti*[1]. » Telle est la forme générale de l'outrage aux morts dont l'invitation est un cas particulier et aggra-vant.

Le renversement, observé chez Mozart, dans l'ordre de l'allocu-tion, a le mérite de faire saillir un trait propre à tous les *Don Juan*, quel que soit cet ordre. La première apparition du Mort frappe comme un coup de tonnerre; l'effet de choc qu'elle doit produire est à la fois signalé et renforcé par la contiguïté, dans cette scène même, du plaisir et de la mort : la scène commence par une explo-sion d'hédonisme, le Burlador exulte à l'idée de sa dernière trompe-rie, le héros de Molière réitère la proclamation de son programme érotique : « Mon cœur est à toutes les belles... », Don Giovanni éclate de rire *(« ridendo forte »)* en racontant sa plus récente et sor-dide aventure, et c'est le moment précis où le profanateur se heurte au Commandeur.

J'en profite pour citer ici Mörike, parce qu'il a été sensible à la violence de l'interruption et au contraste qu'elle provoque; dans son *Mozart en route vers Prague,* le conteur romantique met dans

---

1. G. MACCHIA, *Vita avventure e morte di Don Giovanni*, Bari, 1966, p. 136.

la bouche du musicien un commentaire de son nouvel opéra, de la scène du cimetière où « la terrible menace venant du tombeau... interrompt si soudainement les éclats de rire du noctambule... L'adagio, en ré mineur, fera sur la scène, j'imagine, un effet extraordinaire, quand les cuivres les plus puissants accompagneront la voix[1] ».

Deuxième scène : l'Invité de pierre

Je distingue ici également trois unités de base :
  1. le repas de Don Juan ;
  2. l'interruption du souper par l'entrée du Convive de pierre ;
  3. le face-à-face et la contre-invitation.

Réduite à cette charpente, et compte tenu de la différence des lieux déjà notée – le profane se substituant au sacré –, la scène se superpose exactement à la précédente ; dans les deux cas, les unités 1 et 2 s'opposent entre elles sur l'axe plaisir/mort, ici-bas/au-delà, avec cette différence qui renforce le contraste : le Spectre surgit au milieu d'un festin. Quant aux troisièmes phases de l'une et l'autre scène, elles se correspondent rigoureusement : invitation dans la première, contre-invitation dans la seconde, à ceci près que les rapports entre les deux partenaires s'inversent ; l'initiative appartient cette fois au Mort, c'est lui qui s'introduit, prend la parole, invite.

Chacune des trois séquences de la scène est susceptible de variations et d'amplifications ou réductions diverses.

Le repas est fortement souligné chez les Français, à l'exception de Molière ; le scénario Biancolelli accumule les lazzi d'Arlequin ; ce sont les opéras de Gazzaniga et plus encore de Mozart qui en feront une fête d'un éclat sans précédent. L'entrée de la Statue est toujours commentée par la peur du valet et la dignité du maître ; en revanche, les variantes abondent dans le trio qui suit. Pour en donner une idée, je vais juxtaposer les deux solutions extrêmes :

---

1. MÖRIKE, *Mozart auf der Reise nach Prag*, éd. Bâle, Gute Schriften, 1958, p. 64.

extension maximale chez Tirso, condensation schématique chez Molière, que voici :

SGANARELLE*baissant la tête comme a fait la Statue*. – Le... qui est là !

DON JUAN. – Allons voir, et montrons que rien ne me saurait ébranler.

SGANARELLE. – Ah, pauvre Sganarelle, où te cacheras-tu ?

Entrée de la Statue.

DON JUAN. – Une chaise et un couvert, vite donc ! *À Sgan.* Allons, mets-toi à table.

SGANARELLE. – Monsieur, je n'ai plus de faim.

DON JUAN. – Mets-toi là, te dis-je. À boire. À la santé du Commandeur, je te la porte, Sganarelle. Qu'on lui donne du vin.

SGANARELLE. – Monsieur, je n'ai pas soif.

DON JUAN. – Bois et chante ta chanson pour régaler le Commandeur.

SGANARELLE. – Je suis enrhumé, Monsieur.

DON JUAN. – Il n'importe, allons. Vous autres venez, accompagnez sa voix.

LA STATUE. – Don Juan, c'est assez, je vous invite à venir demain souper avec moi, en aurez-vous le courage ?

DON JUAN. – Oui, j'irai accompagné du seul Sganarelle.

SGANARELLE. – Je vous rends grâce, il est demain jeûne pour moi.

DON JUAN*à Sganarelle*. – Prends ce flambeau.

LA STATUE. – On n'a pas besoin de lumière, quand on est conduit par le Ciel.

Ainsi se termine chez Molière l'acte IV. Curieux dialogue où les interlocuteurs sont en porte-à-faux, où il n'y a de communication que retardée et oblique[1] ; au lieu de faire front et de s'entretenir avec son véritable partenaire, Don Juan ne s'adresse qu'à son valet pour l'obliger, comme dans la scène du cimetière, à le représenter auprès du Visiteur, à jouer le rôle de commensal et d'hôte. Celui qui a d'ordinaire le verbe si aisé fuit ici le contact, comme s'il ne pouvait trouver le ton ou les mots. Que suggère donc Molière par cette chaîne de propos si mal accordés à la situation ? L'interprète a le droit d'hési-

---

1. Même procédé déjà chez Dorimond et Villiers.

ter entre la peur du héros, ou son malaise devant une apparition dont il ne sait que penser, ou son refus de regarder en face ce qu'il ne comprend pas ; à moins qu'on ne voie dans le bavardage avec le compère familier un écran jeté devant l'insolite, devant l'inquiétant ?

Le Mort est pourtant là, présence silencieuse et d'autant plus gênante. C'est lui qui met fin à ce jeu futile pour le ramener au mode grave, pour imposer enfin le dialogue direct, réduit au strict nécessaire : la contre-invitation et le « Oui, j'irai... » qui est la seule réplique du héros dirigée vers son hôte. Quant à la sentence qui clôt la scène : « On n'a pas besoin de lumière... », elle pose solennellement le Commandeur comme personnage de l'autre monde et donne à cette fin d'acte une touche religieuse un peu inattendue ; il est vrai que cette déclaration est quasi rituelle[1].

Que Molière ait procédé ici par restriction et soustraction, on s'en rendra compte si on se reporte à ce que Tirso proposait à l'origine du parcours ; on mesurera aussi les différences de signification : à l'entrée du Commandeur, Don Juan recule « troublé » ; le chant offert au Mort est chanté par un chœur invisible annonçant l'échéance prochaine, le dialogue entre les deux partenaires, à huis clos, n'est pas éludé, l'engagement demandé est plus insistant :

DON GONZALE(doucement, comme une chose de l'autre monde). – Sauras-tu me tenir parole en chevalier ?
DON JUAN. – Je suis homme d'honneur et je tiens mes serments, car je suis chevalier.
DON GONZALE. – Donne-moi cette main, n'aie pas peur.
DON JUAN. – Oses-tu dire ça ? Moi peur ? Serais-tu l'enfer en personne, je ne t'en donnerais pas moins la main.
(Il lui donne la main.)
DON GONZALE. – Sur ta parole et sur ta main, demain soir à dix heures, pour souper je t'attends. Viendras-tu ?

---

1. Tirso : « No alombres, que en gracia estoy »
Cicognini : « Non ho piu bisogno di lume terreno »
Scénario *Convitato di pietra* : « *Statua : che non a bisogno di lume, chi ha il lume della grazia* » (MACCHIA, *op. cit.*, p. 161).

DON JUAN. – C'est tout ce que tu me demandes : J'attendais une action plus difficile. Demain je suis ton hôte, où dois-je aller ?
DON GONZALE. – À ma chapelle.
DON JUAN. – Seul ?
DON GONZALE. – Non, avec ton valet. Et tiens-moi ta parole comme je l'ai tenue.
DON JUAN. – Je la tiendrai, te dis-je, car je suis Tenorio.
DON GONZALE. – Moi, je suis Ulloa.
DON JUAN. – J'irai sans faute.
DON GONZALE. – Et je te crois. Adieu. *(Il gagne la porte.)*
DON JUAN. – Attends que je t'éclaire.
DON GONZALE. – Ne m'éclaire pas. Je suis en état de grâce. *(... Don Juan reste seul, en proie à l'épouvante)*[1].

L'inculpé sait qu'il est devant son juge, il cache une émotion croissante sous les dehors de « l'homme d'honneur », mais la peur le gagne, il devine une menace surnaturelle. Dernier écart qui en est la conséquence : la scène se termine par un monologue angoissé du héros : « Que Dieu me soit en aide. Tout mon corps est baigné de sueur... », sur quoi il tente de se reprendre : « Mais toutes ces idées viennent d'imagination et de peur... ».

Ce monologue, qui disparaîtra des textes ultérieurs, manifeste un héros non pas provocant ou sceptique comme le seront ses successeurs, mais *troublé* et momentanément inquiet. Tirso a fait de cette scène un face-à-face pathétique avec l'au-delà que renforcent le chœur invisible et la gravité du Visiteur. De cette aura religieuse et de ce débat intime il ne reste rien chez les Italiens ni dans la pièce de Molière. Privé de monologue, Don Juan n'est plus que ce qu'il montre. La musique de Mozart, sans la moindre référence à Tirso qui lui est inconnu, réintroduira dans cette rencontre ce qui lui avait été retiré par ses prédécesseurs immédiats : la dimension religieuse de la scène et l'intériorité du protagoniste.

---

1. Traduction de P. Guenoun, p. 203 de son excellente édition critique, Paris, Aubier, 1962. Je me suis permis de modifier la dernière réplique de Don Gonzale pour essayer de serrer le texte de plus près : « *que en gracia estoy* ».

J'ai mentionné quelques cas de fusion en une seule des deuxième et troisième scènes ; ainsi procèdent Bertati-Gazzaniga, Da Ponte-Mozart et les romantiques post-mozartiens. Cette contraction a pour effet de joindre le festin et le châtiment surnaturel, ce qui modifie profondément le sens du dénouement : la mort frappe au milieu du plaisir ; le libertin se heurte au spectre punisseur à l'instant même où il chante avec insouciance le vin et les femmes. Cette contiguïté de la fête et de la damnation donne à ce finale une intensité que n'avait pas le découpage traditionnel.

Le dernier instant

Au centre de la *troisième scène*, le repas chez le Mort, je crois qu'il faut placer d'abord un mot et un geste qui sont présents partout et toujours sous la même forme ; j'en conclus qu'ils donnent à la scène l'un de ses sens constants ; ils en sont le pivot avec le châtiment final, dont ils sont d'ailleurs la condition et l'acheminement. Ce mot, c'est une injonction du Commandeur à Don Juan, à laquelle celui-ci ne se dérobe pas : *Donne-moi la main*[1] ; un geste qui est un signe d'engagement auquel, pour la première fois, va se prêter l'homme du leurre et de l'esquive. Don Juan se lie avec solennité, au moment où il comprend que son existence pivote et qu'avec le Mort s'instaure une relation qui n'autorise plus le mensonge.

---

1. *Dame essa mono* (Tirso)
Dammi la mano (Cicognini)
Convitato si fa dare la mano da Don Giovanni (Scénario *Convitato di pietra*)
Dammi la mano (Perrucci)
L'Ombre prend Don Juan par la main (Dorimon)
Donnez-moi la main (Molière)
Tendràs valor para darme una mano ? (Zamora)
La tua mano (Lorenzi-Tritto, opéra de 1783)
A me la mano (Foppa-Gardi, opéra de 1787)
Dammi la destra in pegno (Bertati-Gazzaniga, opéra de 1787)
Dammi la mano in pegno (Da Ponte-Mozart)
Et encore Pouchkine (1830) : Donne-moi la main.

Fonction dramatique aussi : ce geste produit le dénouement. La main que le rebelle a prise le brûle, le terrasse et le condamne. Même le Burlador de Tirso qui, dans ce dernier instant, demande un confesseur, s'entend dire qu'il se repent trop tard. On sait assez que ses successeurs, tous incroyants[1] – avant la grande conversion romantique – affirmeront leur refus jusqu'au bout : *Pentiti – No...*, c'est une autre constante, en déviation du modèle espagnol.

Triomphe de l'homme de pierre sur l'homme de chair ? Revanche du duel d'autrefois, auquel cette dernière scène renvoie avec évidence ? Bien plus que cela. La querelle personnelle qui animait d'abord le Commandeur venant venger sa fille et lui-même – tel était le sens de l'épitaphe – s'est effacée progressivement devant la fonction symbolique du Visiteur ; lors de sa dernière apparition, celui-ci est le mandataire du Ciel ; ce n'est plus en son nom propre qu'il s'adresse au coupable dont il connaît déjà le destin surnaturel. Même chez Molière il s'exprime en théologien, en détenteur d'un savoir et d'un pouvoir qui lui viennent d'ailleurs : « les grâces du Ciel que l'on renvoie, ouvrent un chemin à sa foudre ». Sa puissance de rayonnement et de terreur, il la tient de sa position médiatrice. Il n'est plus seulement le duelliste assassiné qui revient pour se faire justice, il est le Mort qui apparaît pour parler au nom de l'au-delà et prononcer la sentence définitive : « l'endurcissement au péché traîne une mort funeste » (V, 6). Cette parole qui est, dans la pièce de Molière, la dernière émanant de la Statue, énonce la vérité désormais immuable sur la comédie que le Trompeur a jouée en s'obstinant à ignorer le point de vue du Mort, qui est le point de vue du Ciel.

Deux siècles plus tard, chez Zorrilla, la leçon de théologie sera plus explicite et recevra un épilogue que le siècle de Tirso, de Cicognini et de Molière eût désavoué. Le pécheur y apprend du Commandeur qu'il a une âme à sauver, qu'il ne lui reste qu'un instant de vie et qu'un

---

1. Sauf chez Zamora, *No hay plazo que no se cumpla...* (1714), où le héros se repent, a le temps d'une prière et meurt peut-être pardonné.

instant de contrition suffit; mais, brusquement converti au point de vue du Mort, il désespère de compenser un long passé de crimes par la brève minute de repentir qui lui est concédée. Quand enfin il déclare sa foi et implore miséricorde, Zorrilla, renouant avec Tirso, fait dire à la Statue : il est trop tard. C'est le moment où Inès-Anna, se substituant au père damnateur, sort de sa tombe pour sauver le pénitent qui a perdu confiance. Accent romantique sur une théologie traditionnelle : celui qui aime ne sera pas rejeté s'il est aimé, – et si la rédemptrice est une femme aimante.

Il suffit donc du moindre changement dans le dénouement pour que l'ensemble soit modifié, car c'est là que se situent le point sensible et la plaque tournante. Qu'on introduise une variante dans le rapport du héros et du Mort, et tout le système donjuanesque pivote : remplacement, par exemple, de la Statue par un vivant (le fils du Commandeur chez Lenau) ou de la mise à mort par le suicide du réprouvé (nombreuses occurrences au XIXᵉ siècle), ou enfin, comme on vient de le voir, substitution à l'impénitence finale du repentir et de la conversion, dans l'esprit d'un romantisme impatient de sauver les grands rebelles traditionnellement damnés, y compris Lucifer.

Manger avec le Mort

Un double repas symétrique, on vient de le voir, ou bien quand les occurrences 2 et 3 se réduisent par fusion à une seule, un long festin chargé d'épisodes gastronomiques et orchestraux qui en font une somptueuse fête funèbre. Au vu de cette insistance, on ne peut éluder la question : que prétend nous dire ce repas du vivant et du Mort ? Pourquoi mange-t-on si ostensiblement dans les *Don Juan* ? Ce n'est probablement pas sans raison qu'un autre titre a parfois accompagné et souvent même remplacé le nom du séducteur : *Convitato di pietra* (qui remonte à l'espagnol) et sa curieuse transposition française en *Festin de Pierre* (faudrait-il lire : de pierre ?) ; contresens peut-être, l'intitulé n'en a pas moins été reçu et accepté au XVIIᵉ et au XVIIIᵉ siècle, avec ses inévitables connotations épulaires. *Don Juan* est une pièce où l'on mange, où l'on boit[1], et pas avec n'importe qui.

Derrière ce repas avec un mort, on croit deviner un lointain passé mythique, enfoui dans l'inconscient collectif, oublié sans doute mais obscurément actif; vestige de quels rites funéraires? de quels repas sacrificiels depuis longtemps disparus?

Tenons-nous-en au contenu manifeste, déjà surchargé de sens superposés, dont celui-ci, essentiel : un échange alimentaire faussé, que dévoilent le mieux les versions qui maintiennent les deux rencontres à table. Au souper de Don Juan, l'invité imprévu ne fait pas honneur à la chère offerte; il s'abstient, parfois justifie son refus par la sentence souvent reprise de Cicognini à Mozart :

Non si pasce di cibo mortale
chi si pasce di cibo celeste (Da Ponte)

L'amphitryon mange, l'invité jeûne, première infraction aux règles de l'échange épulaire : le Mort ne participe pas au repas du vivant.

Les positions s'inversent dans la rencontre finale : table noire, valets en deuil, c'est la négation ostentatoire de l'appareil de la fête, qui se poursuit avec le repas servi, – incomestible! Ce qui ne se mange pas : scorpions et vipères, ce qui ne se boit pas : fiel et vinaigre; « tels sont nos aliments » prononce le Commandeur de Tirso. Aux plats cuisinés du festin chez Don Juan répondent ici les mets crus et parodiques du tombeau; le vivant participe au repas des défunts, mais la chère est immangeable; nouvelle infraction aux lois de l'échange alimentaire; la commensalité ne s'établit pas mieux chez le Mort que chez Don Juan; entre les deux convives, la table chargée de vivres et de breuvages, loin de remplir sa fonction ordinaire de jointure et de conciliation, confirme les antagonismes;

---

1. Nous sommes un peu renseignés sur la carte des mets par le livret de Da Ponte : du faisan, des vins vénitiens (*eccellente marzimino*). Autre menu chez Rosi-mon IV, 3 : « Ce ragoût est friand. / Et ce dindon aussi... ».

on assiste à un duel masqué au lieu même, la salle à manger, où les
adversaires devraient mettre bas les armes. De part et d'autre de la
barre qui sépare les deux mondes, la communication alimentaire
ne se produit que sur le mode de l'exclusion ; l'émissaire divin ne
daigne pas consommer ce que lui propose l'homme de chair ; celui-
ci, consommant l'incomestible nourriture de l'autre monde, met un
point final à sa carrière de plaisirs et prélude à son engloutissement
par la bouche d'enfer[1].

Ainsi s'accomplit le dénouement de la *biographie* donjuanesque.
Mais ce n'est pas la fin de la *pièce*, telle qu'elle se joue devant les
spectateurs des XVIIᵉ et XVIIIᵉ siècles. La « descente aux enfers » est
suivie d'une conclusion. Cette conclusion est double, elle se joue
le plus souvent en deux scènes contrastées : le damné est montré gémissant dans les peines de l'enfer, alors qu'on fait revenir
l'ensemble des survivants pour une *scena ultima* d'allégresse collective (dans cet ordre, parfois dans l'ordre inverse).

La tradition du *lieto fine*, des joyeuses retrouvailles où chacun
ne pense plus qu'à renouer au plus vite avec les plaisirs de la vie et
de l'amour, sitôt le trouble-fête éliminé, remonte à Tirso, celle du
sombre tableau d'enfer, conjugué avec la scène précédente, vient
de Cicognini ; elle se maintient régulièrement dans les scénarios
de commedia dell'arte comme dans la plupart des opéras italiens :
Melani (1669), plus tard Calegari, Tritto, Gardi, Gazzaniga, en passant par le ballet d'Angiolini-Gluck. On conçoit alors la représentation de l'aventure donjuanesque comme un drame à double issue :
dénouement de tragédie, finale de comédie ou d'opéra buffa[2].

---

1. Je suis ici une suggestion de M. Molho (Exposé sur la structure mythique de
Don Juan, Université de Bordeaux III, février 1978) ; il fait état du récit de
Leporello dans la *scena ultima : Giusto là il diavolo — sel trangugio* (le diable l'avala).
2. Cet enfer figure également à la fin de l'opéra-comique de Le Tellier joué en
1713 à Paris, à la Foire Saint-Germain (v. PARFAIT, *Dictionnaire des théâtres de Paris*,
1767-1770, t. II, p. 540).

Tout en héritant de cette tradition, le *Don Giovanni* de Mozart écarte la vision infernale mais garde le *lieto fine* dans lequel les victimes réclament justice, les couples dérangés par le Séducteur se reforment, et l'on tire à l'adresse du public la morale de l'histoire. Que l'on compare cependant cette *scena ultima* avec celle du modèle utilisé par Da Ponte, le *Convitato di pietra* de Bertati-Gazzaniga (Venise, carnaval 1787), on sera frappé des différences introduites par Mozart, qui rejette le tohu-bohu bouffon de son prédécesseur et interrompt l'allegro de rigueur par le duo en adagio d'Anna et d'Ottavio.

Ces épilogues correspondent à une esthétique implicite qui distingue la vie du personnage et le spectacle de cette vie, en d'autres termes : la fiction racontée et le discours narratif ; il y aura donc une fin pour le héros, une autre fin pour la représentation. C'est une façon de nous rappeler que nous sommes au théâtre et que le respect de l'illusion de réalité n'est pas un dogme intangible.

Il faut en prendre son parti, il ne s'agit pas là d'un inutile appendice. On l'a maintes fois prétendu à propos de l'opéra de Mozart. Terminant son commentaire du *Don Giovanni*, Jouve regrette que le musicien n'ait pas achevé « plus hardiment et plus grandement sans aucun doute, à la façon prodigieuse, à la manière shakespearienne, sur la mort de Don Giovanni » ; il rappelle que Mahler, lorsqu'il était au pupitre, supprimait la *scena ultima ;* il ajoute cependant, « comme nous engage à le faire Bruno Walter, que le ré majeur dans lequel Don Juan pousse le cri final, modulation relative au ré mineur fondamental ou ton tragique de l'ouvrage, amène normalement le sol majeur de la *scena ultima* – qui engendre enfin le ré majeur stable et définitif, antithèse du ré mineur. Il y a ainsi une indication musicale formelle que le double cri de la mort ne peut pas terminer l'opéra » (p. 259).

La mort de Don Juan est un épisode dans un récit qui l'enveloppe. Du drame de Tirso à l'opéra de Mozart, on fait sa place au mythe, au passage de l'insolite, à cette présence redoutable du

Mort, du sacré, et du sacrifice, sur le plateau d'un théâtre. Toutefois, l'adjonction in extremis d'une scène où chaque acteur revient et s'exprime *en majeur*, comme si la tragédie et ses terreurs retombaient dans l'oubli, a pour fonction de rappeler au public qu'il a participé non pas à une tragédie, mais à sa représentation.

II

Anna et le groupe féminin

L'intérêt de cet invariant collectif est double : il offre au héros la série des victimes qui le sacrent, puisqu'il ne saurait y avoir d'inconstance donjuanesque sans pluralité féminine représentée sur la scène ; et l'on voit se détacher, dans cette constellation des proies, une figure qui a pour fonction de relier le Prédateur au Mort : Anna, la fille du Commandeur. Figure de liaison, donc théoriquement privilégiée, Anna est le chaînon indispensable dans la chaîne des relations internes ; aussi importe-t-il d'examiner sur le plan théorique puis dans les textes, ses positions et ses déplacements, soit à l'intérieur du groupe féminin, soit dans son rapport avec le héros et avec le Mort.

L'exposé hésite entre deux voies : il y aurait l'ordre logique, l'ordre intelligent ; il irait de l'ellipse à l'hypertrophie, d'une présence minimale à une présence maximale de l'héroïne ; l'itinéraire partirait de Molière (degré zéro) pour aboutir à Pouchkine et à Grabbe, en passant par diverses solutions intermédiaires, parmi lesquelles figurerait l'œuvre fondatrice. C'est pourtant avec celle-ci que je commencerai, me résignant à l'ordre historique, parce que la pièce de Tirso de Molina a fourni du groupe féminin un tableau raisonné et différencié qui, à travers modifications et distorsions, a pu servir jusqu'à nos jours de grille idéale et de référence implicite.

Tirso

Un tableau raisonné, qui s'organise à la fois sur les modes de la répétition (2+2), de l'opposition (noblesse / peuple) et de l'alternance : les deux filles nobles (1re et 3e) et les deux villageoises (2e et 4e) se succèdent dans l'ordre d'apparition Isabella – Tisbea la pêcheuse – Anna – Aminta la fiancée de campagne. La répétition s'observe dans la méthode de conquête qui est la même pour les deux grandes dames (effraction nocturne sous le masque de l'amant) comme elle est la même pour les deux villageoises (discours séducteur et promesse de mariage). Ce qui crée une nouvelle opposition, cette fois sur le plan scénique : pour Tisbea et Aminta, l'entreprise de séduction est montrée, elle est élidée ou sous-entendue pour Isabelle et Anna. Mais la répétition n'exclut pas la différence ; ainsi, d'une villageoise à l'autre, Tisbea, disponible, s'éprend, « s'embrase » et se donne, tandis qu'Aminta, jeune mariée, prise le jour de ses noces, résiste puis cède à l'attrait du grand seigneur et d'une promotion sociale à la vie de cour. Autre différence, d'une fille noble à l'autre, dans la présentation de l'attaque : en ouverture, Isabelle raccompagne au petit jour celui qu'elle prend encore pour son fiancé et qu'elle va démasquer ; le spectateur ne voit que la phase ultime de l'épisode, alors qu'au second acte il assiste à la préparation du viol d'Anna, puis à son issue, aggravée par le meurtre du père. On constate dans les deux séries parallèles une progression aussi bien dans la difficulté des obstacles à vaincre que dans l'éclat du scandale.

Quatre proies diversement trompées, mais toutes trompées, une seule amoureuse, Tisbea, d'un amour qui n'est qu'une flambée et ne survivra pas à l'abandon, Tisbea n'est pas Elvire. Le premier Don Juan ne se fait pas désirer ; il se soucie aussi peu d'être aimé que d'aimer. Quatre conquêtes improvisées et aussitôt oubliées par le protagoniste, les victimes, elles, n'oublient pas, non qu'elles aiment, mais par haine, pour avoir été outragées ; dispersées, sans lien entre elles que la similitude de leur situation, elles se rassemblent à la fin de la pièce et se coalisent pour obtenir du roi et du ciel vengeance ou réparation ; seule Anna, contre toute logique, demeure inactive et invisible ; il est vrai que le Commandeur est là, qui la double et la supplée.

Ce tableau féminin, équilibré et savamment diversifié, est riche en combinaisons virtuelles. Certains auteurs maintiennent la répartition initiale, c'est le cas du pseudo-Cicognini qui établit le relais entre l'Espagne et l'Italie. Il y en a qui vont au-delà du quatuor : dix-sept femmes immolées sur la scène, il n'en faut pas moins au Barbe-bleue insatiable et expéditif de l'Anglais Shadwell (*The Libertine*, 1676). En Allemagne, Lenau, Frisch, O. von Horvath multiplient les actrices, souvent groupées en petites escouades ; le maximum est atteint dans la *Dernière nuit de Don Juan* (Rostand, 1921), qui s'achève sur une invasion féminine ; à vrai dire ce ne sont plus que des ombres, les âmes de toutes les victimes passées ; celles-ci prennent une revanche tardive sur le fat qui s'imagine avoir conquis celles qui le conquéraient ; sur quoi le joueur qui fut sans le savoir le jouet des femmes et du diable se voit réduit au rôle humiliant de marionnette jouant le Burlador.

D'autres au contraire réduisent le quatuor à un trio, soit en écartant l'une des deux villageoises : Goldoni ou Mozart, soit en supprimant l'une des deux filles nobles, ainsi procède Molière. Pouchkine ne laisse subsister qu'un duo, Anna et une courtisane. Anna subsiste seule dans la *Venganza en el sepulcro*[1]. La subversion est totale avec le *Don Juan et Faust* de Grabbe qui place une seule et unique héroïne – Anna bien sûr – entre deux hommes.

Les variations pourront porter sur d'autres points : la place concédée dans le discours narratif aux figures féminines, restreinte aux deux premiers actes chez Molière, étendue à l'ensemble de la pièce chez Tirso ou Mozart, leur ordre d'apparition, leur distri-

---

1. Pièce de la fin du XVIIe siècle, demeurée manuscrite jusqu'au XXe (v. BAQUERO I, 319 ss.).

bution massive ou dispersée, etc. Les héroïnes peuvent s'ignorer,
répondant chacune pour soi aux attaques du héros, ou au contraire
se croiser, se reconnaître une marque commune, se liguer pour ou
contre Don Juan, se traiter en rivales ou en complices, parfois en
protectrice et protégée (Elvire s'interposant entre Don Giovanni et
Zerline[1]).

J'ouvre ici une parenthèse. Ce quatuor, ce trio à quoi se réduit le
plus souvent le groupe féminin tel qu'il est montré aux spectateurs,
c'est beaucoup pour le temps réservé à une représentation théâtrale, c'est peu pour le conquistador aux innombrables victoires,
pour l'athlète infatigable qui rêve, chez Molière, d'avoir dix mille
cœurs à offrir et d'autres mondes pour y étendre ses « conquêtes
amoureuses ». Si le dramaturge veut accroître le nombre des victimes au-delà de l'espace et du temps représentables, il n'a pas
d'autre moyen que le récit d'acteur ; ce sera la profession de foi du
héros lui-même : « toutes les Belles ont droit de nous charmer... »
(MOLIÈRE, I, 2), « ... *Cosi la pastorella, e altro cento Lusingate
da me* » (GOLDONI, III, 5), ou l'air du champagne :

> *Ah ! la mia lista*
> *Doman mattina*
> *D'una decina*
> *Devi aumentar.*

La *lista*, le Catalogue saturé de noms féminins, cette charte de
la multiplicité, c'est le discours rétrospectif d'une existence oubliée,
Don Juan l'abandonne au valet, comme à une mémoire subalterne.
Ancien jeu de scène inventé par les acteurs italiens, Molière le

---

1. Parmi les principes d'organisation du quatuor féminin chez Tirso, il faut citer
une suggestion intéressante d'un hispanisant allemand, E. Müller-Bochat, qui y
décèle « une promenade dans le jardin des genres littéraires » : la conquête
d'Isabelle relève de la comédie de cape et d'épée, celle de Tisbea est conduite
selon les règles de l'églogue « piscatoria », celle d'Anna commence en farce et
s'achève en tragédie, la dernière est une idylle paysanne. V. *Spanische Literatur im
Golde-nen Zeitalter* (Hommage à Fritz Schalk), Francfort, 1973, p. 325-337.

dédaigne[1], Bertati-Gazzaniga et Da Ponte-Mozart l'exploitent; le valet-secrétaire s'annonce détenteur de tous les noms, mais ce qui ressort du fastueux bilan présenté par Leporello à Elvire, ce ne sont pas des noms, ce sont des nombres, « *In Italia seicentoquaranta...* », et des catégories, classes sociales, types physiques, âges; nous devons comprendre : non pas telle ou telle, le nom est oublié par celui qui, un jour, le prononça, mais des espèces, des groupements abstraits dans lesquels sont absorbées et annulées les personnes singulières; « *D'ogni forma, d'ogni età..., Se sia brutta, se sia bella...* », Don Juan est l'amant de toutes et d'aucune; elles ont perdu leur existence particulière pour se fondre dans un passé disparu, refusé parce qu'il est le passé. Elles ne sont là que pour faire nombre, pour apprendre à la pauvre Elvire qu'elle est, comme les autres, perdue dans cette masse anonyme, immolée à la gloire de l'Infidèle.

Les seules qui soient dotées d'une réalité singulière, parce qu'elles appartiennent au présent du Séducteur et de son public, c'est le groupe restreint des héroïnes qui sont nommées et conquises sous nos yeux, avant de disparaître, elles aussi, dans les oubliettes du Catalogue.

La fille du Mort

Il y en a une pourtant que l'analyse doit mettre à part, c'est Anna, puisqu'elle occupe, ainsi que je l'ai suggéré, une position-clé aussi bien dans le groupe féminin que dans l'ensemble du scénario. À vrai dire, cette position est théorique; il s'agit de voir maintenant comment elle se réalise dans les textes.

---

1. Molière en suggère pourtant l'idée sans la chose ni le lazzi quand il met dans la bouche de Sganarelle : « ... et c'est un épouseur à toutes mains, *dame, demoiselle, bourgeoise, paysanne*, il ne trouve rien de trop chaud, ni de trop froid pour lui ; et *si je te disais le nom* de toutes celles qu'il a épousées *en divers lieux*, ce serait un chapitre à durer jusques au soir » (I, 1). C'est déjà le cadre que rempliront Bertati et Da Ponte.

Parmi les solutions concevables, j'en dégagerai trois qui détermineront trois grandes articulations du mythe :

1. Conformément à sa position centrale, la fille du Mort reçoit un traitement privilégié, elle monopolise à son profit l'attention de tous et finit par l'emporter sur ses compagnes, jusqu'à les éliminer ; mais que restera-t-il alors de la pluralité féminine indispensable à l'exercice de l'inconstance ? Faudra-t-il concevoir le libertin réduit à une seule femme ? Don Juan se trouvera-t-il contraint à la fidélité ? Ce sera la solution romantique, solution tardive, ignorée de toutes les versions des XVIIe et XVIIIe siècles, à quelques nuances près[1].

2. À l'opposé se situerait l'hypothèse d'une Anna réduite à une existence minimale, qui pourrait aller jusqu'à disparaître ; effondrement d'un pilier porteur : qu'adviendrait-il alors de la liaison nécessaire entre le héros et le Mort ? Cette hypothèse, contraire à la logique du système, devrait n'être qu'une hypothèse d'école ; de fait, elle est rarissime ; c'est pourtant celle qu'a retenue Molière.

3. Entre ces deux pôles extrêmes on peut concevoir toute une gamme de positions modifiant diversement les relations à l'intérieur de l'échiquier triangulaire, tout en assurant une liaison suffisante entre le héros et le Mort et en maintenant un certain équilibre entre la fille du Commandeur et les autres figures du groupe féminin. Cette égalité des héroïnes correspond au point de vue du Séducteur qui veut plusieurs proies et qui tient toutes les femmes séduites pour identiques et interchangeables ; en revanche, l'indistinction d'Anna annule le privilège de position que lui confère en principe le schéma de base. On met ici le doigt sur un nœud de contradictions inhérent aux relations internes des trois composantes ; les tensions qui en résultent sont pour beaucoup dans la vitalité du mythe.

Si on affaiblit trop Anna, on détend le rapport nécessaire entre Don Juan et le Mort ; si on la renforce, on risque d'altérer la démarche libertine du héros, on compromet son inconstance égalitaire. Que

---

1. Une exception, *La Venganza en el sepulcro*, signalée plus loin.

l'on modifie dans un sens ou dans l'autre l'équilibre du groupe féminin, l'ensemble du dispositif s'en ressent, on ne raconte plus tout
à fait la même histoire. C'est assez redire l'importance centrale de
la présence féminine et de ses modalités diverses dans un système
que l'on dénature en l'organisant autour du seul personnage masculin. Il importe donc de rétablir la balance en ordonnant l'exposé
autour de l'héroïne-charnière qu'est la fille du Mort.

À cette première relation fondamentale entre Anna, Don Juan et
le Commandeur, il peut s'en ajouter, secondairement, d'autres ; ainsi, à
l'intérieur du quatuor constitué par la fille, le père, le fiancé et le séducteur, diverses combinaisons couplées sont possibles : Anna aime son
père et Ottavio (Mozart, et auparavant Villiers ou Perrucci), elle aime
son père et repousse Ottavio (Goldoni), elle aime son père et Don
Juan (Hoffmann), elle préfère Don Juan à son père (Montherlant),
elle aime Don Juan qui ne l'aime pas (*Ateista fulminato*, Shadwell),
elle aime Don Juan qui l'aime (dénouements romantiques), etc. Chacune de ces options affectives correspondra à un agencement différent du réseau des acteurs et retentira sur l'équilibre de l'ensemble.

Considérons maintenant de plus près les effets produits par ces
changements de position à travers les versions successives.

La solution choisie à l'origine par l'inventeur espagnol se trouve
être, assez curieusement, celle qui a été décrite plus haut en troisième
rang, l'indistinction, au sein du groupe féminin, de celle qui devrait
logiquement s'en détacher. Anna y figure parmi les quatre victimes
du Prédateur, entre la pêcheuse et la paysanne, n'ayant ni plus ni
moins d'importance que les autres dans le cycle des conquêtes ;
seuls la mettent à part le duel et son issue meurtrière, mais ce drame
prépare l'affrontement final, il ne modifie pas la situation d'Anna. À
cet égard la pièce de Tirso présente un trait surprenant : Anna, à la
différence de ses trois compagnes, n'y bénéficie d'aucune présence
scénique, elle reste invisible aux spectateurs, elle n'est qu'une voix
dans les coulisses, le cri qui appelle le Commandeur. Anna ne paraît
jamais sur la scène, elle manque même au tableau qui rassemble à la

fin toutes les victimes ; elle est la femme dont on parle, entre jeunes gens pour la louer, dans le cabinet du roi pour la louer encore et la marier, dans le Mausolée enfin pour la venger. L'Anna de Tirso est une quasi-absence, elle est l'image dont chacun rêve, n'existant que par les autres et par son lien tragique avec le dénouement ; pure fonction dans un système de relations, elle n'est rien comme personnage, mais son rapport étroit avec l'« Invité de pierre » fait d'elle une absence qui demande à vivre et à imposer sa présence ; il est dans la logique de cette présence virtuelle de se muer en héroïne, et en héroïne privilégiée. L'histoire du mythe, ce sera pour une large part l'histoire de cette transformation, de cette émergence ; celle-ci ne sera pas sans conséquences sur l'ensemble du groupe féminin et sur la destinée du héros lui-même.

Faut-il faire une place à une pièce espagnole de la fin du XVIIᵉ siècle restée manuscrite jusqu'au XXᵉ ? C'est à peine si elle appartient à l'histoire du thème. La *Venganza en el sepulcro* de Cordova y Maldonado[1] présente pourtant, par rapport au *Burlador* qu'elle cite, utilise et appauvrit, un trait surprenant : elle fait de la fille du Mort le personnage principal, avec Don Juan, et l'unique figure féminine. Il en résulte que le héros n'a d'autre visée que cette Anna dont il s'éprend, qu'il demande obstinément en mariage, mais qui ne veut pas de lui ; une distribution simplifiée à l'extrême, un couple central, une Anna brusquement hypertrophiée, un Don Juan mué de conquérant multiple en amoureux rebuté, c'est une transformation brutale de la donnée tirsienne : quand la pluralité féminine se réduit à un exemplaire unique, Don Juan ne peut plus être ni inconstant, ni trompeur. Voilà un signe manifeste de la solidarité des invariants ; à un groupe féminin fortement modifié correspond nécessairement un héros très différent.

---

1. V. A. Baquero, *Don Juan y su evolution dramatica*, t. I, p. 319-446, qui publie le texte ; il donne dans une notice quelques détails sur l'auteur et la pièce, publiée pour la première fois par E. Cotarelo en 1957.

Cet auteur obscur d'une pièce oubliée a le mérite à nos yeux d'avoir compris le premier le parti qu'on pourrait, et devrait, tirer un jour de la fille du Mort; il ne la promeut pas encore au rang d'amoureuse. Il faut voir maintenant comment s'est effectivement, et très lentement réalisée cette promotion.

Anna sera d'abord une création italienne. La première adaptation connue, le *Convitato di pietra* du pseudo-Cicognini, qui imite de très près le drame de Tirso en le condensant, en le schématisant, ajoute deux scènes pour faire paraître Anna et lui donner la parole, d'abord sur le cadavre de son père après le duel : « *Oh Dio, che miro, il mio sangue atterrato, il mio genitore morto ?* »; c'est la scène désormais classique de la déploration, de l'appel à la vengeance contre l'agresseur inconnu (« *... o perfido, qual tu sii non so* » II, 6). Anna réapparaît en II, 11, vêtue de deuil, pour réclamer justice au roi. C'est tout, c'est peu de chose, l'organisation de l'ensemble et les proportions de la représentation féminine n'en sont pas affectées, mais Anna a reçu la part minimale de présence scénique qui lui revient, insuffisante toutefois à modifier le dispositif et sa signification.

Il en ira tout autrement avec deux autres ouvrages italiens, un scénario en trois actes, *L'Ateista fulminato*, et un opéra, le premier sur ce thème, *L'Empio punito, dramma per musica* d'Acciajoli et Melani (Rome, 1669)[1].

L'*Ateista fulminato*

Témoin probable d'une branche latérale de la famille issue du *Burlador*, ce scénario constitue un jalon capital en raison des transformations apportées au groupe féminin. Première modification, le groupe est réduit de 4 à 2, sans que soit compromis l'équilibre social : une fille noble, Leonora, à qui reviennent cinq scènes, et une villageoise plus épisodique, enlevée le jour de ses noces, qui renvoie manifestement à l'Aminta de Tirso.

---

1. Reproduits dans G. Macchia, *op. cit.*, p. 131-147 et 227-332.

La figure de Leonora est plus complexe; avec maints traits inédits, il n'y a cependant pas de doute qu'elle soit « Anna » par sa *position* : elle est la fille du Mort. Que celui-ci n'ait pas été tué par « Don Juan » (ici Aurelio, prince tombé dans le banditisme) n'est pas décisif, même si le nœud des convergences s'en trouve desserré; affaiblissement compensé par le nouveau rapport qui la lie au Séducteur; enlevée d'un couvent, elle l'a suivi dans le maquis; voilà sans équivoque la première « Anna » amoureuse et bientôt jalouse; brutalement répudiée, recueillie par un ermite, elle se fait pénitente, « *vestita di sacco e cinta di corda, piangendo i suoi commessi falli contro il Cielo* »; elle mourra au dernier acte, « exténuée de pénitences ». Qu'on lui adjoigne un frère qui poursuit en vain le Séducteur pour venger l'honneur familial et rétablir l'ordre troublé, on constatera que, si Leonora est Anna par sa *position*, elle se rapproche beaucoup d'une *situation* que Molière et Mozart nommeront Elvire; elle n'est plus seulement une fonction, la fonction d'Anna, elle est devenue un personnage, mais ce personnage est en désaccord avec la fonction qu'il revêt.

Molière supprimera la fonction et gardera le personnage, tandis que l'opéra de Mozart, reprenant les deux filles nobles, juxtaposera Elvire et Anna sans les confondre.

C'est déjà la solution adoptée par Acciajoli pour l'*Empio punito*, l'opéra-pastorale de 1669 : Ipomene (= Anna) et Atamira (= Elvire) y coexistent dans des fonctions nettement distinctes. La première, qui a droit à une dizaine de scènes, c'est dire son importance, refuse sans équivoque l'agresseur, tant elle forme avec l'opposant (Cloridoro = Ottavio) un couple constamment amoureux et finalement uni dans le mariage; la seconde est l'épouse du Séducteur, qu'elle poursuit et entrave au moment où il s'attaque à la bergère (prototype de la scène I, 10 de Da Ponte); elle est l'obstacle sur la route du conquérant, celle qui lui rappelle ce passé dans lequel il refuse de se reconnaître; mais la morale de l'opéra autorise, une fois le méchant puni par la Statue, qu'elle s'unisse gaiement au tiers réparateur, le roi. On est loin de la sombre figure du scénario et de Molière.

L'éviction d'Anna

Il manquera toujours à l'œuvre de Molière la scène de dona Anna et le meurtre du Commandeur.

G. SAND.

Le parti adopté par Molière est des plus surprenants ; non seulement il réduit le groupe féminin en nombre et en étendue, limitant les entreprises montrées de son Don Juan à la seule conquête verbale des deux paysannes du second acte, mais il procède à une altération majeure du système, il supprime Anna ainsi que le spectacle de la mort du Commandeur ; la charnière féminine fait défaut, le lien entre le Mort et le Séducteur se trouve gravement affaibli. Quel sera dès lors le sens de la statue vengeresse et de sa triple apparition ? Ce père sans fille, qui venge-t-il ? La société bafouée, le Ciel méprisé ; Don Juan se voit puni non plus pour ses méfaits érotiques, mais comme intellectuel réfractaire, comme négateur de la loi morale, comme solitaire saisi par la démesure ; d'autre part, Ottavio étant éliminé avec Anna, le conquérant acquiert un supplément de présence, de poids dramatique : il est le seul mâle à régner sur la scène, jusqu'à l'apparition du Commandeur. Prédominance masculine qui va de pair avec l'affaiblissement de la représentation féminine chez Molière. L'absence d'Anna transforme profondément et le personnage du héros et son rapport avec le Mort.

Mais il y a Elvire ! Deux scènes seulement, deux apparitions furtives, aussitôt effacées par l'Inconstant, mais qui suffisent à donner au spectateur le sentiment d'une forte présence ; deux scènes éloignées l'une de l'autre (I, 3 et IV, 6), mais vigoureusement reliées par une similitude et une antithèse ; la similitude : dans l'une et l'autre l'épouse délaissée, recourant à la parole éloquente, s'adresse au héros pour agir sur lui, pour tenter de l'arracher à sa vie libertine ; l'antithèse : du 1er au 4e acte, Elvire s'est transformée, s'est convertie, la rhétorique amoureuse fait place à la rhétorique dévote, les cris s'inversent en larmes ; après avoir réclamé l'amant pour elle-même, elle le réclame pour Dieu (selon telles exégèses récentes, ce ne serait qu'une manière retorse de le revendiquer pour elle-même ; il faudrait admettre qu'à l'école du simulateur elle ait appris à mentir, ou du moins à se donner le change).

On retiendra qu'avec Elvire, en dépit du précédent constitué par la Leonora de l'*Ateista*, Molière a donné au mythe et par suite au personnage de Don Juan une dimension supplémentaire que l'opéra confirmera ; il a inséré dans le groupe féminin ce qui lui manquait encore, une grande amoureuse. Le premier Don Juan ne retenait pas les femmes conquises ; même Tisbea, un instant enivrée, se reprenait sitôt trahie ; avec Elvire, continuant d'aimer malgré l'abandon et le reniement, Don Juan est aimé, d'une passion qui donne au personnage un relief, un attrait qui lui manquait ; autour de lui s'installe une ardeur féminine qui contribuera à son rayonnement futur. Ce qui fait Don Juan, c'est le regard que les femmes portent sur lui ; Elvire représente le désir féminin fixé sur l'homme fascinant, convoité bien que méchant et haïssable.

Une question se pose toutefois : l'invention d'Elvire compense-t-elle l'éviction d'Anna ? Non sans doute. Ce qui profite au héros nuit au scénario dramatique. Elvire ne peut assumer la fonction réservée à la seule fille du Mort. Un rouage fait défaut et les liaisons se distendent entre les éléments constitutifs ; le héros se dilate et jouit d'une autonomie dont seul le dénouement le prive brutalement ; la rencontre entre Don Juan et la Statue, à laquelle Molière ne renonce nullement, se trouve faiblement motivée. Cette carence centrale, difficilement explicable[1], crée un déséquilibre qui sera senti et rétabli par les dramaturges ultérieurs. Anna aura sa revanche[2].

---

1. Peut-être est-elle due tout simplement à des raisons techniques, à la difficulté par exemple de montrer le meurtre du Commandeur ou à celle de faire tenir dans un temps restreint ce meurtre, placé « il y a six mois », et les scènes du tombeau ?
2. Dans sa refonte de la pièce de Molière, Brecht réintroduit, sous le nom d'Angelika, la fille du Commandeur ; celle-ci occupe fort l'imagination du héros (III, 3 et IV, 11 et 13).

Le retour d'Anna

Première étape : le *Don Giovanni Tenorio* d'un admirateur de Molière, Goldoni (1736). Qu'on se rappelle les diverses transformations apportées au seul duo des filles nobles : maintien des équilibres de Tirso avec léger renforcement de la fille du Mort chez le pseudo-Cicognini, extension de celle-ci chez Zamora ; exclusion d'Isabelle et remodelage d'Anna dans l'*Ateista fulminato*, fusion des deux rôles en un seul dans les pièces jumelles des prédécesseurs français de Molière (Dorimon et Villiers), enfin substitution d'Elvire à ces deux rôles chez Molière. Goldoni les réintroduit l'un et l'autre, pour leur faire subir de nouvelles modifications – lesquelles retentiront à leur tour sur l'ensemble de la constellation.

Isabelle la disparue réapparaît, mais uniquement comme poursuivante du héros et rivale des deux autres héroïnes (Anna et la bergère Élisa) qui sont posées non plus comme associées dans la poursuite mais comme antagonistes. L'attrait plus ou moins avoué pour le Séducteur, si criminel soit-il, semble l'emporter sur l'indifférence ou la haine, même de la part d'Anna. Celle-ci prend décidément la première place, elle passe avec Don Juan au centre de la pièce. À cet aventurier tout l'oppose : il l'attaque brutalement, exigeant l'amour poignard en main, il tue le père et se glorifie d'être sans remords ; mais Anna, tout en criant vengeance, résiste mal à un trouble penchant ; au dernier acte, devant la statue du Commandeur, quand le héros traqué, prosterné à ses genoux, implore sa pitié, elle déclare dans ses *a parte* ce qu'il a déjà deviné :

> « *Ah che il mirarlo*
> *In atto umil, con si bel pianto agli occhi,*
> *Awilisce il mio sdegno !* »

et s'adressant à la Statue :
« Ombre de mon père..., pardonne la faiblesse de mon cœur, Son donna alfin. » (V, 5)

Dans ce sanctuaire où, avant d'être foudroyé, Don Juan va défier un Commandeur immobile et muet, tous les regards convergent sur Anna promue au rang d'héroïne unique et dotée d'un *cœur*, d'un tourment ; c'est ce drame d'une fille entraînée malgré elle vers le meurtrier de son père qui intéresse Goldoni beaucoup plus que l'aventure de Don Juan. Que l'amour interdit l'entraîne contre son gré, mais non pas à son insu, Anna le montre par ses aveux obliques, en *a parte* ou vers la statue plutôt que vers le fascinateur, qui ne saurait rien s'il ne la perçait à jour malgré ses dénégations apparentes. Pour aller jusqu'à l'aveu direct, même s'il est contraint ou contredit, il faudra attendre le xixᵉ siècle, par exemple Mérimée : « Je devrais vous haïr ; vous avez versé le sang de mon père ; mais je ne puis vous haïr ni vous oublier. Ayez pitié de moi. » Il est vrai que ces paroles trop claires se lisent dans une lettre et qu'elles s'achèvent sur un adieu définitif qui les condamne[1].

Quoi qu'il en soit, censurée, retenue, détournée ou avouée, la passion interdite d'Anna appartient à une époque ultérieure ; il aura fallu qu'entre-temps surviennent l'opéra de Mozart et ses exégètes romantiques.

L'exaltation d'Anna

Donna Anna est le grand personnage affectif de Don Giovanni

JOUVE.

Peut-on voir dans l'opéra de Mozart un drame à deux personnages : l'affrontement de Don Juan et de Donna Anna ? « Donna Anna est le pendant de Don Juan » : cette réduction audacieuse du *Don Giovanni*, elle est à la base de l'interprétation d'E.T.A. Hoffmann ; avant de la théoriser, le narrateur du conte assiste à une représentation à demi rêvée de l'opéra, il n'a d'attention

---

1. *Les Âmes du purgatoire*, dans *Œuvres* (Pléiade), p. 424.

que pour la fille du Commandeur et pour le héros ; il passe sous silence ou mentionne pour mémoire les scènes réservées à Elvire et Zerline, celles-ci sont tenues pour insignifiantes ; quelqu'un qui ne connaîtrait l'opéra que par la description de Hoffmann verrait en elles de simples comparses subordonnées à une seule et unique héroïne, celle précisément dont Molière avait préféré se passer. Quel renversement de toutes les proportions ! Lecture orientée et délibérément partiale d'un auditeur qui confond l'héroïne et son interprète dans une même passion. Est-ce la seule lecture possible ? L'organisation du Ier acte tel que l'ont conçu Da Ponte et Mozart est très claire, elle est tripartite : une triade féminine dont chaque figure est introduite successivement par trois variantes de l'agression donjuanesque, Anna (scènes 1-4), Elvire (5 et 6), Zerline (7-9) ; d'abord isolées, elles se croisent ensuite et se rencontrent pour former la coalition des victimes et de leurs alliés contre le Prédateur, de plus en plus solitaire dans sa fièvre de jouissance, jusqu'au finale qui juxtapose les airs de danse et la prière des trois masques en dessinant le contrepoint fondamental du plaisir et du châtiment, de la fête et de la mort.

Ceci dit, on doit reconnaître à l'Anna de Mozart une place privilégiée ; elle ouvre l'opéra, dans cet introït qui mêle si fortement, dans l'affrontement de la femme et de l'homme, le viol au meurtre, l'appel à la vengeance avec les pleurs sur le cadavre du père. Théâtralement et musicalement, les grands thèmes sont là et le dénouement, la réapparition du Mort et la sombre apothèse de l'agresseur sont implicitement contenus dans ces scènes d'ouverture où s'énoncent furieusement le thème érotique et le thème funèbre. Par la suite, la présence d'Anna ne s'effacera pas, à la différence de l'opéra antérieur de Bertati-Gazzaniga qui la faisait disparaître dès la scène 3, sitôt obtenue d'Ottavio la promesse de poursuivre le meurtrier[1] ; chez Mozart elle revient constamment, toujours annoncée à l'orchestre

---

1. Sur les opéras italiens des années 1777-1787, et en particulier sur Bertati et l'usage qu'il fait de Molière, voir plus loin, chap. II, 2.

par des accords stridents, c'est elle qui conduit l'opposition au héros jusqu'à ce que satisfaction lui soit donnée ; contrairement à Elvire et à Zerline, si hésitantes, si envoûtées, toujours prêtes à céder aux prestiges du conquérant, elle représente la force et la constance dans une pensée unique.

C'est sans doute ce qui a frappé certains exégètes, et en premier lieu Hoffmann ; celui-ci n'eut qu'un pas à franchir pour la privilégier exclusivement et faire d'elle seule la partenaire du héros, « le pendant de Don Juan », ce qui implique opposition et égalité ; au centre de l'opéra, le narrateur du conte place un couple dominateur, ce couple-là. Vue profonde et féconde, mais gravement mutilante ; c'est faire bon marché non seulement d'Elvire et de Zerline, mais plus encore d'un double couple constitué sur Anna : celui qu'elle forme invisiblement avec son père mort qui obsède sa pensée, et celui qu'elle forme avec Ottavio, partenaire, il faut en convenir, un peu faible, mais que rien n'autorise à accabler comme le fait, très logiquement d'ailleurs, le conteur hoffmannien ; sur ce point, il sera suivi, jusqu'à nos jours, par bon nombre de commentateurs. On a envie de dire que ces exégètes se comportent comme le narrateur : en amoureux d'Anna, ils effacent le rival.

Dès lors qu'Anna et Don Juan se constituent en couple prédominant, on sera tenté de supposer entre eux quelque inclination secrète. Certes, Don Juan se montre, à son habitude, impatient de toute fixation, ardent aux nouvelles rencontres ; mais si l'on tient Anna pour différente de toutes les autres, on est amené à lui prêter un pouvoir particulier sur l'Inconstant. C'est ce qu'insinue Hoffmann ; « En vain Don Juan veut s'arracher à l'étreinte de Donna Anna (il s'agit de la scène première). Mais le veut-il vraiment ?... La conscience de son crime, lui ôte-t-elle la force d'agir, ou bien est-ce *la lutte intérieure de l'amour et de la haine* qui l'arrête et le décourage ? » Une attitude également ambiguë est prêtée à Anna : pourquoi tant d'acharnement contre celui qu'un instant elle a pu prendre pour l'homme aimé ? Hoffmann croit démêler dans

la haine un envers amoureux (Jouve, Micheline Sauvage le rejoin-
dront sur ce point); et lorsqu'il approfondit l'analyse dans ce sens, il
ne se contente plus de suggérer, il imagine une amante involontaire
et désespérée que le Ciel a destinée à sauver Don Juan en se faisant
aimer de lui. Elle ne le sauvera pas de la damnation, le dénouement
de l'opéra s'y oppose; mais elle est trop ébranlée pour lui survivre;
d'où un dénouement supplémentaire, propre au conte : la belle
interprète du rôle d'Anna s'est tellement identifiée à son personnage qu'elle meurt dans la nuit qui suit la représentation[1].

Exégèse d'une œuvre qui va sciemment au-delà de l'œuvre,
pour lire en profondeur le sens que dissimule la rencontre entre
deux partenaires séparés par les plus graves interdits; est-ce assez
pour diagnostiquer, hors de tout recours précis au texte et même
à la partition, l'obscure relation de haine amoureuse sur laquelle
se fonde l'interprétation? Peu importe, il s'agit d'autre chose; la
grandiose vision hoffmannienne nous est livrée dans un conte fantastique; un spectateur halluciné raconte ce qu'une imagination
émue par le chant, par la solitude nocturne, par la rêverie amoureuse peut déchiffrer dans la musique de Mozart; c'est une nouvelle cohérence qui apparaît, celle qu'aucun spectateur du XVIIe ou
du XVIIIe siècle n'eût songé à construire. Voilà en définitive ce qui
compte pour l'historien d'une idée; une hypothèse créatrice, en
recomposant le groupe féminin, en isolant, en grandissant Anna
aux dépens de ses compagnes, bouleverse l'économie du scénario
et modifie l'image du héros. Œuvre fondatrice au second degré,
l'opéra de Mozart revu par Hoffmann va donner au mythe une
nouvelle vitalité et un nouveau sens. De cette rencontre naît le
Don Juan romantique, le Don Juan mis en présence d'Anna, d'une
Anna unique, prédestinée, venue au monde pour le régénérer par
le miracle de l'amour.

---

1. Il faut signaler que l'interprétation de Kierkegaard écarte curieusement Anna
et Zerline au profit de la seule Elvire; Anna est taxée d'insignifiance! Il s'agit
pourtant de l'Anna de Mozart.

L'une des conclusions possibles sera donnée par G. Sand. Quand l'auteur du *Château des Désertes* fait travailler ses comédiens sur un canevas inspiré de *Don Giovanni*, elle dit de l'actrice chargée un soir du rôle d'Anna « qu'elle avait bien lu et compris le *Don Juan* d'Hoffmann, et qu'elle complétait le personnage du libretto en laissant pressentir *une délicate nuance d'entraînement involontaire* pour l'irrésistible ennemi de son sang et de son bonheur. Ce point fut touché d'une manière exquise, et cette victime d'une secrète fatalité fut plus vertueuse et plus intéressante ainsi, que la fière et forte fille du Commandeur pleurant et vengeant son père sans défaillance et sans pitié » (chap. X).

De cette promotion d'Anna, voici quelques étapes : deux femmes seulement autour de Don Juan, une courtisane issue de son passé libertin et la grande dame, ici veuve du Commandeur ; le Séducteur ne l'a jamais vue auparavant, la difficulté le stimule, il la courtise devant le tombeau où elle vient prier, il obtient un rendez-vous et un aveu : « Ah ! si je pouvais vous haïr ! » ; pris dans la main de la Statue, qu'il a invitée chez Anna, la dernière parole du condamné est un appel à celle qui, peut-être, pourrait intercéder : « ... Je suis perdu. Tout est fini. O dona Anna ! » Tel est *L'Invité de pierre* de Pouchkine (1830).

Mieux encore : un seul personnage féminin dans le *Don Juan et Faust* de Grabbe (1829). Cette héroïne unique, c'est bien entendu Anna, poursuivie à la fois par les deux héros complémentaires que le XIXᵉ siècle aime rapprocher et parfois confondre ; une Anna moderne qui n'échappe pas à l'attrait du fascinateur : « Je t'aime – mais je ne serai jamais à toi » (II, 1) ; inaccessible, parce qu'elle incarne ce que le héros idéaliste, qu'il soit Faust ou Don Juan, doit poursuivre en vain ; aussi est-elle la première des trois à disparaître, par la mort. Cette mort d'une amoureuse laisse pourtant Don Juan tel qu'il est, volage et voué à Satan. Verra-t-on le démon sauvé par la femme rédemptrice que le commentaire du narrateur hoffmannien laissait entrevoir ?

La scène est dans le caveau où le Séducteur et le Commandeur se font face. Anna qui vient de mourir surgit de sa tombe : elle est condamnée à mille ans de Purgatoire pour avoir aimé Don Juan ; une larme de celui-ci la sauverait. Transformé par cet amour, l'Inconstant tombe en prière, repentant et racheté. Le renversement est complet, toutes les pièces de l'échiquier modifient leurs positions et changent de sens : le Catalogue est effacé, plus de groupe féminin, mais une héroïne transfigurée par l'amour et le sacrifice ; le Mort tout-puissant du XVIIᵉ siècle, n'ayant plus personne à jeter dans les flammes, passe à l'arrière-plan, simple spectateur d'un dénouement qui lui échappe ; sa fille vient prendre sa place pour en faire un usage contraire, sauvant au lieu de damner ; rompant la relation intime qui la liait à son père, Anna va former avec Don Juan converti à la fidélité un couple heureux et stable pour l'éternité (Blaze DE BURY, *Revue des Deux-Mondes*, 1834).

On peut faire mieux, c'est le dénouement réinventé en Espagne par Zorrilla pour démentir celui du XVIIᵉ siècle, tout en enchaînant sur le thème théologique de Tirso : le pire des hommes, présenté avec insistance comme l'impie et le blasphémateur, comme le « diable incarné », sera l'objet d'une grâce imméritée. Satan peut donc se convertir ? et se sauver in extremis ? Oui, à une condition : qu'il aime et qu'une femme l'aime – ce sera la fille du Mort –, qu'elle meure d'amour pour lui et joue son destin spirituel en sa faveur : « Don Juan, j'ai offert à Dieu mon âme en échange de ton âme impure... Dieu m'a dit... : puisque tu restes fidèle à cet amour diabolique, *(« a un amor de Satanas »)* tu te sauveras avec Don Juan, ou tu te perdras avec lui... Cette seule nuit nous reste. » (2ᵉ partie, I, 4). Et voici le dénouement qui, se calquant d'abord sur celui de Tirso, le rectifie pour en inverser l'issue. Saisi par l'homme de marbre, le héros se jette à genoux, invoque la pitié du Ciel, « trop tard » répond la Statue ; c'est jusqu'ici la démarche même de Tirso, que va maintenant corriger l'intervention de la fille du Commandeur, morte pour l'Inconstant, comme la Marguerite de *Faust*. Le tombeau s'ouvre, la morte se lève et prend la main du pénitent désespéré : « Non, me voici près de toi, Don Juan, ma main affermit ta main que lève vers le ciel ton désir de contrition... Dieu accorde à ma prière le salut de Don Juan au pied de mon tombeau... J'ai donné mon âme pour toi, et Dieu, grâce à moi, t'accorde ton douteux salut..., l'amour a sauvé Don Juan au pied de mon tombeau. » (III, 3). La pièce se termine comme certains mystères : l'intervention miraculeuse de la Madone est remplacée par celle de l'amante qui s'est sacrifiée, au risque de perdre son âme, pour sauver le libertin. Ainsi sont exaltés les pouvoirs de la femme et de l'amour, dans ce monde et dans l'au-delà. On assiste à la phase ultime de la promotion d'Anna ; l'ancienne victime, la plus effacée des figures de la constellation féminine, règne maintenant seule et toute-puissante ; elle s'est subordonné non seulement les autres héroïnes, mais aussi le Père et le Séducteur. L'édifice entier bascule du côté de la femme rédemptrice ; même s'il était dans la logique du système que la fille du Mort fût privilégiée, il y a peut-être dans ce nouveau déséquilibre un danger pour l'avenir du mythe[1].

Un pas de plus dans cette direction et Anna ne sera plus Anna, le mythe ne sera plus le mythe en raison de l'éviction complète du Commandeur : un ange, pris de compassion pour « l'enfant du mal » dont il est le gardien, demande et obtient de s'incarner dans un corps féminin ; l'ange devient sœur Marthe, la religieuse qui s'éprend de Don Juan ; aimée puis abandonnée, elle accepte d'échanger son éternité bienheureuse pour une journée passée avec le bien-aimé – lequel se perd avec elle. Ce dénouement, inverse du précédent, forme lui aussi le libertin et l'amante en un couple indissoluble, c'est celui du mélodrame, aussi médiocre que significatif, d'Alexandre Dumas, *Don Juan de Marana ou la Chute d'un ange* (1836), où se coudoient pêle-mêle Faust, Manara, Eloa.

---

1. Même dénouement dans le *Don Juan* d'Alexis Tolstoï (1860) : Anna aime Don Juan ; désespérant de l'arracher à sa vie de débauche, elle se donne la mort ; bouleversé, le héros se convertit et entre en religion pour mener une existence de pénitent ; c'est le dénouement de Manara. On trouvera plus loin l'extravagant *Don Juan converti* de Laverdant (1864).

On remarquera que, par un détour inattendu, ce pénitent de bonne volonté ne commet pas moins de dégâts que le libertin sans scrupules qu'il prétend désavouer ; au lieu de perdre les mille délaissées du Catalogue, il provoque la perte surnaturelle de celle qu'il a élue entre toutes.

C'est cette version extrême du mythe que G. Sand vise dans *Lélia* (texte de 1839), en adoptant un point de vue que justifie la fabuleuse promotion d'Anna, ce sera le point de vue de la femme, défendu par la « féministe » Lélia contre Sténio le libertin. Celui-ci raconte, dans une assemblée de dames, la première phase de la *légende :* « Dieu l'avait condamné... mais Don Juan avait aux cieux la protection ineffable de son ange gardien... Et savez-vous... ce que fit l'ange, quand il fut métamorphosé en femme ? Il aima Don Juan et s'en fit aimer, afin de le purifier et de le convertir. » Là-dessus, Lélia prend la parole pour rectifier cette version optimiste et masculine : « Vous ne savez pas la fin de la légende, et je vais vous la raconter. Don Juan aima l'ange et ne fut pas converti. Il tua son propre frère et reprit le cours de ses iniquités... L'ange devenu femme perdit la raison... Don Juan mourut dans l'impénitence finale... Il y eut au ciel un ange de moins, et, dans l'enfer, un démon de plus. » Leçon morale de l'apologue : les hommes ont trompé les femmes à leur avantage en revêtant de poésie, en élevant au rang de symbole fascinant celui qui « a précipité tant de destinées dans un abîme sans fond » (chap. LXII).

La romancière a senti qu'en glorifiant Anna, on lui tendait un piège : privilège, mais privilège fallacieux qui la livrait d'autant plus sûrement au Séducteur qu'elle était la dupe des vertus féminines de dévouement, de sacrifice, de passion poussée jusqu'à l'oubli de soi. Le récit de Lélia est une mise en garde qui s'adresse, par-dessus ses auditrices, aux lectrices de G. Sand, à toutes les femmes : qu'elles cessent donc de s'immoler à l'homme, à celui que des générations d'auteurs (mâles évidemment) ont glorifié à leurs dépens, d'abord comme prédateur triomphant, maintenant comme pécheur digne de leur pitié.

Réinjection massive de sacré, par la multiplication des intrusions surnaturelles, la rénovation des dénouements funèbres et la présence d'une dimension religieuse qui allait s'affaiblissant depuis Tirso : voilà le premier trait commun aux versions romantiques ; il traduit un retour à la source. En revanche, le second de ces traits s'éloigne de l'origine, tant est forte désormais la féminisation d'un mythe qui avait jusqu'alors réduit la femme à l'état d'objet dans un jeu strictement masculin. Avec une Anna promue au rôle d'héroïne principale et bientôt exclusive, la femme passe au centre du scénario ; elle devient la reine de la distribution et finit par se subordonner toutes les puissances masculines, le père aussi bien que l'amant, Don Juan aussi bien qu'Ottavio. Cette déchéance du conquérant n'exclut pas, sous un autre angle, l'idéalisation d'un héros qui se recharge de prestige symbolique : « merveilleux symbole de l'homme sur la terre » (Musset), archange rebelle, ange tombé qui rêve du ciel, démon sauvé de l'enfer par la femme rédemptrice, etc., c'est aux mythes, dès lors voisins, de Faust et de Lucifer que le séducteur rationalisé du XVIIIe siècle emprunte de quoi se grandir et s'assurer un nouveau rayonnement.

Ce n'est pas tout : en rencontrant cette Anna dominatrice, le chasseur de plaisirs rencontre en même temps l'amour et la mort ; c'est maintenant la fille du Mort qui, s'étant substituée au père déchu, parle au nom de l'au-delà et y accueille le pécheur converti. Situation limite et paradoxale : par un renversement supplémentaire, l'anti-Tristan rejoint Tristan.

Que reste-t-il aujourd'hui de la fille du Commandeur ? Les auteurs affichent volontiers leur vœu de se débarrasser de l'héritage romantique ; ceci est vrai du héros et de sa descente aux enfers, mais l'est moins de l'héroïne que le XIXe siècle a exaltée, aux dépens de sa solidarité avec les membres du scénario. Ce qui se passe de nos jours montre que cette solidarité achève de se défaire et que sur ce point le XXe siècle prolonge le XIXe : l'héroïne est de plus en plus isolée.

« C'est vous qui m'avez mise au monde » déclare l'Anna de
Montherlant; ces mots, elle ne les dit pas à son père, mais à Don
Juan (III, 5); acte d'allégeance à l'égard du protagoniste, mais plus
encore signe de rupture désormais consommée avec le Mort, lui-
même traité en dérision. Quant à l'héroïne de Frisch, elle se décompose en deux Anna : la vraie, prise, rejetée, se donnant la mort, et
son double, la courtisane qui, renversant les rôles, prend possession
du Séducteur fatigué de son personnage pour faire de lui un mari
et un père de famille. Dans *Mon and Superman*, Shaw avait déjà
conçu une *Ann*, symbole de la nature féminine, contraignant *John* à
l'épouser; celle qui subissait la poursuite s'est transformée en poursuivante.

La femme conquiert l'homme, le père s'efface, tous les rapports
se distendent et se modifient. Le modèle à trois composantes vole
en éclats, et c'est parce qu'il se disloque que l'Anna du mythe semble
en voie d'extinction; elle perd son identité dès lors que le système
de relations dans lequel elle était insérée a perdu sa cohérence. Il
est logique que la fille du Mort subisse le sort réservé au Mort lui-
même : celui-ci étant bafoué, travesti ou éliminé, Anna n'est plus
qu'une femme comme les autres.

III

Le héros

Le réprouvé et ses juges

> Dieu veut que tu payes tes fautes entre les mains d'un mort
>
> TIRSO.

> Don Juan ne va pas en enfer, il va en paradis
>
> GAUTIER.

Don Juan est un coupable condamné, un transgresseur qui affronte son juge, ou ses juges. De quoi est-il coupable ? Quel est le crime qui lui vaut d'être puni, et du châtiment le plus implacable ? Même s'il n'est pas d'emblée un condamné, il est dès le début un suspect. La plupart des auteurs le mettent en accusation, tout en le montrant ou trop insouciant, ou trop endurci, ou trop sûr de son bon droit pour se reconnaître coupable. Don Juan est un inculpé qui récuse l'inculpation.

Les avertissements et les injonctions ne lui sont pourtant pas épargnés ; en même temps qu'il accumule les entreprises délictueuses, il voit se multiplier les victimes et les témoins qui l'incitent au repentir avant que vienne la mort. La répétition des mises en garde scande systématiquement la pièce de Tirso qui les met dans la bouche du valet, des femmes séduites, du père, du Commandeur, tous chargés de signifier au délinquant qu'il aura un jour à mourir et à comparaître ; c'est aussi le sens de l'épitaphe gravée sur le tombeau dont la lecture sera désormais rituelle. Dans la perspective théologique présente chez Tirso et encore chez Molière, ces avertissements sont autant de grâces que le pécheur, s'endurcissant, dédaigne puis refuse[1]. Chaque fois l'interpellé répond par la même formule évasive qui a valeur de leitmotiv : *Que largo me lo fiays*, c'est un long délai. Le refrain désinvolte pourra disparaître après Tirso, les auteurs maintiendront sous des formes diverses cette pression des fins dernières sur un récidiviste cerné par une horde de personnages délégués à l'exhortation et à la menace. Molière en renforcera même la présence en doublant le Mort d'un spectre voilé qui le précède et le décharge de l'ultime injonction : « Don Juan n'a plus qu'un moment à pouvoir profiter de la miséricorde du Ciel... ».

Mais pourquoi ce coupable a-t-il un si urgent besoin de la miséricorde du Ciel ? C'est qu'il a offensé le Ciel non seulement en trahissant femmes, amis, parents, prince, et en tuant au passage ce qui lui faisait obstacle, mais plus encore en profanant ce qui devrait rester hors d'atteinte, en faisant outrage aux morts à travers celui qui les représente tous. Croyant ou incroyant, il est de toute façon en conflit avec le Ciel après s'être attaqué aux figures de la loi humaine. Contrairement à ce qu'on serait tenté de conclure aujourd'hui, ce n'est pas le jouisseur et le séducteur sans scrupules que ce XVIIᵉ siècle catholique et méditerranéen jette en enfer[2], c'est l'offenseur de Dieu, le profanateur du sacré qui viole la limite impartie aux vivants, trouble la paix des morts et refuse enfin le pardon offert au repentir même tardif.

La question ici posée est celle de la culpabilité du héros et de son rapport avec ceux qui auront à le juger, à le condamner ou à

---

1. Cf. J. TRUCHET, « Molière théologien dans *Dont Juan* », *RHLF*, 1972/5-6, p. 930-33.

2. Cf. B. BENNASSAR, *L'Homme espagnol*, Paris, 1975, p. 158-159 : « On aurait tort de croire à la réprobation violente de l'opinion à l'égard du péché de chair... ».

l'absoudre. Mais au nom de quelle loi ? et quels seront les chefs d'accusation ? et pour commencer, quels seront les accusateurs ?

Don Juan, qui ne fait pas une rencontre sans allonger la liste de ses méfaits, s'entoure d'un cercle de témoins scandalisés et de regards hostiles – dont il n'a cure ; ce public d'observateurs critiques se répartit en trois catégories qu'il importe de distinguer : les représentants du juge divin, qui l'exhortent ou le menacent ; ses partenaires et victimes de la société civile qui le mettent à l'épreuve et l'inculpent, les auteurs enfin qui, en organisant ces rencontres et ces sentences, imposent leur propre jugement à une quatrième classe de témoins, externes ceux-ci : les spectateurs et les lecteurs de tous les *Don Juan* possibles.

Le premier groupe est bien entendu représenté par le Mort, par la statue du Commandeur, agent de la transcendance. Accompagné parfois de démons et de squelettes, le Mort est le porteur autorisé du Jugement dernier et le responsable du dénouement tragique. C'est lui qui fait du héros l'indiscutable réprouvé des XVIIe et XVIIIe siècles, celui dont le Ciel ne veut plus parce qu'il a tenacement refusé le Ciel, en négligeant de voir les signes qui lui étaient adressés. Ce Don Juan-là, ce n'est pas le simple délinquant mis au ban de la société, c'est le pécheur qui, par son endurcissement, se trouve finalement privé de la grâce et rejeté dans les ténèbres. Pour qu'il lui soit pardonné in extremis, il faut des conditions qui ne seront réunies qu'en cette ère de bienveillance pour Lucifer et ses semblables qu'on appelle le romantisme. La première de ces conditions, c'est qu'aux émissaires traditionnels de l'au-delà vienne se joindre une puissance de même origine qui puisse contester leur verdict : ce sera l'ange intercesseur, l'amante abandonnée et morte d'amour. La Morte amoureuse revient au monde – comme le Commandeur son père, mais pour le contredire et lui arracher sa proie : au « trop tard » du juge impitoyable, sa fille oppose un « Non ! me voici près de toi, Don Juan… Dieu accorde à ma prière le salut de Don Juan au pied de mon tombeau ». Sur quoi des anges entourent les amants pardonnés et les emportent vers l'empyrée (Zorrilla, 1844). Contre la tradition, le vaincu n'est plus Don Juan mais le Commandeur ; et la victoire, plus qu'au Séducteur, revient à la victime sacrifiée, à la femme aimante qui prend la place du père punisseur.

L'issue du débat se renverse ; un Gautier pousse le paradoxe jusqu'à imaginer un nouveau dénouement pour l'opéra de Mozart : « Non seulement Don Juan ne va pas en enfer, mais il va en paradis, et à la plus belle place encore. » (1845). Voilà le pécheur canonisé ; c'est la récompense que le XIXᵉ siècle réserve à la révolte soutenue par l'amour. Ainsi, la balance divine qui pèse Don Juan, de dénouement en dénouement, depuis l'implacable Tirso, a fini par pencher du côté de la miséricorde ; la justice cède enfin à la tendresse[1].

Ne confondons pourtant pas les ordres : ce Don Juan projeté hardiment de l'enfer en paradis reste un méchant aux yeux de la société et de ses lois ; ses méfaits sont reconnus, ils peuvent être pires que ceux de ses prédécesseurs de l'âge baroque ; son repêchage final, il ne le doit pas à ses vertus, mais à l'amour immérité, à l'intercession d'une femme. La grâce est toujours gratuite ; pour les romantiques elle est féminine.

Le transgresseur ne vise pas seulement l'au-delà ; il relève également de la justice humaine. Celle-ci n'a plus affaire au pécheur, mais au délinquant, elle ne pèse pas des fautes, mais des crimes. Au lieu d'opérer par l'intermédiaire du Mort et de ses acolytes ou substituts – démons, spectres ou anges –, elle se fait représenter par toute la gamme des instances sociales, du roi aux valets, des pères, des frères et des maris aux femmes outragées elles-mêmes ; son code de référence, c'est la Loi, qui parle au nom de l'État ou de l'ordre familial[2].

---

1. Ce changement de tendance se trouve justifié par la contamination, constante au XIXᵉ siècle, avec la légende de Mañara, telle que la raconte Mérimée dans les *Âmes du Purgatoire*. Il en est ainsi, par exemple, dans le drame d'Alexis Tolstoï (1862) : Don Juan s'éprend d'Anna, se repent, échappe à la Statue, se jette dans un cloître et meurt en odeur de sainteté. Dénouement repris par J. Delteil, *Don Juan*, 1930.

2. Le XVIIᵉ siècle ne badine pas avec la rébellion contre l'autorité ; C. V. Aubrun le constate dans l'ensemble de la comédie espagnole : les crimes que l'on n'y par-

On dira que les deux sentences ne peuvent que se confondre et qu'il est vain de prétendre distinguer une justice divine et une justice humaine, celle-là n'étant que le masque ou le reflet de celle-ci. À cette objection, c'est aux textes de répondre ; il arrive qu'ils suggèrent la convergence des deux plans et que le dénouement surnaturel paraisse simplement prolonger et corroborer la condamnation portée par la société ; mais ces mêmes textes exigent que soit pourtant maintenue la distinction proposée ici. Le Burlador de Tirso relève certes de la justice royale, mais il ne cesse de bafouer son souverain, déjouant ses projets matrimoniaux et négligeant ses mises en garde. Il appartient en définitive à la justice de Dieu qui le vole à celle du roi : le pécheur l'emporte sur le délinquant.

Le rapport des deux ordres peut s'inverser, ce qui se produit très logiquement dès que le traitement du thème se laïcise en Italie puis en France ; on cède alors à la tentation de durcir l'opposition du héros et de toutes les instances sociales, on présente un hors-la-loi, un aventurier en rupture de ban, quand ce n'est pas un criminel de bas âge, un pur gibier de potence, manifestement voué à la condamnation sans nuances du public.

De cette solution forcenée, voici trois exemples dans trois langues différentes : en Italie l'important scénario *Ateista fulminato :* un prince du sang qui a pris le maquis, *bandito,* met tout à feu et à sang, tue par trahison son principal adversaire et frappe brutalement la femme dont il ne veut plus, cette Leonora amoureuse, puis pénitente, la première Elvire de la série. La dernière scène sanctionne cette carrière scandaleuse par la vision de l'enfer où un chœur de démons chante autour du damné « *il castigo de' scelerati* » (Macchia, p. 147). En France, c'est *Le Festin de Pierre ou le Fils criminel* de Villiers ; il suffira de laisser le père définir ce fils sacrilège

---

donne pas, ce sont ceux qui « portent atteinte à l'équilibre de la société... »,
La Comédie espagnole (1600-1680), Paris, 1966, p. 111.

Qui n'a qu'impiétés et que fureurs dans l'âme,
Qui va porter partout et le fer et la flamme,
Et qui, sans respecter le sexe ni le rang,
Tue, enlève, assassine et s'abreuve de sang. (I, 4)

Même couleur dans *The Libertine* de Shadwell qui se rattache directement au *Fils criminel* de Rosimond et à l'*Ateista fulminato*, mais poussé, s'il est possible, au noir : un chef de bande *guilty of all vice*, qui pratique par système le viol et le massacre, assassine son père, empoisonne son amante... Scène finale, ici encore, l'enfer ! Branche latérale, sans doute, qui débouche au XVIIIᵉ siècle sur les spectacles de marionnettes et se prolonge, exceptionnellement, jusqu'au monstre naissant mis en scène par Gobineau : « le crime est pour lui sans horreur ni dégoût », celui-ci plus élégant, plus artiste que les figures patibulaires imaginées pour l'édification du public par un certain XVIIᵉ siècle.

Revenons à la branche centrale, à Molière, pour constater qu'il trouve un équilibre entre les deux justices, faisant de son héros à la fois un délinquant et un pécheur. Commençons par prêter attention à une grande absence, celle du roi, si actif chez les prédécesseurs espagnols et italiens. À qui va revenir sa fonction de détenteur des pouvoirs de justice ? Qui représentera la Loi ? De toute évidence le père ; si Molière donne à son rôle une solennité qu'il n'avait dans aucune pièce antérieure[1], c'est pour lui attribuer la place du souverain qu'il ne pouvait introduire sur le théâtre. Le grand discours paternel (en IV, 4) est bien clair à cet égard : il est tenu d'un bout à l'autre au nom de la société aristocratique, ce sont les valeurs nobles qui sont transgressées par le « fils indigne » à qui on rappelle « qu'un gentilhomme qui vit mal est un monstre dans la nature » ; ce sont des délits de droit commun que désignent « cet amas d'actions indignes,... cette suite continuelle de méchantes affaires, qui nous réduisent à toutes heures à lasser les bontés du Souverain ». Don Juan, on le voit, relève

---

1. Le père figurait déjà chez Dorimond et Villiers.

de la juridiction royale, il est un délinquant ordinaire[1], même si sa « qualité » donne à ses délits un éclat scandaleux, et délibérément scandaleux ; le libertin se veut réfractaire, et de façon provocante, ce que montre bien la froide insolence avec laquelle il accueille l'homélie paternelle. On notera en passant que ce père qui maudit son fils n'a rien d'un Géronte grondeur, son style n'est pas celui d'un barbon de comédie. Aussi l'insulte lancée par Don Juan sitôt que Dom Louis s'est éloigné : « Eh ! mourez le plus tôt que vous pourrez... » est-elle destinée à lui attirer le désaveu définitif de ce juge invisible qu'est le public, déjà indigné par l'humiliation gratuitement infligée au Pauvre. Le père n'est pas effectivement assassiné, mais cette parole homicide est un meurtre commis mentalement et dans le dos de la victime. Un crime parlé, sur une scène qui ne tolère plus le sang versé, reste un crime manifeste.

L'algarade du père au fils ne s'écoute, ou ne se lit pas seule : séparée par un bref, raccord, elle est aussitôt suivie d'une scène rigoureusement parallèle, l'exhortation de l'épouse à l'époux (IV, 6). En « dame voilée », Elvire surgit, inattendue, et supplie. Mais ce parallélisme, propre à la pièce de Molière, se double d'une opposition qui est parfaitement pertinente à la distinction examinée ici : le père s'adressait au *délinquant*, l'amante interpelle le *pécheur* ; Dom Louis blâmait au nom des pouvoirs profanes, Elvire intervient pour « faire part d'un avis du Ciel,... ce même Ciel qui m'a touché le cœur... m'a inspiré de vous venir trouver, et de *vous dire de sa part* que vos offenses ont épuisé sa miséricorde... ». D'une scène à l'autre, d'un orateur à l'autre on a changé de juridiction ; il ne s'agit plus des sanctions de la justice séculière, mais de la « justice du Ciel... peut-être vous n'avez pas encore un jour à vous pouvoir soustraire au plus grand de tous les malheurs ». Cet appel se range,

---

1. Il est coupable devant la loi de délits passibles de la peine de mort : outre le meurtre, dont il a eu sa grâce, le *rapt de séduction*, enlèvement d'une religieuse et mariage clandestin. Cf. E. GUITTON, « Molière juriste dans *Dom Juan* », RHLF, 1972/5-5, p. 947 ss.

en bonne place, dans la série des avertissements qui scandent, on le
sait, l'itinéraire du séducteur. L'amante convertie engage le pécheur
à la conversion, à « un prompt repentir..., ne me refusez point *votre
salut* »[1]. L'amour, devenu « tendresse toute sainte », se fait suppliant
par le truchement des larmes. On ne pouvait mieux marquer, par
leur juxtaposition même, le contraste des deux discours et la nette
discrimination établie par Molière entre les deux instances dont
son héros, simultanément, est justiciable : « *Ciel* offensé, *Lois* violées », ce sont, ainsi que le dira Sganarelle dans sa petite oraison
funèbre en guise d'épilogue, les deux normes que le libertin a tour à
tour transgressées. Don Juan est doublement réprouvé.

Une remarque encore : dans ces deux scènes complémentaires, le
comportement du héros est le même, tout en différant de ce qu'il est
dans les autres scènes. La pièce de Molière est formée d'une chaîne
de duos, donc de dialogues au cours desquels Don Juan a d'ordinaire
l'initiative. Il en va autrement ici : deux monologues, deux longues
tirades solitaires que Don Juan, soudain transformé en partenaire
muet, écoute sans dire mot, si ce n'est, à la fin de chaque soliloque,
une brève réplique, agressive pour le premier, élusive pour le second
(« Madame, il est tard, demeurez ici... »), qui ne constitue en aucun
cas une réponse. Cet étrange silence du beau parleur est lourd de
sens ; et quel en est le sens, si ce n'est le refus du dissident qui rejette,
sans daigner même entrer en discussion, le double discours mora-
lisateur. Devant les deux normes qui le mettent en accusation, le
héros se récuse, comme s'il affectait de ne relever ni de l'une ni de
l'autre des deux juridictions. Par son mutisme, le réprouvé s'exclut
lui-même du monde de la loi, qu'elle soit humaine ou divine ; ses
représentants peuvent parler tant qu'ils voudront, la parole persua-
sive ne saurait l'atteindre. Ce comportement évasif, Sganarelle l'inter-

---

1. Cf. J. Truchet, « Molière théologien dans *Don Juan* », RHLF, 1972/5-6, p. 928
ss. Pages très éclairantes sur l'exacte connaissance qu'a Molière de la doctrine
catholique quant aux deux points essentiels de l'endurcissement et de la conversion.

prête correctement quand il conclut : « C'est-à-dire que ses paroles n'ont fait aucun effet sur vous. » Et le maître, toujours sans répondre, confirme en éludant : « Vite à souper » (IV, 7). Ce qui pourrait se traduire, dans l'optique donjuanesque, par : revenons enfin à la réalité.

C'est l'hypothèse novatrice de Hoffmann qui bouleverse l'image du héros dans ses rapports avec ses juges. Que le personnage soit exalté au point d'être « traité par la nature comme son enfant préféré », pourvu de tous les dons de l'intelligence et du cœur, « prédestiné à vaincre et à dominer », cela suffit à l'acquitter ou à lui valoir au moins les circonstances atténuantes : le meurtre du Commandeur ? les femmes séduites et abandonnées ? simple accident et aventures galantes. Le coupable n'est plus justiciable des tribunaux. Et s'il demeure un réprouvé, la position de maudit tourne à son profit, car il bénéficie de l'aura des grands flibustiers romantiques qui hantent le mélodrame aussi bien que *La Comédie humaine* ou les récits de Stendhal.

Quant au pécheur, il est lui aussi absous, puisque les multiples impostures qui ont perdu tant d'innocentes sont justifiées par la quête d'un idéal inconnu qu'aucune d'elles ne pouvait lui donner. Ainsi mué en une âme religieuse que la divinité a trompée en refusant de satisfaire des aspirations qu'elle avait suscitées, le libertin cesse d'être coupable devant Dieu, et c'est le Ciel qu'il estime pouvoir mettre en accusation. L'inculpé devient juge. De toute façon, il est absous, d'abord virtuellement dans les textes qui réinterprètent l'opéra de Mozart dont il faut bien accepter le dénouement, ensuite effectivement dans les refontes plus tardives qui sauvent le coupable repentant. Tel est encore le verdict d'un porte-parole autorisé de la morale bourgeoise à la fin du siècle, Dumas fils : le Don Juan « de la légende et de Tirso de Molina est... depuis longtemps absous. Il n'a commis d'ailleurs que des peccadilles, au point de vue de la morale humaine... Crime d'amour est-il vraiment crime »[1] ?

---

1. Préface à *Miremonde* de H. Roujon, Paris, 1895, p. 19 et 20. Dans le récit de Roujon, un Don Juan sexagénaire confesse, à un jeune chevalier en qui il voit son

Grand retournement sur les deux plans, profane et sacré, jusqu'ici distincts et qui en viennent à se confondre. À la fois coupable et acquitté, le Don Juan du XIXe siècle l'est aussi bien à l'égard de Dieu que de la société.

Le point terminal de cette trajectoire, c'est peut-être le Séducteur de Montherlant qui le formule adéquatement dans sa réponse au Commandeur lui intimant, selon la règle mais sans conviction, d'avoir à se repentir : « Je ne demanderai pas pardon à un Dieu qui n'existe pas pour *des crimes qui n'existent pas.* » (II, 4). De nos jours, en l'absence de toute instance judiciaire reconnue, Don Juan ne s'éprouve ni pécheur, ni délinquant, et d'autant moins qu'on le réduit à sa seule condition de séducteur : « Quel mal ai-je fait ? J'ai rendu les femmes heureuses » (ib.). Il n'y a plus de juge, plus de faute, donc plus de coupable ; il ne reste plus à l'inculpé qu'à s'acquitter lui-même[1].

Our ancient friend Don Juan.

Byron.

Le réprouvé se voit désormais innocent et universellement blanchi. Tel est son propre verdict, qui est aussi celui du public, parce qu'il est celui de ses auteurs.

Les dramaturges du XVIIe siècle, on l'a constaté, ne cachaient pas leur position : du *Burlador* au *Fils criminel* ou au *Dissoluto punito*, ils se tiennent à distance de leur héros et s'arrangent à faire accepter le jugement qui le frappe, même si les plus artistes y mettent ce qu'il faut d'ambiguïté[2].

---

image d'autrefois, ce qui fut sa seule faute : n'avoir pas su reconnaître en Elvire, morte de son abandon, la seule femme qu'il ait aimée. Ici, le coupable est son propre juge, et son châtiment est dans son remords.

1. Cf. A. Obey, *L'Homme de cendres* (1949 ; la première version date de 1934) : « Il n'y a pas de crime », déclare le héros au roi qui l'accuse d'avoir tué le Commandeur, Don Juan s'est borné à se défendre, ayant été attaqué dans le dos.

2. Héros négatif ? ceci ne fait pas de doute pour celui des scénarios, de Villiers, de Dorimon… ; la question devrait être nuancée en ce qui concerne Molière ;

C'est encore le romantisme qui dessine sur ce point le tournant :
« On aime Don Giovanni » avoue Gautier rendant compte d'une
représentation de l'opéra. Et Musset, plus intimement encore :
« et moi, je t'aime » *(Namouna,* II, 39). Car on se reconnaît en lui,
comme en un frère, grandi par son malheur ou son désenchante-
ment ; Byron, Flaubert, Baudelaire, Lenau le rêvent à leur image,
ennuyé, fatigué, mélancolique, réprouvé peut-être, mais aimable ou
pitoyable comme un autre moi-même.

Qu'il soit ce neurasthénique qui se réveille en bâillant (Musset)
ou qu'il soit au contraire le séducteur joyeusement porté par l'énergie du désir, tel que le construit Kierkegaard, ce nouveau Don Juan
est traité comme un proche, comme un compagnon, glorieux ou
plus souvent malheureux, auquel va la sympathie ou la compassion
de ses auteurs.

Au XVIIe siècle, personne n'aimait Don Juan, même pas, à de
rares exceptions près, ses victimes féminines. Mais depuis qu'on
prête à toutes les femmes un penchant irrésistible pour le prédateur, les dramaturges et les essayistes en subissent la contagion et
ont pour leur héros les yeux d'Elvire. Quand Gautier suppose que
« Molière a un certain penchant pour ce mauvais garçon » (1847),
quel est ce Molière, si ce n'est celui de Gautier ? Et quand Jouve
écrit que « Mozart aime étroitement Don Juan », comprenons que
Jouve, à travers son Mozart, aime Don Giovanni : « notre amour est
avec Don Juan » (p. 41).

Il y a peut-être quelque paradoxe à montrer, comme je l'ai
fait, une figure noire, un coupable justement châtié dans le héros
solaire, ivre de vie et de joie, que nous sommes portés aujourd'hui
à célébrer. C'est que, désireux de rétablir une origine un peu
oubliée, j'ai pris d'abord la perspective de ses premiers inventeurs,

---

vieux débat ; Brecht tranche : Molière est pour son héros, et il a tort ; cf. G. Couton
(dans son éd. Pléiade, 1971, t. II, p. 19-11.) ou R. Garapon dans *Il mito...*,
Florence, 1979 (Colloque de Gargnano).

celle de Tirso, celle du sévère et religieux xviie siècle. C'est sous un autre jour que Don Juan apparaît à la conscience moderne : non seulement absous par le grand pardon romantique, mais exalté, purifié par la musique de Mozart ; car la plupart de nos contemporains l'ont reçu et ne cessent de le recevoir à travers cette musique. Qu'il y ait malentendu ou non sur la pensée du compositeur – mais personne n'a donné tant de gravité à la voix du Commandeur –, notre connaissance, notre expérience de Don Juan sont liées à l'écoute de l'opéra ; et il se trouve qu'entraînés par la musique qui porte et construit le héros, nous adoptons son point de vue, passant légèrement sur les plaintes des victimes, nous laissant séduire nous aussi, mais par les airs de sa partition, par sa présence qu'enveloppe l'orchestre mozartien ; nous oublions les furieuses oppositions qui se déchaînent contre lui à la fin de chacun des deux actes pour ne retenir que ses chants : *Poverina, La ci darem,* ou *Fin ch'han dal vino...* Le public, même féminin, pardonne tout au transgresseur en faveur de la joie que lui prodigue la musique de Mozart, et peut-être aussi parce qu'il n'y a plus grand-chose aujourd'hui à transgresser. Force joyeuse, hardiesse et innocence, voilà désormais grâce à l'opéra – à vrai dire rectifié et filtré par une écoute partiale – notre Don Juan : non plus pécheur promis à la nuit, mais « prince du jour », donateur de plaisir et de fête[1]

À ne reconnaître que l'ange radieux du désir, on oublie la part d'ombre et de fureur panique que dégage le beau destructeur, brûlant tout sur son passage pour finir par se brûler lui-même et s'offrir à la destruction, selon la logique du mythe qu'un Michel Leiris,

---

1. C'est bien ainsi qu'en des pages excellentes, et du reste nuancées, Roger Laporte se représente le héros de Mozart : « On ne peut imaginer héros plus étranger à l'univers de Dostoïevsky que Don Giovanni : comment serait-il travaillé par le remords, lui qui oublie entièrement son passé ?... Cette innocence de Don Giovanni est si désarmante qu'on ne songe même pas à lui reprocher ses actes les plus cruels comme s'il était poussé par une force sauvage, animale et par conséquent irresponsable », *Obliques*, n° 4, p. 97.

écoutant Mozart, n'a pas méconnue : cette dépense sans frein, cette vie brûlante se vit dans le vertige de la mort[1].

Le fascinateur ne se comprend – et c'est aussi le sens de Mozart – que fasciné à son tour par le mal qui le conduit vers l'étreinte du punisseur venu d'ailleurs.

Le comédien et ses spectateurs

Fingi ser Duque Octavio.

TIRSO.

Il labbro è mentitor, fallace il ciglio.

DA PONTE.

Un comédien de l'amour, qui pratique alternativement les deux méthodes de jeu que tout acteur exerce en principe simultanément : d'une part, le jeu muet réduit à l'expression corporelle, en l'espèce l'identité fictive sous laquelle Don Juan, à la faveur de la nuit, se donne silencieusement pour l'amant attendu ; d'autre part, le rôle parlé, le discours amoureux par lequel il persuade les jeunes plébéiennes, au grand jour cette fois et sous sa propre identité, de la passion qu'il n'éprouve pas. Le Burlador, le Don Juan de Molière et tous les autres se savent joueurs et trompeurs au moment même où ils parlent et s'engagent[2]. Geste ou parole, les deux méthodes sont menteuses, c'est la condition de leur efficacité sur le spectateur ; on le sait depuis Riccoboni et Diderot, un bon acteur n'a pas besoin de sentir, d'aimer pour faire croire qu'il aime.

---

1. « ...le mauvais plaisant qui nous enseigne qu'on ne saurait vraiment « vivre sa vie » qu'en la vivant, pure et brûlante, à la façon vertigineuse dont on vivrait sa mort et, tout à la fois, dans une exubérance sans frein », Michel LEIRIS, *Obliques*, n° 5, p. 107.
2. À moins qu'ils ne le disent en chantant, *Là ci darem la mano ; la.* musique peut-elle dire te mensonge ? On s'accordera ici avec Jouve : « nous sentons que dans la minute même de l'illusion qui passe, Don Juan *aime* réellement » (p. 87).

Ce qui est en question ici, c'est donc le rapport du comédien Don Juan avec les spectateurs que sont, à l'intérieur de la pièce, ses partenaires successifs.

Les études de sémiologie théâtrale, trop peu nombreuses jusqu'à présent, portent principalement sur les modes de communication reliant la scène à la salle : texte verbal, jeu corporel, costume, décor et éclairage, musique et bruitage[1]. Ces classes de signes, à l'exception des deux dernières, sont également valables, *mutatis mutandis*, pour les messages échangés sur la scène même, d'un acteur à l'autre, – de Don Juan vers ses dupes. On appellera donc, dans les pages qui suivent, « spectateur » le personnage destinataire du message émis par le personnage comédien Don Juan, tout en restant conscient que ce spectateur sur la scène ne réunit pas tous les caractères du spectateur dans la salle ; celui-ci est généralement passif, anonyme, incapable de répondre dans le même système de signes au message reçu de la scène, tandis que le spectateur résidant à l'intérieur de la pièce est lui-même un acteur au moins potentiel qui peut se rendre actif et se faire à son tour de récepteur émetteur dans le même code.

Qu'en est-il d'abord du costume sans lequel il n'y a pas de jeu théâtral ? De Tirso à Ghelderode, Don Juan pratique assidûment à des fins diverses le déguisement, multipliant ses rôles d'emprunt ; l'échange de vêtements avec le valet est notamment une constante, dont l'opéra de Da Ponte-Mozart tire le parti le plus appuyé. On en peut dire autant de la cape du fiancé, qui provoque la péripétie décisive. Les Italiens, les premiers Français renforcent jusqu'à

---

1. Sur la sémiologie de la représentation, la meilleure mise au point, à ma connaissance, est celle d'Évelyne ERTEL, « Éléments pour une sémiologie du théâtre », *Travail théâtral*, n° 28-29 (été-automne 1977), p. 121-150 ; une recherche très complète, concernant aussi bien le texte dramatique que la représentation, chez Anne UBERSFELD, *Lire le théâtre*, Paris, 1977. V. aussi T. KOWZAN, *Littérature et spectacle*, La Haye et Varsovie, 1975, troisième partie. On peut consulter d'autre part P. PAVIS, *Problèmes de sémiologie théâtrale*, Montréal, 1976.

la manie ce penchant à la mascarade qui fait dire au Brighelle de Dorimon, jumelant simulation et inconstance :

De moment en moment il change de visages.
Monsieur, vous savez bien jouer des personnages… (IV, 3),
et au Philippin de Villiers :
Mais aussi tant d'habits, à quoi donc pensez-vous ? (III, 3).

À l'autre extrémité de la trajectoire historique, Ghelderode enverra son héros parodique chez le fripier pour y louer le costume du rôle : « Tu fis bien de t'affubler de cette défroque. Masqué, tu es vrai ». C'est ce déguisé qui tentera, chétif imitateur, de prolonger la légende dans la nuit d'un port belge.

Quel est donc l'effet de ce jeu sur les partenaires ? Voilà, dans la perspective que je choisis, la vraie question.

On n'en dira pas davantage des rôles muets, des déguisements et échanges de vêtements qui prennent trop régulièrement au piège les destinataires naïvement offerts à l'illusion théâtrale, on analysera de plus près les rôles parlés. Ceux-ci font appel à toute une gamme de moyens et d'effets beaucoup plus complexes qui rendent mieux compte des virtualités de la relation comédien-spectateur. De cette relation, la pièce de Molière présente un riche répertoire, à la fois théorique et pratique.

« Je vous avoue, Madame, que je n'ai point le talent de dissimuler, et que je porte un cœur sincère » (I, 3). Cet exorde annonce le premier des discours menteurs que Molière met dans la bouche de son Don Juan ; celui qui ne cessera de jouer la comédie commence par s'en déclarer incapable. Le dramaturge sait bien que pour faire croire à la vérité de sa fiction, l'artiste de la scène doit d'abord tenter de faire oublier qu'il joue. Selon le système qui prévaut du XVIIᵉ au XIXᵉ siècle, la représentation s'efforce, cela est bien connu, de se nier en tant que telle ; elle est réussie dans la mesure où le public, envoûté, ne se sait plus au théâtre ; tels sont, en principe, la condition et l'effet de l'illusion scénique. Ainsi va procéder Don Juan le comédien à l'égard des nombreux « spectateurs » qui se trouveront

sur son chemin ; ceux-ci seront ses dupes s'il parvient à les persuader qu'il n'a pas « le talent de dissimuler », traduisons : qu'il n'a pas
le talent d'un acteur.

Ce qui est nouveau et intéressant chez Molière, c'est qu'au lieu de
faire de son héros un spécialiste de la seule tromperie amoureuse,
il étend sa compétence de comédien à d'autres activités. Pour le jeu
de l'amour et de la fascination instantanée, deux scènes au IIe acte
suffisent à démontrer la maîtrise du séducteur, capable même, pour
sophistiquer son art, de traiter simultanément ses intrigues parallèles.

Cet artiste polymorphe a droit à d'autres théâtres et à d'autres
partenaires-spectateurs pour déployer tout l'éventail de ses
rôles, jusqu'à celui d'hypocrite, figure exemplaire de l'acteur et, à
l'entendre, « le meilleur de tous les personnages qu'on puisse jouer
aujourd'hui... » (V, 2) ; pour mettre en scène un praticien complet
des langages trompeurs, il fallait le montrer aussi expert dans le
style de la dévotion que dans celui de la séduction. Il devrait en res-
sortir que Don Juan opère toujours avec les armes du mensonge,
quel que soit son interlocuteur.

Maîtriser les moyens et les signes du spectacle n'est pas tout ;
c'est à l'effet produit sur le spectateur-auditeur que l'on va pouvoir juger de l'art du comédien. Comment s'y prend-il pour se faire
croire ? Réussit-il toujours, en mentant, à persuader qu'il dit vrai ?

À cet égard, la pièce de Molière présente un bon inventaire des
réactions d'un spectateur devant l'acteur en représentation : de
croire à ne pas croire, il y a tout l'intervalle qui sépare les dupes et
les sceptiques, les proies de l'illusion scénique et les clairvoyants qui
discernent le visage sous le masque ; et dans l'entre-deux quelques
situations intermédiaires ou mixtes. D'autre part, on constatera
que le dramaturge s'emploie à varier les modalités temporelles de
l'action séductrice : projetée (I, 2) ou remémorée (par Gusman, I,
1), élidée (Maturine, II, 1) ou au contraire étalée depuis ses prélimi-
naires jusqu'à son achèvement (Charlotte II, 2 et M. Dimanche IV,
3), amputée de son début (Don Louis V, 1) ou encore inversée, sous

sa forme dernière et négative de rupture (Elvire I, 3). À ces diverses phases montrées, on ajoutera celle que l'Inconstant énonce théoriquement dans sa profession de foi de l'acte I et qui suppose attente, répétition, extension dans la durée : « On goûte une douceur extrême à réduire *par cent hommages* le cœur d'une jeune beauté, à voir *de jour en jour* les petits progrès qu'on y fait... » (I, 2).

« On m'a toujou dit, qu'il ne faut *jamais croire* les Monsieux... » et plus loin : « ...vous faites que *l'on vous croit* » (II, 2). De l'une à l'autre de ces deux répliques de la paysanne courtisée s'effectue la transformation engendrée par le spectacle parlé du séducteur. De la réticence à l'acquiescement, que s'est-il passé ? Molière situe clairement la conversion de l'auditrice dans la problématique de l'illusion théâtrale : l'acteur doit gagner la confiance d'un « spectateur » qui commence par refuser son adhésion. Comment son Don Juan s'y prend-il ? Sans se mettre en frais, il utilise les recettes éprouvées : d'abord, l'éblouissement devant la nouvelle venue : « as-tu rien vu de plus joli... », puis en termes stéréotypés un portrait flatté : « ah que cette taille est jolie !... ah que ce visage est mignon », puis les yeux, les dents, les lèvres. Tournures un peu désinvoltes, flatteries un peu suspectes, l'adversaire résiste : « je ne sais pas si c'est pour vous railler de moi ». Le moment est venu pour le comédien de rajuster son masque, pour le menteur de s'affirmer, comme tout rhéteur en son exorde, véridique : « c'est du fond du cœur que je vous parle », et de donner en gage, selon la tradition donjuanesque, la promesse d'épouser : à ce gage verbal il faut une caution, ce sera Sganarelle : « je prends à témoin l'homme que voilà de la parole que je vous donne », le valet répond par une phrase à double sens : « Non, non, ne craignez point, il se mariera avec vous tant que vous voudrez » dont il livrera le sens univoque dès que le maître se sera éloigné : « il n'a dessein que de vous abuser..., c'est l'épouseur du genre humain » (II, 4). Trop tard, la spectatrice est envoûtée, le simulateur a su fasciner la paysanne par le seul éclat de son langage de cour, il lui suffit d'enfiler ses formules élégantes pour intimider celle qui ne dispose que d'un idiome subalterne, son parler rural : « Monsieur, *tout ça est trop bien dit pour moi*, et je n'ai pas d'esprit pour vous répondre ». C'est d'ailleurs une tactique habituelle au héros de Molière, on va le voir, de réduire ses interlocuteurs au silence. N'oublions pas non plus que le comédien n'agit pas seulement par son langage urbanisé, il est un « Monsieu », un courtisan dont il porte le costume prestigieux qui a été décrit à Charlotte par son Pierrot : « ...j'étais tout ébobi de voir ça » (II, 1). Public crédule et désarmé que l'acteur a vite fait d'éblouir par sa seule apparition.

On se rappellera que, dans la scène analogue du prototype espagnol, le Burlador faisait valoir l'influence de sa famille à la cour et promettait escarpins dorés, colliers et bagues, transformant à l'avance la paysanne en dame ; c'était le contenu plus que le style du discours qui persuadait. En revanche, mise à part la promesse de mariage, le rhéteur de Molière se contente pour séduire de déployer les facettes du signifiant, à la fois verbal et vestimentaire. À la fin de la scène, son jeu a imposé une fiction que sa partenaire d'un instant croit vraie. Telle est bien la définition d'un spectacle théâtral qui a atteint son but.

Si la paysanne représente exemplairement la spectatrice subjuguée par le pouvoir mystifiant du comédien, elle n'est pas la seule à se prendre au piège du discours trompeur. Au groupe des dupes, il faut joindre non seulement Maturine, qui double Charlotte, mais Dom Louis, auditeur trop confiant du langage dévot, M. Dimanche et par moments Sganarelle.

Le marchand est un cas particulier du rapport analysé ici : il vient réclamer son dû, on le paie de mots et il part content : « il me fait tant de civilités et tant de compliments que je ne saurais jamais lui demander de l'argent » (IV, 3) ; le grand seigneur a joué le rôle de l'ami, du familier traitant son visiteur sur pied d'égalité, pure fiction qui ne correspond en rien à la réalité, qu'il réussit pourtant à imposer par sa faconde impérieuse. La scène révèle en effet une autre face du talent de l'acteur : il est le virtuose de la parole, ce qu'il a en commun avec la plupart des Don Juan depuis Tirso et en général avec tous les séducteurs de la littérature ; chez Molière il est plus encore le maître de la parole d'autrui, celui qui autorise ou interdit despotiquement l'usage de la parole. Il procède ainsi non seulement avec M. Dimanche ou avec Charlotte (« je n'ai pas d'esprit pour vous répondre »), mais avec Sganarelle qu'il fait habituellement taire, à moins qu'il ne lui accorde expressément la liberté de parler et de « dire *ses* sentiments » (I, 2), à condition de ne pas dépasser les limites autorisées : pas de remontrances. L'interdiction est en ce cas explicite ; elle peut être implicite quand le héros la remplace par un comportement dont il a le secret, le mutisme ironique qui paralyse l'interlocuteur ; il écoutera sans l'interrompre la tirade apologétique du valet, qui du coup en perdra le désir de parler : « interrompez-moi donc..., vous vous taisez exprès, et me laissez parler par belle malice » (III, 1).

On en déduira que les rapports hiérarchiques se manifestent en toute clarté au plan des discours échangés ; le maître décide souverainement du droit concédé au valet de parler ou de ne pas parler ; celui-ci est traité en esclave spolié d'une liberté fondamentale. À l'inverse, l'épisode du Pauvre qui refuse de blasphémer fait éclater l'échec majeur de Don Juan : il ne réussit pas à faire parler son interlocuteur. En refusant au détenteur du pouvoir et de la richesse l'aumône de la parole exigée, le mendiant renverse l'ordre des rapports établis et met en question la supériorité verbale dont le héros moliéresque s'est habitué à faire étalage. Celui qui siège apparemment au dernier rang de l'échelle sociale se révèle finalement, par son seul silence, le maître du grand seigneur, qui sort vaincu de cet étrange duel oratoire.

Cet échec n'est pas le seul ; le comédien échoue aussi à transmettre son message falsifié, à faire accepter par tous certains de ses mensonges. Molière a en effet disposé quelques opposants qui percent à jour l'imposteur, spectateurs réfractaires au spectacle illusionniste, parce qu'ils ne sont pas prêts à s'en laisser conter. Le même langage dévot qui a si bien abusé le père laisse Don Carlos incrédule : « Quoi, vous voulez que je me paie d'un semblable discours ? » (V, 3). Les mots comme fausse monnaie, c'est un thème récurrent qu'ont bien reconnu et interprété Cl. Reichler et M. Serres[1]. Mais la plus rebelle au discours simulateur est Elvire, lors du premier essai que Don Juan fait de sa rhétorique de faux pénitent : « Ah ! scélérat, c'est maintenant que je te connais tout entier... » (I, 3) ; dans la parole trompeuse, la femme aimante devine aussitôt la vérité cachée sous le masque ; elle comprend qu'elle a été payée de la même monnaie lorsqu'elle recevait « tant de lettres passionnées, de protestations ardentes et de serments réitérés » (I, 2), messages lus trop tard comme mensongers. Qu'il vise Don Louis ou Elvire, le langage de l'hypocrisie est le même ; si les accueils ne sont pas les mêmes, c'est que l'attente du destinataire n'est pas la même : le père croit d'avance au fils repentant, Elvire et Don Carlos sont mis en défiance par le comportement provocateur du menteur, au cours de la scène qui les concerne[2].

Quant à Sganarelle, il jouit d'un statut mixte, tantôt confident et participant, tantôt victime de la comédie perpétuelle qui se joue sous ses yeux ; il connaît le dessous des cartes et sait bien que son maître simule l'amour avec ses conquêtes successives, qu'il lui arrive de mettre en garde : « mon maître est un fourbe... » (II, 4). Mais il suffit que celui-ci invente un rôle inédit pour que le valet tombe dans le panneau et se laisse duper au discours hypocrite, avant d'être détrompé par un aveu qui pourrait être la charte de Don Juan comédien : « Quoi ? tu prends pour de bon argent ce que je viens de dire, et tu crois que ma bouche était d'accord avec mon cœur ? » (V, 2).

Qu'il soit complice ou dupe de ce double jeu, Sganarelle, tout au contraire du maître diabolique, a un mouvement de recul quand

---

1. Cl. REICHLER, « Don Juan jouant », *Oblique*, n° 4 (1974), p. 51 ss. et M. SERRES, « Le don de Don Juan, ou la naissance de la comédie », *Critique*, n° 250 (1968). Cf. également J. GUICHARNAUD, *Molière, une aventure théâtrale*, Paris, 1963, passim.
2. Ce n'est pas tout, il faudrait insérer ici une analyse du texte mis dans la bouche du trompeur : quels sont les indices du mensonge dans la langue, dans le style et la rhétorique du menteur ?

Don Juan, pressé de le compromettre dans sa manie de déguisement, lui propose l'échange de leurs vêtements : « Ô Ciel, puisqu'il
s'agit de mort, fais-moi la grâce de *nêtre point pris pour un autre* »
(II, 5). Ce qui équivaut à un refus explicite de la condition d'acteur.
Sganarelle, à la différence de Leporello, ne veut pas être Don Juan ;
il prétend rester celui qu'il est.

> Je faisais le rôle d'Ottavio, et je l'avais fort mal joué jusque-là. Je
> pris le bras de ma charmante Anna pour entrer en scène, et je trou-
> vai du cœur et de l'émotion pour lui dire mon amour et lui pei0ndre
> mon dévouement.
> À la fin de l'acte, je fus comblé d'éloges[1].

Quand G. Sand réécrit l'histoire de Don Juan, c'est pour fonder
une réflexion sur l'art dramatique, sur le jeu du comédien et sin-
gulièrement sur les rapports de l'acteur et de son rôle, mais pour
prendre le contre-pied des thèses dégagées dans les pages précédentes : pour elle, on ne joue bien que si l'on ne ment pas.

Dans un insolite château des Basses-Alpes, une petite troupe
italienne occupe ses nuits à des exercices d'improvisation sur un
scénario qui contamine les *Don Juan* de Molière et de Mozart. De
soir en soir on fait des essais, on modifie le canevas, on varie la distribution des rôles. Dans les marges et en filigrane du jeu court une
intrigue romanesque, que le jeu lui-même sert à révéler. C'est là que
l'écrivain romantique livre le fond de sa pensée : entre le personnage
joué et la personne porteuse, G. Sand, bien loin de suivre Molière,
Diderot ou la Clairon, veut qu'il y ait concordance. Si Leporelio a
réussi sa scène d'épouvante au cimetière, c'est qu'il a été effectivement effrayé par la présence d'une statue qu'il ne s'attendait pas à
trouver là ; la jeune fille qui s'essaie en Zerline « fut piquée *tout de
bon*, ce qui fit d'elle une merveilleuse actrice sans qu'elle y songeât »
(p. 115). En revanche, le jeune premier chargé du rôle de Don Juan

---

1. G. SAND, *Le Château des Désertes* (1847). Je cite d'après l'éd. M. Lévy, Paris,
1866, p. 153.

l'a manqué ; pourquoi ? Il l'avoue au narrateur : « Vous regardez trop la Boccaferri, et cela me fait mal. Don Juan jaloux, c'est impossible ; cela fait penser qu'il peut être amoureux... » (p. 123). En d'autres termes, voulez-vous être Don Juan à la scène, soyez-le dans la vie ; si vous avez le cœur sensible, abstenez-vous, ou prenez un rôle d'amoureux, celui d'Ottavio, par exemple ; entre personne et personnage, l'identité doit être complète. De cette thèse, G. Sand tire la même conséquence que Gautier dans *Mademoiselle de Maupin* ; les sentiments secrets des acteurs se lisent dans leur jeu ; en prenant un soir le rôle d'Elvire où elle se montre, à la surprise de tous, « admirable et atroce de jalousie », Cécilia découvre aux autres et à elle-même son amour encore inavoué pour Célio-Don Juan. De même, si le narrateur est couvert d'éloges pour avoir réussi dans le rôle d'Ottavio, c'est qu'il est en train de s'éprendre de l'actrice qui joue Anna ; en faisant parler Ottavio, il ne dit que ce qu'il éprouve réellement, et il le dit bien pour cette raison même. Aussi répond-il aux compliments en se défendant d'avoir aucun don pour le théâtre : « Je ne sais pas jouer la comédie..., je ne le saurai jamais. C'est parce qu'on ne la joue pas ici que j'ai dit ce que je sentais » (p. 153).

Ce qui est vrai d'Ottavio l'est aussi de Don Juan. Le volage Célio ne se sent plus l'homme du rôle depuis qu'il éprouve un intérêt croissant pour l'énigmatique Cécilia, il en a assez de jouer l'inconstant : « Eh bien, puisque nous changeons de rôle, je demande à être Ottavio. Je me sens dans une veine de tendresse, et Don Juan me sort par les yeux » (p. 130). Le bon interprète du Séducteur ne peut être qu'un roué ; dès qu'il s'attendrit, le personnage lui échappe.

Ce conte a valeur d'apologue. G. Sand n'est pas la seule en son temps à soutenir la thèse ingénument réaliste de l'identité de l'acteur et de son rôle, conséquence extrême du dogme de la sincérité en art. Dès lors, de deux choses l'une : ou bien, réinterprétant les anciens textes, on fait du Séducteur un comédien malgré lui,

un faux roué qui rêve d'une Laure ou d'une Béatrice introuvable[1] ;
ou bien on forge le nouveau Don Juan qu'imaginent G. Sand et les
romantiques, ce Don Juan sincère qui trompe gauchement et ne
sait plus jouer la comédie. Même quand il commence par le déguisement, comme le protagoniste de Pouchkine, il se démasque pour
conquérir. Le Don Juan du XIXe siècle reste inconstant, sans quoi
il serait infidèle à son image, mais chaque fois qu'il entreprend de
séduire, il aime. C'est dire que mauvais comédien, il se prend à
son jeu.

C'est au héros moderne, celui du XXe siècle, qu'il faut aller pour
retrouver quelque chose du grand baroque des origines, du Protée
qui multiplie les fausses identités et ne se donne qu'en se travestissant ; contre-héros plutôt que héros, qui joue, sans trop y croire, sa
propre légende.

Veut-on déprécier tout ensemble le personnage et le comédien,
voici comment on peut procéder : on modifiera le dénouement
sans renoncer à punir le coupable ; à cet effet, on le privera de la
glorieuse damnation à laquelle la tradition lui donne droit pour le
réduire à la vile condition de marionnette ; et Don Juan se parodiera lui-même en jouant sur un théâtre guignol le rôle de Burlador.
Telle est la solution imaginée par Rostand, dans une scène finale où
le Diable tient lieu de Commandeur :

> DON JUAN. – Le guignol ? Je veux être un damné !
> LE DIABLE. – Tu seras une marionnette, et tu ressasseras
> L'adultère éternel dans un carré bleuâtre.
> DON JUAN. – Grâce ! l'éternel feu !
> LE DIABLE. – Non ! l'éternel théâtre !...
> DON JUAN. – C'est moi le fameux Burl...
> LE PAUVRE. – *(le poussant dans le guignol)* Assez !

---

1. Cf. Gautier : Dieu « assouvira enfin cette âme » après la mort, faisant
d'Hélène, de Béatrice et de Laure « une figure radieuse et pure à qui... ce volage
de Don Juan restera fidèle pendant plusieurs éternités. » (1845)

LE DIABLE. – Sois donc pantin,
        Homme qui veux te recréer à mon image !
DON JUAN. – *(apparaissant dans le guignol, en marionnette)*
        Le fameux Burlador !... Burlador...[1]

De son côté, le Don Juan de Ghelderode n'est qu'un bateleur, une figure de carnaval dans une boîte de nuit, à qui l'on peut dire : « Tu joues bien ton rôle » ; il n'existe que par la défroque de gentilhomme qu'il a louée pour un soir chez le costumier ; acteur dérisoire, il ne fait illusion ni sur autrui ni sur lui-même : « Je me dégoûte. Mauvais acteur. Simulateur » (3ᵉ acte). Quant à celui de Frisch, il pousse la passion théâtrale plus loin que ses prédécesseurs du XVIIᵉ siècle, mais pour les bafouer. Il ne se contente pas de jouer la comédie, il se fait metteur en scène d'une pièce de son invention dans laquelle il est à la fois auteur, protagoniste, spectateur et victime, puisque, dénonçant le dénouement traditionnel, il y joue sa propre « descente aux enfers », avant d'en être le lecteur quand paraît le drame de Tirso de Molina qui raconte son histoire, mais dans sa version édifiante.

Réfléchissant sur sa pièce, Frisch exalte ce goût du théâtre. Son héros n'est pas seulement un intellectuel anarchisant et un Narcisse inapte à l'amour, il est en premier lieu un praticien du « plaisir de jouer », de « l'art d'être acteur jusqu'à la négation de soi » (Postface). Ce Don Juan démythifié se confond avec sa fonction de comédien, il n'est plus personne sinon ce qu'il montre sur la scène de son existence. « *Don Juan ist seine Rolle.* Jouer Don Juan, voilà son rôle. » N'est-ce pas aussi ce dont le héros moderne, las de son éternelle comédie, ne veut plus ? En ce cas, s'il renie aussi bien le joueur châtié du XVIIᵉ siècle que le rêveur sincère des romantiques, n'assistons-nous pas aujourd'hui à la mort de Don Juan, par suicide ?

---

1. Edmond ROSTAND, *La Dernière Nuit de Don Juan*, Paris ; 1921, p. 138 et 141.

L'improvisateur contre la permanence

Don Juan, le héros qui toujours improvise.

KIERKEGAARD.

Don Juan est l'homme du perpétuel présent.

JOUHANDEAU.

Le Valmont de Laclos un Don Juan ? Les deux grands séducteurs littéraires sont souvent rapprochés. Conquérant redouté et fêté, infaillible dans ses entreprises les plus difficiles – jusqu'au jour, il est vrai, où il sera pris au piège de l'amour –, opérant par calcul et par projet, se défiant du premier mouvement, se donnant le temps de l'affût et des manœuvres, sensible au « charme des longs combats » et à la « pureté de méthode », voilà le tacticien dans lequel un certain XVIIIe siècle s'est reconnu, celui que la conscience commune a depuis lors nommé *un donjuan*, voilà Valmont. C'est l'intellectuel du libertinage, le stratège des alcôves, le petit-maître ou l'homme à bonnes fortunes dans le lexique de l'époque, c'est Versac, lord Chester ou Lovelace, ce n'est pas Don Juan.

Don Juan, lui, brûle d'impatience, il conquiert à la hâte, il court d'une proie à l'autre ; pressé de prendre et de passer, il ne se donne ni le temps ni la peine de projeter à froid, de méditer ses rapts ; peu doué pour la prévision et les longues trames, il attaque parce que l'occasion l'entraîne. C'est la rencontre imprévue, c'est la chance de l'instant qui décident pour lui.

Évanoui après le naufrage, le Burlador reprend conscience auprès de la pêcheuse Tisbea : « Où suis-je ? – Vous pouvez le voir, dans les bras d'une femme. – Je vis en vous, si dans la mer je me mourais... ». Il vient d'ouvrir les yeux, il voit penchée sur lui une inconnue, il se déclare à brûle-pourpoint, simplement parce qu'elle se trouve là, parce qu'il est déjà dans ses bras ; il était mort, il naît à la vie et se découvre, sans le temps d'une réflexion, sans même savoir de qui, amoureux ! et il le proclame aussitôt en paroles flamboyantes. Ainsi se comporte le héros de la capture instantanée.

On est en droit de parler, un peu paradoxalement, de passivité improvisatrice. La volonté et la décision sont réduites au minimum dans cette rencontre où le ravisseur n'a qu'à s'emparer d'une situation qu'il n'a pas faite. Tout son génie est dans la réponse immédiate et pour ainsi dire automatique à l'offre du hasard.

Avec la fille du Commandeur, la conduite du prédateur est à peine différente, même s'il y a cette fois un délai minimum entre le rendez-vous surpris et l'exécution du stratagème. La patricienne est un peu mieux gardée que la pêcheuse, mais les obstacles ne freinent pas la soudaineté du plan et de sa mise en œuvre, ils ne font que relever les talents de l'improvisateur[1].

Ce rythme d'*allegro* est celui qu'une fois pour toutes Tirso impose à notre image de Don Juan, qui restera pour nous l'homme du rapt, de la précipitation, chasseur pressé et coureur traqué. On réservera le rythme lent, les conduites d'attente et de patience à une autre classe de séducteurs, aux tacticiens capables de prévoir à long terme.

Et pourtant, on doit s'en étonner, les deux conduites se trouvent réunies chez Molière, où elles constituent les deux faces du héros, le théoricien et le praticien ; l'un et l'autre sont présents, mais sur des modes différents.

Le théoricien n'agit pas, il parle. Or son autoportrait de l'acte I expose un programme de conquête progressive, fondée sur l'attente et la durée ; il y glorifie un séducteur patient qui se plait à observer « de jour en jour les petits progrès » qu'il fait dans un cœur qu'on doit « combattre par des transports, par des larmes, et des soupirs », c'est-à-dire par les moyens lents et respectueux de la préciosité romanesque ; il vante la douceur qu'il trouve « à forcer *pied à pied* toutes les *petites* résistances » d'une jeune beauté et à « la mener *doucement* où nous avons envie de la faire venir » (I, 2). Guerre de siège et d'usure,

---

1. Cet aspect a été bien vu par L. WEINSTEIN, *The Metamorphoses of Don Juan*, Stanford, 1959, « *he is an excellent improviser...* », p. 13 ss.

non pas attaque brusquée : Molière fait disserter son libertin comme le ferait ce Valmont dont j'ai prétendu le dissocier, il semble en décrire à l'avance les manœuvres. Et c'est bien selon cette méthode qu'Elvire a été conquise, nous savons qu'il y a fallu un siège et ses longueurs : hommages, soupirs, lettres, « serments réitérés » (I, 1).

Mais ce conquérant dilatoire, il ne nous est pas montré dans ses œuvres, il est seulement raconté, par lui-même ou par autrui. C'est dans le récit qu'il aura sa place, comme l'atteste sa fortune dans le roman du XVIIIe siècle, où pourra se déployer un long travail de prévision et d'opérations différées. Problème de genre. Le théâtre impose les contraintes de l'action représentée, donc du raccourci. Le vrai Don Juan, c'est par conséquent celui que Molière nous montre, que nous voyons sur la scène conquérir ou tenter de conquérir : l'improviseur du IIe acte.

On notera en passant que la dramaturgie de la pièce s'accorde avec le libre abandon du héros aux suggestions de l'instant : une technique du déroulement discontinu, sans causalité forte qui déterminerait la succession des scènes à partir d'un noyau initial ; les personnages surgissent sans préparation, puis disparaissent, reviennent une fois, s'effacent définitivement. Ce découpage, qui était déjà celui des précurseurs italiens et du prototype espagnol, semble fait sur mesure pour encadrer le parcours dispersé de ce nomade, errant de rencontre en rencontre, inventant à chaque fois une riposte différente, tantôt l'agression, le défi, tantôt l'esquive ou la dérobade.

Voilà le Don Juan que nous voyons sur le théâtre, le Don Juan du dramaturge, de Molière ; celui-ci lui concède quelques scènes de son IIe acte, qui ont été analysées plus haut dans une autre perspective. C'est bien là l'improvisateur : qu'une fille inconnue apparaisse : « Il ne faut pas que ce cœur m'échappe », puis une seconde : « Ah, ah, d'où sort cette autre paysanne, Sganarelle ? as-tu rien vu de plus joli, et ne trouves-tu pas, dis-moi, que celle-ci vaut bien l'autre ? » (II, 2), et c'est aussitôt sans transition ni manœuvre, la déclaration rituelle, jusqu'au « je vous aime » et à ce stéréotype donjuanesque, la promesse de mariage, expédient de routine, par où se trahit le

danger inhérent à toute improvisation : la répétition, voire la sclé-
rose, somme toute le contraire de l'invention.

Molière a eu la bonne idée d'insérer dans cet épisode une petite
enclave qui intéresse directement la question des deux rythmes de
séduction : « Cet amour est *bien prompt* sans doute ; mais quoi, c'est
un effet, Charlotte, de votre grande beauté, et l'on vous aime autant
en un quart d'heure, qu'on ferait une autre *en six mois* » (II, 2). En
opposant le raccourci du « quart d'heure » à la durée longue des
« six mois », le prédateur distingue en fait, plutôt que deux beautés
féminines, deux vitesses d'engagement, sa promptitude et les len-
teurs de tout autre séducteur.

La rapidité ainsi proclamée va de pair avec l'instantanéité propre
à Don Juan, avec cette spontanéité qu'exalte Kierkegaard et que
seule, à l'en croire, la musique pouvait incarner.

Assez parlé du personnage, rendons-le à ses solidarités ; cette
fois encore il n'est pas seul ; il se heurte à des forces antagonistes
sans lesquelles il n'y aurait ni scénario mythique ni mouvement
dramatique.

Quelles sont ces forces chargées de contredire le héros de
l'instant ? Celles mêmes dont j'ai déjà fait état, le groupe féminin
revendicateur de durée, de fidélité aux engagements, et le Mort
qui vient frapper au nom de la permanence. Un sens supplémentaire se dégage de la polysémie enveloppée du mythe : le combat du
temps fugitif, de la jouissance fragmentée des moments pris un à
un contre ce qui refuse ou transcende le passage du temps.

L'homme livré au seul présent ne se connaît ni passé ni avenir, comment tiendrait-il ce qu'il a promis ? Il ne conçoit pas, au
moment où il s'engage, qu'on puisse lui en demander compte plus
tard ; le futur est un temps qu'il ne sait pas conjuguer, qui échappe
à sa compétence, parce qu'il renvoie au-delà de son désir actuel ;
on connaît sa réponse à tout rappel de l'événement ultérieur : quel
long délai, j'ai bien le temps. Et quand ce futur se réalise inopi-
nément dans le présent, l'engagement remonte à un passé déjà

tombé dans l'oubli. Don Juan n'a pas plus de mémoire que de pré-vision[1].

L'amnésique présente un cas curieux de pathologie, dont les dramaturges du XVIIᵉ siècle, si étrangers qu'ils fussent à la psychologie moderne, ont deviné l'intérêt et les conséquences probables sur les rapports sociaux. C'est toute la vie de relation, dans la mesure où elle se fonde sur le contrat, combinaison de rappel et d'engagement, qui doit s'en trouver perturbée ; à la limite, l'amnésique s'exclut de la société. Tirso et ses successeurs l'ont bien compris, et Molière mieux encore ; s'ils privilégient, pour la beauté et l'efficacité de la démonstration, le scandale érotique, le rapport impossible de leur protagoniste avec les femmes, ils montrent bien que le corps social en son entier est finalement rejeté par celui qu'on peut déjà nommer un grand *déviant*.

Toutefois, c'est d'abord le séducteur qui occupe le devant de la scène. Puisqu'il improvise, au jour le jour, sa politique de conquête, il se trouve bientôt débiteur, sans y avoir songé, à l'égard d'une série d'interlocutrices qui ont, elles, de la mémoire et s'estiment en droit de faire valoir leur créance. Mais le contrat était, à leur insu, truqué. À celui qui promettait le mariage, donc de l'avenir, mais n'offrait que de l'instant, elles viennent réclamer la continuité dans la durée. C'est ce retour et cette exigence que l'Inconstant se révèle logiquement hors d'état d'honorer et même de comprendre.

---

1. Une étude telle que celle-ci ne peut éviter le dialogue avec le livre capital sur le sujet, *Le cas Don Juan* de Micheline Sauvage, surtout quand on aborde le problème du temps donjuanesque qui est au centre de sa réflexion (v. en particulier le chap. III, 3). Je propose ici un héros de l'instantané ; on lit p. 109 du *Cas Don Juan* : « le donjuanisme n'est pas une technique de l'instant », l'instant étant conçu comme un succédané de l'éternité, qu'il contiendrait et remplacerait par son intensité. La contradiction apparente s'estompe : je pose l'instant dans son opposition à l'éternité. Le chapitre III, 2, « L'Aventurier » lie au rejet du passé l'ouverture au futur : le conquérant est « l'homme des lendemains ». Assurément ; le futur dont je le déclare incapable n'est pas l'immédiat, mais le lointain.

C'est pourquoi l'introduction du personnage de Leonora-Elvire[1], qui manque chez Tirso, est un épisode nécessaire du scénario ; sans lui, l'histoire de la résistance au paladin de l'instantané serait incomplète. Elvire, qui a été épousée, a plus de droit qu'aucune autre à la continuité, au maintien des engagements antérieurs ; elle symbolise le passé qui prétend se faire reconnaître dans le présent. La dérobade de Don Juan, son embarras à s'expliquer alors qu'il sait si bien parler, l'appel dédaigneux au valet pour se défaire de l'intruse, autant de signes de son incapacité à relier l'être actuel à l'un quelconque de ses états précédents. L'épouse réclame du souvenir puis du repentir, c'est-à-dire du passé, à celui qui ne peut lui en fournir.

L'entrée d'Elvire dès les premières scènes de l'*Ateista*, de Molière et de Mozart est destinée à nous faire comprendre que l'Improvisateur se trompe, que le passé existe et possède un droit de poursuite, que la femme d'autrefois est aussi la femme d'aujourd'hui et qu'elle va faire peser la menace de sa présence sur toutes les entreprises du fugitif.

Combat singulier dans le cas d'Elvire, affrontement (pathétique ou grotesque) du héros et d'une héroïne qui fait retentir son rappel solitaire. Il y en a d'autres. Le scénario donjuanesque comporte aussi le retour collectif des victimes, la revendication globale de toutes les filles séduites. Prises une à une au cours d'opérations isolées et successives, elles finissent par faire nombre : trois, quatre, dix parfois tout au long de la pièce représentée, mille et trois (et même davantage) sur la liste récapitulative. C'est ensemble qu'elles reviennent, devant le roi (Tirso) ou devant Don Juan lui-même (Mozart, Lenau, Rostand), soit pour maudire ou se souvenir, soit pour demander le respect des contrats oubliés. Le groupe féminin,

---

1. Rappelons-le, la première apparition de la victime noble, enlevée d'un couvent, amoureuse persistante, puis répudiée brutalement et enfin pénitente, c'est la Leonora d'un scénario italien, l'*Ateista fulminato*. Il reste que sans Molière cette figure indispensable n'eût pas été introduite dans la grande histoire du mythe.

maintenant compact, se dresse au nom de la pérennité contre celui qui vit dans l'éphémère[1].

L'amnésique sera finalement rappelé à son existence passée d'une manière cette fois draconienne par le plus autoritaire des préposés à la permanence, le Mort. Il n'est pas indifférent que celui-ci survienne sous la forme implacable que l'inventeur espagnol a eu le mérite de choisir : la statue, *l'uom di sasso;* ni le spectre ni le squelette du folklore légendaire, mais la forme achevée de l'immobile, du pétrifié, ce qu'il y a de plus stable au monde. C'est en porte-parole qualifié de l'immuable que l'émissaire du Ciel met brutalement fin aux allées et venues du voltigeur de la métamorphose. À l'homme du présent, la Statue apparaît à la fois comme la mémoire incarnée, puisqu'elle lui rappelle un acte oublié de son passé, et comme la messagère d'un futur qu'il n'a cessé d'éluder. Le *plus tard* inclus dans le refrain si souvent répété par l'insouciant se change brutalement en un *maintenant* qui n'aura, lui, pas de lendemain.

Pouvoir d'un symbole fort : l'homme de pierre écrasant l'homme de chair, l'homme de vent ! Il fallait pour arrêter la mobilité même, cette butée, ce poids de l'inamovible. En confiant l'office du dénouement au marbre de la permanence, stricte contrepartie de l'Inconstant, Tirso a assuré au mythe l'un de ses principes de cohérence et son efficacité sur l'imagination collective.

Pourrait-on concevoir une solution différente, qui retirerait à l'homme de pierre sa fonction exorbitante sans affaiblir le mythe ? On sait que la tentative a été faite (Blaze, Zorrilla, etc., voir le chapitre « Anna et le groupe féminin »), c'est la version romantique qui substitue au Mort punisseur sa fille surgissant du tombeau pour faire de l'amante la rédemptrice du damné. En provoquant chez Don Juan la conversion et le repentir, Anna le guérit de son amnésie ; il se reconnaît responsable de ses actes passés, il retrouve

---

1. Dans la *Dernière nuit de Don Juan* (Rostand, 1921), les « mille et trois » ne sont plus que des ombres revenues de l'au-delà que le séducteur confond les unes avec les autres, incapable d'en reconnaître aucune.

la mémoire. Sauver Don Juan, c'est l'arracher à sa passion de l'instantané, comme le faisait, mais pour le condamner, le Mort de Tirso, de Molière et de Mozart.

Il y faut, de toute façon, une intervention venant de la mort. Le prodige peut changer d'agent, il y a encore prodige et les chances du mythe sont préservées[1].

---

1. Les auteurs du XIXᵉ siècle ont parfois tenté une autre voie, en vue de naturaliser l'opération prodigieuse : faire vieillir Don Juan jusqu'au jour où, se tournant vers sa jeunesse disparue, il trouve en lui-même les souvenirs, les regrets, parfois le remords. Ainsi font Gautier, *La Comédie de la mort*, Levavasseur, *Don Juan barbon*, Mounet-Sully, *La vieillesse de Don Juan*, Heyse, *Don Juans Ende*, Roujon, *Miremonde*...

Deuxième partie

Les variations

I

Genèse

Peut-on parler de la genèse d'un mythe ? De cette phase première de l'élaboration qui échappe en principe à toute vérification, puisqu'elle est toujours antérieure aux documents existants. Il est vrai que Don Juan, on le sait, n'est pas comparable aux mythes des sociétés primitives ou archaïques, puisque nous disposons de son acte de naissance bien attesté (même si quelques hispanisants hésitent encore à l'attribuer à Tirso de Molina). Ces certitudes inhabituelles suffisent à modifier certaines des procédures d'approche ; nous avons pu reconstruire et analyser avec précision l'ensemble issu du texte inaugural, mais qu'aurons-nous à dire de la phase antérieure ? Peut-on espérer en restituer quoi que ce soit d'utile et de sûr ? De toute façon, il faut admettre qu'on pénètre ici dans le domaine de l'hypothèse.

Laissant de côté le problème des sources au sens strict[1], je poserai la question de l'origine d'une façon différente : peut-on, partant des seuls traits constitutifs précédemment établis, remonter

---

1. Voir A. FARINELLI, « Don Giovanni » dans *Giornale storico della letteratura italiana*, 1896, repris avec des compléments : *Don Giovanni*, Milan, 1946, et E. COTARELO, *Ultimos Estudios acerca de El Burlador de Sevilla*, Madrid, 1908. P. Guenoun donne un bon résumé de la question et en particulier de l'ouvrage de Cotarelo dans l'introduction à sa traduction du *Burlador*, Paris, Aubier-bilingue, 1962, p. 29 ss.
Voir aussi R. MENÉNDEZ PIDAL, *Estudios literarios*, Madrid, 1920.

(conjecturalement, mais logiquement) à des données préexistantes, éparses, sans relation nécessaire entre elles, qu'un geste imprévisible, et indémontrable, aurait rassemblées et organisées en un système cohérent et surchargé de sens : le *Burlador de Séville* ? Cette opération supposée, je la présente comme une hypothèse déduite de la structure telle que je l'ai démontée et recomposée dans les chapitres précédents.

Quatre données – que j'appellerai pré-composantes – ont dû s'amalgamer, en se groupant deux par deux, pour produire le mélange décisif :

1.   une légende populaire anciennement répandue dans l'Occident chrétien et un débat théologique contemporain sont à l'origine de l'invariant fondamental, le Mort punisseur ;

2.   quant au héros, je le situerai à un carrefour où se rencontrent un emploi dramatique et un thème de l'imagination « baroque » européenne ; l'emploi est celui du jeune premier, coureur d'aventures et transgresseur de lois et interdits ; le thème, c'est l'inconstance, l'instabilité foncière du monde et de l'esprit, qui s'associe automatiquement à la figure de l'acteur, porteur de rôles successifs.

Pour le groupe féminin, troisième force du réseau, je propose de le faire naitre, par dérivation interne, du personnage de l'inconstant, virtuose de la tromperie ; il postule à lui seul la répétition des fraudes et la pluralité des victimes.

La double origine de l'Invité de pierre

La légende de l'invitation au mort

Il y avait une fois un jeune homme qui était sur le point de se marier ; il alla inviter ses parents et ses amis à ses noces, et comme partout où il entrait on lui offrait à boire, il était *enchaudeboiré* (ivre) quand vint le soir.

Pour arriver plus vite chez lui, il passa par le cimetière, et au milieu du sentier il trouva une tête de mort. Il lui donna un coup de pied et lui dit :

– Toi aussi, je t'invite à venir à mon repas de noces.

La tête ne répondit rien. Quand arriva le jour des noces, un squelette entra dans la maison où avait lieu le repas, et prit place à table à côté du marié. Voilà tout le monde surpris et effrayé. Le marié lui dit :

– Hé bien, beau squelette, fais comme nous : bois et mange.

Le squelette lui répondit :

– On ne boit ni ne mange dans l'autre monde ; mais je t'invite à te rendre demain soir à l'endroit où tu m'as trouvé.

Il s'en alla, et le marié, qui avait peur, raconta au recteur ce qui s'était passé, et le pria de l'accompagner au rendez-vous.

– Je ne suis pas invité, moi, répondit le prêtre ; c'est à vous de faire le voyage tout seul.

À l'heure dite, le marié se rendit au cimetière, où il vit dans le sentier une petite table ronde autour de laquelle se trouvaient trois chaises ; l'une était vide, et sur les deux autres étaient assis deux squelettes.

Celui qui était venu au repas de noces l'invita à s'asseoir sur la chaise vide, et lui dit en montrant la table sur laquelle il n'y avait rien :

– Voilà comment sont les dîners dans l'autre monde ; maintenant, lève-toi et marche avec moi.

Le marié avait une grande frayeur en suivant le squelette dont les os se choquaient à chaque pas et faisaient crac-crac...

(Le mort conduit le vivant sur une montagne).

... Ils descendirent la montagne, et quand ils furent dans la plaine, ils voyaient des flambeaux de toutes tailles, les uns encore longs, d'autres à moitié consumés, d'autres sur le point de s'éteindre.

Où est le mien, beau squelette ? demanda le marié.

Je vais te le faire voir.

Et il le mena devant une lumière qui était presque entièrement brûlée.

– Voilà le tien, dit le squelette...

Deux jours après, le marié alla rendre ses comptes à Dieu.

Voilà ce qui doit apprendre à chacun à respecter les os des morts.

(Conté en 1880 par Marie Durand, de Saint-Cast, âgée de quatre-vingts ans[1]).

Le jour de la Toussaint, un jeune homme allait à l'église, il y allait plus pour voir les dames, que pour suivre la messe. Au milieu du chemin, il rencontra une tête de mort ; il lui donna un coup de pied et lui parla en ces termes :

Tête, je t'invite à venir souper chez moi.

Oui, si Dieu le permet, répondit la tête de mort.

Tout le jour il fut triste, jusqu'à la nuit venue.

Il ordonna à son serviteur de préparer le repas.

Le repas n'était pas servi qu'on frappait à la porte, des coups si terribles que toute la maison tremblait.

– Valet, va donc voir qui frappe à la porte, car tous ces coups me frappent au cœur.

À peine la porte s'ouvrait, la Madone me soit en aide ! des coups si terribles que toute la maison tremblait.

– Va dire à ton maître, s'il se souvient de ce qu'il a dit, que je suis ce convive qu'il a invité à souper.

– Va lui dire de monter et qu'il soit le bienvenu.

On lui offre maints plats, il ne mange d'aucun, on lui offre maints verres, il ne boit d'aucun.

– Je ne viens pas pour boire, ni pour manger de ton repas, je ne viens que pour remplir ma promesse.

Cette nuit n'est pas pour dormir, cette nuit est pour veiller.

---

1. P. Sébillot, *Traditions et superstitions de la Haute-Bretagne*, Paris, 1882, p. 260-263.

À douze heures de la nuit, tu viendras avec moi à l'église.

À peine arrivés à l'église, ils trouvèrent la porte ouverte ;
au milieu de l'église il y avait une tombe ouverte ;
au milieu de la tombe il y avait une lumière allumée.
– Viens ici, vil rustre, manger de mon souper.

S'il n'y avait les reliques offertes à Jésus-Christ, je t'ensevelirais vivant, que tu le veuilles ou non ; si tu rencontres encore une tête de mort, tu agiras d'une autre façon, dis-lui un paternoster et dépose-la dans l'ossuaire, et que dames et demoiselles te servent d'avertissement[1].

À ces deux textes, je joins, pour compléter l'éventail, une page où P. Sébillot résume quelques récits recueillis en France :

« Quelques-uns des récits qui racontent la punition de ceux qui ont manqué de respect aux ossements des morts, et surtout à leur tête, sont en relation avec le reliquaire (l'ossuaire) : un jeune bambocheur qui, pour faire peur aux gens, y a dérobé un crâne, l'invite, avant de l'y replacer, à souper le lendemain avec lui ; à l'heure dite il voit entrer un squelette qui se met à table, va ensuite se coucher près de lui dans son lit, et le fait mourir de peur. La ballade du *Carnaval de Rosporden* présente à peu près les mêmes épisodes : quand le mort est entré dans le logis du sacrilège, il lui dit de venir s'asseoir à la table dressée dans sa fosse, et le jeune homme épouvanté tombe à terre et s'y brise le crâne. Un gwerz recueilli à Plougasnou raconte que pendant la semaine sainte trois jeunes gens se déguisent avec une peau de loup et vont au cimetière enlever trois têtes de mort. Quand ils les rapportent à l'ossuaire, l'un d'eux les invite à souper le lendemain ; à l'heure indiquée, il voit entrer trois squelettes ; des flammes sortent de terre et il est englouti. Un sonneur du Morbihan coiffe de son chapeau une

---

1. L. Petzoldt, *op. cit.*, p. 193 ; trad. d'un romance espagnol ; une version presque semblable dans R. Menéndez Pidal, *Estudios literarios*, Madrid, 1920, p. 113-115 (trad. J. Rousset).

tête de mort qui gisait dans le sentier du cimetière, et il lui dit qu'il va la faire danser ; elle répond qu'elle accepte, et au son du biniou tous les morts sortent de leur tombe ; le sonneur invite aussi la tête à souper avec lui, et le lendemain un squelette entre à la maison et le tue en le touchant de sa faux. Un garçon de la Haute-Bretagne sur le point de se marier donne un coup de pied à une tête de mort qu'il voit dans le cimetière et convie à ses noces celui auquel elle a appartenu ; il y vient en effet et s'assied à côté du marié, puis l'invite à un repas chez les morts »[1].

On peut se contenter de ces quelques échantillons, ils sont représentatifs d'un vaste ensemble : plus de 250 versions orales ont été recueillies, sans compter les versions écrites traitées par des sermonnaires des XVIᵉ et XVIIᵉ siècles. L'ouvrage de L. Petzoldt, *Der Tote als Gast. Volkssage und Exempel*, Helsinki, 1968, en a fait le dépouillement et l'analyse selon les méthodes de l'ethnologie comparée. De ce conte porté par une tradition populaire qui s'étend à toute l'Europe, on ne dira pas qu'il est la source d'un épisode essentiel du *Burlador*, mais qu'il appartient à sa préhistoire. En comparant la légende et la pièce, on verra celle-ci dégager ses traits distinctifs, même si la comparaison ne concerne que le dénouement et ses prodromes : les face-à-face du héros avec le Mort. Nous sommes au cœur du mythe.

L'alternance des lieux et la triple apparition du Mort sont déjà présentes, du moins dans la plupart des versions. On comprend sans peine pourquoi les dramaturges dans leur majorité (les opéras faisant exception) ont maintenu et renforcé ce dispositif ternaire : par souci d'équilibre, mais surtout en raison de sa puissance narrative ; les scènes finales sont prises dans un enchaînement irréversible dès que le transgresseur a mis l'engrenage en mouvement ; l'invitation et la contre-invitation ont, dans cette aura funèbre et sacrée,

---

1. P. Sébillot, *Le Folklore de France*, Paris, 1907, t. IV, p. 132-133.

une si forte valeur d'engagement qu'aucun des deux partenaires n'a licence de s'y soustraire. En s'adressant follement au Mort, le héros déclenche un mécanisme dont la logique fonctionnera sans défaut jusqu'au dénouement. Sur ce point, le conte populaire et les versions théâtrales sont en accord.

Le dénouement est toutefois sujet à de nombreuses variantes dans la tradition orale ; il arrive souvent que le coupable échappe au châtiment ; ou bien il se présente au cimetière, à l'église muni d'un antidote, une relique, un enfant nouveau-né, un petit filleul défunt qui le protègent des représailles, ou bien il se trouve en présence d'un mort débonnaire qui se contente d'une réprimande. Tirso a choisi la solution la plus dure : le Mort tue le vivant, disons plutôt qu'il est l'instrument de sa mort et de son châtiment. De nombreuses versions orales – 91 selon Petzoldt – offrent une issue différente : guidé par le mort, le vivant est introduit dans le monde des défunts ; après un séjour dans l'au-delà qui lui semble bref, il revient sur terre, ne reconnaît pas les lieux, n'est reconnu de personne ; son absence a duré un siècle ou plus. L. Petzoldt a montré que ce thème du voyage dans l'autre monde n'appartient pas au fonds originel de la légende du mort invité ; c'en est un rameau complémentaire, venant probablement du thème de la descente aux enfers ou aux Champs-Élysées dont la fortune littéraire est bien connue, d'Homère à Claudel en passant par Dante ou Nerval. Sans parler d'Orphée. Cette rallonge est absente de tous les *Don Juan*; peut-être pourrait-on en voir un mince rappel dans la coda qui termine, on s'en souvient, bon nombre de pièces populaires ou d'opéras montrant le héros plongé dans les derniers tourments.

Il faut passer maintenant à l'ensemble du récit pour relever les différences qui séparent de la légende le *Burlador*, elles révéleront les innovations de l'inventeur espagnol ; je m'appuie, pour les versions orales, sur la synthèse de Petzoldt.

	Légende	*Burlador (et successeurs)*
1. – le héros	*paysan, valet, artisan, parfois riche ou seigneur ; un groupe de fiancés*	*fils de famille noble*
2. – le Mort *a) outrage au mort* *(invitation)*	*tête de mort une série de pendus, quelques squelettes ou ossements*	*statue*
aucune relation antérieure *b) visite du mort*	*duel héros-commandeur forme d'un vivant parfois squelette ou spectre rarement tête de mort*	*statue*
c) visite au mort	*manque dans quelques versions, en ce cas, châtiment du héros en ou à l'église b)*	*réinvitation et face à face final au cimetière ou à l'église*
3. – groupe féminin	*absent (sauf rares allusions, cf. échantillon de la p. 109)*	*toujours représenté*
4. – dénouement	*trois variantes : le coupable en réchappe, il meurt (sur le champ ou quelques jours plus tard), il séjourne dans l'au-delà*	*mort et châtiment du héros*

Ce tableau des différences permet d'établir comme suit les innovations de Tirso : le héros, toujours noble, fils de famille dévoyé, est donné comme séducteur et trompeur de femmes, ce qui entraîne la présence d'un groupe féminin, absent de la légende ; le Mort qu'il invite est en relation antérieure avec lui, puisqu'il l'a lui-même provoqué et tué ; son geste d'outrage au défunt répond à la menace de vengeance inscrite sur le monument funéraire ; ces traits attestent la main du dramaturge soucieux de construire une action où les forces en jeu soient étroitement soudées.

L'innovation capitale réside dans l'apparence donnée au Mort : la statue, substituée à la tête de mort, ou au squelette des versions orales. Au vieux fonds populaire du crâne qui parle, du spectre vindicatif, du vampire qui tue, Tirso a préféré une tradition plus littéraire, plus savante, remontant à des modèles classiques : Aristote, Plutarque font état de statues qui se vengent[1], ou à des modèles espagnols, par exemple Lope, *Dineros son calidad*, souvent proposé[2]. Quoi qu'il en soit de la source éventuelle, l'important est ailleurs ; il n'est sûrement pas indifférent que le Mort intervienne sous la forme de la statue, de cet « invité de pierre » qui a contribué à la fortune du scénario en accroissant sa charge mythique. Par son ambiguïté de matière et de vie, de pesanteur et d'animation, la statue qui marche et parle est une forme faite pour troubler, pour produire à coup sûr l'effet d'*inquiétante étrangeté;* comme le dira Sganarelle, « il semble qu'il est en vie, et qu'il s'en va parler » ; objet d'épouvante, cette effigie funéraire si semblable au vivant met à part Don Juan qui, inconscience ou courage, la défie avant de comprendre qu'elle est le symbole de ce qu'il a, selon les cas, méconnu ou contesté. Au reste, la statue qui s'anime est, on le sait, un motif privilégié du conte fantastique, depuis la légende médiévale des images de Vénus ou de la Vierge qui font valoir leurs droits sur un fiancé jusqu'à sa reprise littéraire par Mérimée ou Mandiargues *(L'archéologue)*[3].

---

1. On rencontrera même un Don Juan assez instruit pour dire au Commandeur qu'il ne trouve pas trop étrange qu'une pierre se mette en mouvement en son honneur, connaissant la statue de Memnon et celle de Pygmalion. A. PERRUCCI, *Il convitato di pietra* (1690), III, 3.

2. Cf. entre autres R. MENÉNDEZ PIDAL, *op. cit.*, p. 118 ss. À vrai dire, la situation du *Dineros...* est très différente du *Burlador :* le mort n'a pas été tué par le héros, il récompense celui-ci au lieu de le tuer, etc.

On a voulu voir un précédent, sinon une source du *Burlador* dans l'*Histoire du comte Leontius*, drame joué au début du XVIIᵉ s. dans le collège jésuite d'Ingolstadt ; l'argument en a été conservé, v. MACCHIA, *Vita...*, p. 123. Il s'agit plutôt d'une forme écrite de la légende populaire (tête de mort, puis spectre gigantesque apparaissant au festin, réfutant les arguments de l'incroyant qu'il tue en l'écrasant contre la muraille).

3. La statue qui tue son meurtrier est une tradition antique transmise par Aristote : « ...la statue de Mitys à Argos qui tua l'homme coupable de la mort de Mitys en

Il n'est dès lors plus concevable qu'une version quelconque puisse se passer de cet *uom di sasso* si puissant sur l'imagination non seulement de Leporello, mais de n'importe quel spectateur. Pour le public du XVIIe siècle, la statue du Commandeur n'était pas seulement une machine théâtrale. Seules quelques versions négatrices du XXe siècle – annoncées par Goldoni – se débarrasseront, par l'effacement ou la parodie, de cet intrus indispensable.

Un sermon sur la grâce

À un premier niveau de conscience, le *Burlador* est un drame théologique. J'exagère à dessein pour que soit bien marqué cet axe momentané d'interprétation. Le dramaturge propose un apologue illustrant, sous une forme figurée et simplifiée, un débat complexe sur la grâce et sur les droits du pécheur à la miséricorde divine. Les hispanisants ont bien élucidé cet aspect du *Burlador*[1].

Cette perspective se dégage avec netteté sitôt qu'on juxtapose au *Burlador* un autre drame de Tirso qui forme avec lui un diptyque, *Le damné par manque de confiance (El condenado por desconfiado)*. La symétrie des deux ouvrages invite à substituer au *Convive de pierre* un sous-titre inversant le titre de la pièce jumelle : « le damné par *excès* de confiance », entendons : par excès de confiance dans la grâce, dans le pardon finalement réservé au pécheur. L'apologue dénonce deux formes contrastées de démesure dans la foi, deux déviations extrêmes de la même vertu d'espérance ; l'un des protagonistes désespère, l'autre – c'est Don Juan – espère trop : persuadé qu'il n'y a pas de limite à la miséricorde divine et qu'il sera toujours assez tôt pour se repentir, le transgresseur ajourne sans cesse, jusqu'au « trop tard » signifié par

s'abattant sur lui au moment où il assistait à une fête » (*Poétique*, 1452 a).

1. Outre R. Menéndez Pidal déjà cité, A. CASTRO dans *Hommage à E. Martinenche*, Paris, 1939, p. 93-111, K. VOSSLER, *Drei Dramen aus dem Spanischen des Tirso de Molina*, Berlin, 1953 et plus récemment, avec des textes nouveaux, S. MAUREL, *L'univers dramatique de Tirso de Molina*, Poitiers, 1971, livre III.

le Commandeur. Telle est la faute que l'éclairage porté par la pièce jumelle va mettre en lumière : un péché contre la grâce, le péché dit de présomption.

Symétrie d'abord partielle : le *Burlador* n'a qu'un héros, le *Damné par manque de confiance* en a deux, dont les destinées, solidaires l'une de l'autre, évoluent parallèlement avant de se croiser et de s'achever en antithèse démonstrative : le bandit Enrico meurt repentant : « Je mets ma confiance en Dieu », tandis que l'ermite meurt désespéré : « Dieu est bon, mais pas pour des hommes tels qu'Enrico et moi » (III, 21) ; son cadavre s'enveloppe de flammes, signe scénique de sa damnation, par manque de foi. Double symétrie, ostensiblement didactique, des dénouements ; la fin surnaturelle du désespéré se profile en contraste d'une part sur celle du « bon larron » Enrico, mais aussi, à distance, sur celle de Don Juan : similitude des verdicts, mais pour des motifs contraires qu'il est désormais facile de dégager : « l'ermite avait le sens de la justice de Dieu, c'est la méconnaissance de sa miséricorde qui le perd. Don Juan, lui, ne croit qu'à la miséricorde de Dieu ; elle lui est refusée parce qu'il méconnaît sa justice ». Cette formule qui pose avec toute la netteté désirable les termes du débat, je l'emprunte à l'étude déjà citée de S. Maurel (p. 592), qui renvoie au P. Louis de Blois dont les ouvrages ont eu de nombreuses éditions en traduction espagnole au début du XVIIᵉ siècle. Je retiens un texte de cet auteur qui rend bien compte des intentions de Tirso ; le voici dans l'original latin du *Canon vitae spiritualis*, au chapitre I, *De venia nunquam desperandum.* Un premier conseil semble s'adresser d'avance à l'ermite du *Condenado* : « Si tu pèches, ne perds pas confiance dans la miséricorde de Dieu. Quelles que soient la quantité et l'énormité de tes péchés, ne désespère jamais du pardon » *(Si peccaveris, de eius misericordia non diffidas. Quantum-vis multa et enormia fuerint peccata tua, nunquam de venia desperaveris).* Voici en revanche pour Don Juan : « Tu ne saurais avoir trop de confiance dans sa bonté, pourvu que tu n'en abuses pas pour t'abandonner au

péché » *(Non potes bonitati illius nimis fidere, modo non abuteris
ea ad peccandi facilitatem).*[1]

Le chapitre 37 du même *Canon* rappelle le sort du bon larron,
modèle qu'auraient avantage à méditer les *desconfiados :* « sa pénitence a été courte, elle lui a suffi pour acquérir en un instant la vie
éternelle », mais aussi les Don Juan qui s'endurcissent par insouciance : « ceux qui attendent si tard à faire pénitence ne sont pas
tous aussi heureux que lui, s'ils ne sont pas dans la disposition où
il était ».

Ce sont après tout des lieux communs de la prédication chrétienne, auxquels les débats du temps sur la grâce et le libre-arbitre
ont pu rendre leur urgence aux yeux d'un Tirso de Molina, en qui
le théologien et le dramaturge se sont unis pour forger deux figures
antithétiquement exemplaires. En un siècle où le théâtre était un
jeu populaire, Tirso n'est pas le seul à prendre ce jeu assez au sérieux
pour s'en servir comme il ferait d'une chaire et pour insinuer un
peu de catéchisme dans la fiction dramatique.

Ce détour par la pièce jumelle, si clairement démonstrative,
était nécessaire pour mettre en pleine lumière l'une des faces
cachées du *Burlador.* Après Tirso, cette dimension eschatologique
demeurera perceptible chez les successeurs espagnols, Zamora
puis Zorrilla, chez Molière également, elle s'estompera par la
suite, jusqu'à disparaître au XXe siècle. Toutefois, même laïcisée,
même effacée ou niée, la relation avec l'autre monde appartient
de droit à la biographie de Don Juan ; il est l'homme qui a quelque
chose à démêler avec la mort et l'inconnaissable. C'est ce que
l'Invité de pierre, émissaire de l'au-delà, a toujours pour mission
de lui signifier.

---

1. *Opera*, Cologne, 1589, p. 1.

La double origine du séducteur

Un thème obsédant : l'inconstance

L'obsession est assez répandue dans toute l'aire européenne pour qu'on puisse employer ce terme sans craindre d'exagérer ; l'extension n'est pas seulement géographique, elle affecte toutes les zones de la sensibilité ; on est en présence d'un courant profond de l'époque qu'on a pu nommer, pour cette raison même, « baroque », dans la mesure où on en reconnaît les indices à la fois dans les textes littéraires et dans les formes plastiques. Il n'est pas question de rouvrir ici le dossier. Voici toutefois, pour en donner une idée, quelques textes glanés ici ou là dans la poésie européenne ; on n'a que l'embarras du choix. Encore une fois, je ne propose pas ici des sources, Tirso n'a peut-être connu aucun de ces poèmes ; je présente quelques témoins d'un courant, d'une pente de la rêverie ; on discerne, dans ce début du XVIIe siècle, un sous-sol de l'imaginaire collectif où l'on peut voir un terrain favorable à l'éclosion d'abord, à la réception ensuite d'un héros de l'inconstance et de la pluralité.

C'est d'abord le monde lui-même que l'on éprouve plus que jamais dans son instabilité foncière. On pourrait mettre en exergue à ce florilège de la mutation l'ouverture du chapitre III, 2 des *Essais*, qui lie l'instabilité de chaque être à celle de l'univers : « Le monde n'est qu'une *branloire* pérenne. Toutes choses y *branlent* sans cesse : la terre, les rochers du Caucase, les pyramides d'Égypte, et du *branle* public et du leur. La constance même n'est autre chose qu'un *branle* plus languissant. » Au centre de chacun des quatre membres de la phrase célèbre sonne quatre fois, comme une rime intérieure, la racine *branl-*, autour de laquelle rayonnera dans la suite du texte montaignien, comme dans l'ensemble de ceux qui vont être cités, la grande panoplie sémantique de la mobilité et du change : *passage, mutation* (et *muable*), *variation, volubilité, fuite, instabilité…*, appuyée sur l'inépuisable répertoire des comparants de la vie fugitive : ombre, flèche, fleur, nuée, éclair, songe, écume, fumée, bulle, etc.

Pour me limiter à un échantillonnage réduit mais aussi cosmopolite que possible, j'ajouterai, avec le « rien n'est ici constant » de Du Bartas et de beaucoup d'autres, la VIIᵉ élégie de John Donne, *Variety*, qui commence par ce vers : « *The heavens rejoyce in motion...* », les deux mettent leur joie dans le mouvement (Donne est sensible à la nouvelle astronomie). Est-on tellement loin de Don Juan l'inconstant ? Non, puisque le même poème, dans la logique d'un firmament mobile, conclut au goût légitime de la variété en toute chose et particulièrement en amour : « mon aimable maîtresse, pourquoi donc la servir elle seule, quand j'ai le choix d'autres beautés, et si je prends plaisir au change ? » Suit même ce qu'on peut prendre, rétrospectivement, pour l'esquisse d'un Catalogue : une chevelure de lumière me tient captif, mais une autre, une brune, ne m'est pas moins chère, et d'autres figures, même laides, mais nobles, ne sont pas moins dignes de ma conquête... Ce qui ne va pas ici sans un peu de provocation et de paradoxe ; l'idée n'en est pas moins caressée.

De toute façon, Donne est loin d'être le seul pour qui la pluralité des amours se fonde sur une rêverie insistante de la vie fugitive, de la fragilité des corps, de l'évanescence du temps vécu, de la « volubilité » de l'esprit lui-même, de la mémoire, des désirs... Comme le dit si gaiement Donne, encore lui,

> ... *Change 'is the nursery*
> *of musicke, joy, life and eternity.*
>
> (Élégie III, *Change*)

mais aussi Du Perron :

> Je veux bâtir un temple à l'Inconstance...
> J'y nourrirai le muable Protée.

D'autres le disent moins gaiement, plus résignés, par exemple Angot de l'Éperonnière dans des stances imprégnées de Job et du Psalmiste :

Mais las ! qu'est-ce de nous !...
Aujourd'hui l'un te plaît, demain tu t'en étranges,
Comme un caméléon change aux nouveaux objets...
Notre chair n'est que foin, qui le matin verdit
Et le soir devient sec, se froisse et se flétrit...

C'est le même registre noir chez Gryphius, autre lecteur des Psaumes :

Was sind wir Menschen dochl...
Que sommes-nous donc !...
la balle dont joue un faux bonheur, le feu follet du temps...
nous passons comme la fumée que chasse un vent violent.

Pour prendre un champ plus restreint, c'est l'expérience du temps telle que le mariniste Lubrano la déchiffre dans le filet d'eau que la clepsydre fragmente en petites gouttes d'instants, « *minutissime gocciole d'istanti* » :

... Tout ce qui est, tout ce qui sera s'exprime en eaux,
chiffres de fuite ; dans ce cercueil liquide
tous vos plaisirs faisant naufrage s'ensevelissent.
Si tu ne le crois, retourne-toi, mortel,
et vois ton être né dans les larmes
goutte à goutte mourir en agonies sous verre.

La même rêverie prend chez Gongora l'aspect d'une série de menus grignotements :

... *Las horas, que limando estàn los dias,*
Los dias, que royendo estàn los años.
Les heures vont limant les jours,
Jours qui, eux-mêmes, vont rongeant les années.

(Sonnet 151)

Alors que Quevedo annule le présent entre ce qu'il n'est plus et ce qu'il n'est pas encore :

> Je suis un *fut*, un *sera* et un *est* qui passe.
> Dans aujourd'hui, entre demain et hier, je joins
> mes langes et mon linceul

Dans ce concert de toutes les « inconstances », on n'a pas de peine à reconnaître, à travers les répétitions et les variations d'un chant fondamental, deux grandes voix qui disent l'une et l'autre que tout change, mais qui le disent en des tonalités différentes : la voix sombre et la voix claire, celle de l'inconstance noire ressentie comme un malheur, comme un signe de péché et de condamnation, celle de l'inconstance blanche qui s'enchante de la vie passagère et se fait de l'universel « branle » un plaisir et parfois une fête.

Je ne poursuis pas cette promenade anthologique ; elle n'avait d'autre but que de rappeler et d'étayer par quelques exemples ce qui est bien connu, l'extension exceptionnelle de cette rêverie du passage et de la fuite dans la première moitié du XVIIe siècle, pour faire comprendre combien l'inconstance amoureuse émerge alors, au moins implicitement, d'une inconstance première, et parfois explicitement :

> Toute chose est muable au monde...
> Tout branle...
> Il faut aimer à la volée.
>
> (LORTIGUE)

Les textes qui déclarent, en fanfarons de la conquête infinie, le refus de toute constance ne manqueraient pas non plus. J'en citerai deux ; d'abord ce sonnet de Vauquelin des Yvetaux, dont les premiers vers pourraient fournir l'une des devises de Don Juan, celle qui dirait le désir de la diversité, la hâte de quitter, le nomadisme frénétique ; on notera que dans ces alexandrins fortement césurés, le second hémistiche contredit le premier, chaque vers posant ainsi deux attitudes qui seraient, selon la norme, incompatibles :

> Avecque mon amour naît l'amour de changer.
> J'en aime une au matin, l'autre au soir me possède...
>
> Mettant en divers lieux l'heur de mes espérances,
> Je fais peu d'amitiés et bien des connaissances ;
> Et me trouvant partout, je ne suis en nul lieu.

Et enfin cette ode de Marino où s'ébauchent déjà et la profession de foi du Don Juan moliéresque, et ici encore la *lista*, le futur Catalogue, mais proclamé par le conquérant lui-même :

> Voulez-vous voir
> un nouveau Protée d'amour
> et un nouveau caméléon ?
> Tournez les yeux vers moi
> qui tournoyant au gré de mes pensées
> prends formes diverses et couleurs changeantes-
>
> Toute beauté que je rencontre
> s'empare de mon cœur,
> à tout regard aimable
> je m'enflamme et je brûle.
> Las ! me voilà bientôt
> la proie sans fin de tous les feux...
>
> Et la fraîche beauté
> et l'âge mûrissant
> me poignent et m'embrasent ;
> tantôt me brûlent
> la grâce et les regards,
> tantôt les mœurs et la réserve.
>
> En l'une m'enchante
> la nature toute pure,
> en l'autre je goûte

l'esprit et l'artifice,
également sensible
aux beautés frustes ou raffinées.

Celle-ci se pare ; mais à la parure
qui donc ne se plairait ?
Et l'autre se néglige,
de soi seule parée ?
J'adore sa franchise,
sa pauvreté m'est un trésor.

En un mot, et les unes et les autres
toutes pour moi sont belles,
de toutes le désir me brûle ;
et même s'il m'était donné
mille âmes et mille cœurs,
je serais le nid où nicher tant d'amours[1].

C'est ainsi que, d'une vaste nappe souterraine de l'imagination collective, on voit émerger et s'élaborer le héros que les dramaturges chargeront de figurer la conquête et la fuite, le désir multiforme associé à la feinte. Dans la pièce de Tirso comme dans celles de ses descendants, Don Juan, s'attaquant à ses victimes successives, commence par vivre ingénument, euphoriquement l'inconstance blanche, avant de faire dramatiquement l'expérience de l'inconstance noire, dès le moment où le Mort, représentant de la permanence, lui impose son point de vue et le fait partager aux spectateurs d'une comédie qui vire bientôt à la tragédie.

---

1. Pour compléter ce choix de textes, on pourra consulter les anthologies suivantes (d'où la plupart sont tirés) : G. GETTO, *Marinisti, Marina*, 2 vol., Turin, 1949 ; A. SCHÖNE, *Die deutsche Literatur, Texte und Zeugnisse*, Bd III, *Barock*, Munich, 1963 ; J. ROUSSET, *Anthologie de la poésie baroque française*, Paris, 1961, section 1 : « Protée ou l'inconstance » ; le poème de Donne est dans *Complete Verse and selected Prose*, Londres, 1949, p. 91.
L'ode de Marino ci-dessus (titre : *Amore incostante*) se lit dans CALCATERRA, *I lirici del Seicento e dell'Arcadia*, Milan 1936 (Classici Rizzoli), p. 220-224.

Un emploi de jeune premier

Sans doute un thème diffus et ramifié, propagé par la rêverie des poètes, répondant à l'attente d'un public, est-il de nature à préparer, à favoriser la naissance et la réception d'un héros de théâtre ; encore faut-il qu'il y ait, dans le système dramatique existant, un appareil d'accueil, des situations et des types récurrents qui soient aptes à mettre en forme, à faire vivre sur la scène ces suggestions éparses, compte tenu des différences de genres et des transpositions indispensables.

Cette connivence semble bien exister avec un emploi fortement représenté dans le théâtre de Lope et de Tirso : celui du jeune premier, hobereau nanti d'un pouvoir local ou fils de famille en dévergondage qui abusent l'un et l'autre de leur position dominante, multiplient les méfaits dont les principales victimes sont les femmes qu'ils séduisent, trompent, enlèvent ; voleurs de biens et de personnes, pratiquant l'inconstance par instinct ou par système, ils incarnent le mal dans le réseau des forces en conflit, jusqu'au dénouement qui les punit parfois, plus souvent les absout. Cette fin bénigne mise à part, les commentateurs de Tirso ont pu voir dans ces séducteurs cyniques les « frères jumeaux » du Burlador qui, sur ce point, n'est pas un isolé[1].

Des émules en inconstance, mais plus légers, plus vite pardonnés, il en a aussi hors d'Espagne ; je rappelle seulement ceux qui hantent le théâtre français des années 20 et 30, les Dorante et Alidor de ces comédies du « change » dont le jeune Corneille donne alors plusieurs versions.

---

1. Cf. P. GUENOUN, introduction à sa traduction du *Burlador*, p. 32, note 1 : « Don Guillen, le triste héros de la *Dama del Olivar*, répond presque mieux à une certaine idée qu'on se fait de Don Juan que Tenorio qui l'incarne. Don Guillen a déjà séduit *mille* femmes quand il ordonne à ses valets d'enlever Laurence... Don Luis, le jeune débauché de la troisième *Santa Juana*, avait promis le mariage à Aldonza la paysanne pour tenter de la séduire, et c'est sous l'identité du Gênois Cesar qu'il s'introduira auprès de Doña Inès... ».

Enfin, pourquoi ne pas inclure ici, même si elle s'inscrit en marge des jeunes premiers de la scène, la famille apparentée des amants volages et fiers de l'être que les romanciers inventent dans le prolongement de l'inconstance blanche ? Ils sont d'autant plus intéressants que l'élasticité du genre romanesque autorise, surtout à l'époque, des insertions et des amplifications qui peuvent promouvoir au premier plan un personnage même épisodique. Il en est ainsi dans l'*Astrée.*

L'*Astrée* est pourtant l'épopée de la constance indéfectible, dont Céladon est tout ensemble le héros et la victime patiente, alors que l'éloquent Sylvandre en est le philosophe. La place faite, à côté de ce duo, à un virtuose de l'infidélité érigée en système prend d'autant plus de signification : le gracieux Hylas, qui circule gaiement d'un bout à l'autre du récit, remplit une fonction de contrepoids ; il met en débat en les contredisant les valeurs sur lesquelles repose l'œuvre entière ; il le fait d'une façon si manifestement provocante que le lecteur est invité à recevoir ses contre-thèses avec un certain sourire, comme des paradoxes.

Ainsi ce roman de la constance poussée jusqu'à l'héroïsme, si ce n'est jusqu'à l'absurde, contient en lui-même sa propre réfutation par la présence répétée de ce héros brillant, facétieux, mais nullement caricatural. Partout où il passe, Hylas apparaît en messager du plaisir, il aime un instant et se fait aimer, il séduit mais ne trompe pas, car ce volage est sans noirceur, il ne cesse de se déclarer pour ce qu'il est, l'amant de toutes, incapable par principe de se fixer ; il n'est pas seulement le praticien de l'inconstance, tantôt successive, tantôt simultanée, il s'en fait, avec un peu de sophisme, le théoricien : c'est parce qu'il prétend rester fidèle à la beauté qu'il court de belle en belle : « pour n'être inconstant, il faut aimer toujours et en tous lieux la beauté... ». Et quand il le dit en vers, écrits de sa main, sa chanson vient s'ajouter de plein droit au florilège de l'inconstance heureuse rêvée par les poètes de ce temps :

« Qui veut être parfait amant...,
Qu'il aime et serve en divers lieux...,
Faisant toujours amour nouvelle... »

(II, p. 127 et 194)

Trop heureux inconstant, sur qui rien ne pèse, ni remords, ni menace, ni châtiment qui tire à conséquence. Fait pour plaire, il plaît à tous. Au XVIIᵉ siècle, en France, le modèle de l'amour volage et des conquêtes en série, ce n'est pas Don Juan encore inconnu, c'est Hylas. Sa réussite auprès des lecteurs, son prestige de charmeur sont tels qu'il échappe bientôt au monde fictif de l'*Astrée* et devient un petit mythe, il appartient à tous, les auteurs se l'approprient, un dramaturge de 1630 en fait la vedette d'une pièce qui porte son nom, garant de succès, *Les inconstances d'Hylas*[1]. Il est prêt à servir d'emblème à tous les cœurs légers, aux serviteurs de l'*Amour coquet* dont le pays utopique fait l'objet d'un voyage allégorique publié en 1654 : la *Relation du Royaume de Coquetterie* dont la capitale est habitée par les « cœurs volants » ; ces volages « couverts d'ailes et de flammes » forment « une secte particulière, dont ils disent qu'un certain Hylas est fondateur ; ils ont, pour formulaire de leur vie, l'Histoire des Amants volages, et portent pour devise *Qui plus en aime, plus aime.* Dans une même conversation ils volent sur l'épaule d'une dame, sur la tête d'une autre, et se laissent aisément prendre à la main, ils font hommage aux yeux de celle-ci, aux cheveux de celle-là, ils adorent la bouche de l'une et la taille de l'autre, ils s'attachent à tout et ne tiennent à rien, chacun se raille d'eux et ils en rient, car ces cœurs volants savent rire aussi bien que parler[2] ».

---

1. MARESCHAL, *Inconstances d'Hylas*, Paris, 1635.
2. (Attr. à D'AUBIGNAC) *Histoire du temps, ou Relation du Royaume de Coquetterie, Extraite du dernier voyage des Hollandais aux Indes du Levant*, Paris, 1654.
On peut rappeler ici que quand Mˡˡᵉ de Scudéry a refait l'*Astrée* pour sa génération, elle y a placé à côté du duo des héros de la constance, un succédané d'Hylas, défenseur disert de l'inconstance, Amilcar.

Trop léger pour survivre au-delà du siècle, Hylas ne fera pas le poids devant Don Juan, qui prendra sans peine sa succession en raison, on le devine, de sa plus grande charge mythique et affective. Et on sait maintenant à quoi il la doit : Hylas n'avait ni racines dans la légende, ni arrière-plan religieux, ni contact avec la mort.

II

Métamorphoses latérales

Après la genèse, les métamorphoses ultérieures. Lesquelles ? Je renonce à reprendre dans un chapitre de synthèse l'évolution chronologique du mythe, de siècle en siècle, autour du grand clivage que représentent l'avant-Mozart et l'après-Mozart ; elle est suffisamment acquise, elle a été dégagée et commentée, en ordre dispersé, dans les chapitres précédents, en particulier dans la section consacrée au groupe féminin.

Il sera plus intéressant de changer de point de vue et d'objet en observant les effets d'un autre agent de métamorphose, les changements de genre et les transpositions qu'ils commandent : drame écrit, commedia dell'arte, opéra, enfin conte ou roman. Autant de métamorphoses *latérales* qui n'ont pu laisser intact le modèle initial. Comment modifie-t-on l'histoire de Don Juan en la racontant de tant de façons différentes ? Seule question vraiment pertinente, puisqu'elle porte sur un trait propre au discours littéraire ; question qu'il faut donc soulever, même si l'on ne dispose pas actuellement de tous les outils d'analyse indispensables.

Du drame écrit à la Commedia dell'arte

À proprement parler, il n'y a pas ici changement de genre ; les caractères fondamentaux restent les mêmes, ce sont ceux de tout

récit théâtral, qu'on peut grouper, me semble-t-il, sous deux catégories : *a)* production du message par les moyens convergents,
et perçus *simultanément*, du texte dit, de l'expression corporelle,
des positions et déplacements sur l'aire de jeu, des indications
visuelles (scénographie, décors, éclairage, etc.) ; *b)* disparition de
l'auteur, interdit de parole, derrière des acteurs parlant non pas à,
mais pour des récepteurs-spectateurs qui sont des destinataires
seconds, ou indirects ; ceux-ci ne deviennent destinataires premiers que par accident : aparté, jeu « au public », certains monologues, lazzi, etc. ; on notera que ces accidents de jeu tendent à
se généraliser dans la commedia dell'arte, théâtre d'acteurs, né et
grandi dans le contact direct avec le public ; c'est un premier trait
distinctif de ce sous-genre hypercodifié. En voici d'autres : personnages stéréotypés, distribution marquée par les parallélismes
et les couplages, semi-improvisation sur canevas, mêlant l'écrit
et l'oral, le toscan et les dialectes, enfin prédominance des jeux
de scène et de corps, culbutes et pantomimes ; tout cela est assez
connu[1]. On en retiendra ce qu'il faut pour répondre à la seule question posée ici : dans quelle mesure l'histoire de l'Invité de pierre
est-elle modifiée par le passage du drame originel à la commedia
dell'arte ? Il s'agit d'une véritable traduction, non seulement d'une
langue dans une autre, mais d'un système théâtral dans un autre.

Sous son apparente liberté d'invention, la « comédie italienne »
est soumise à de rigoureuses contraintes formelles ; aussi les sources
littéraires qu'elle utilise sont-elles travaillées dans un moule qui
peut nous paraître rigide et répétitif ; il n'y a pas de doute que la
représentation animait le système, le diversifiait ; il reste qu'elle était
commandée par des règles impérieuses et, si les acteurs avaient du
talent, fécondes.

Pour rendre compte des transformations opérées par le passage du *Burlador* espagnol au *Convitato di pietra* des farceurs ita-

---

1. Voir les ouvrages de Mic, Attinger, Petraccone, Pandolfi, et les scénarios
publiés de Scala (1611) à S. Thérault, Paris, C.N.R.S., 1965.

liens, j'analyserai l'une des constantes du système, la distribution des rôles, en commençant, au prix d'un détour peut-être utile au lecteur français, par celle des *Fourberies de Scapin*, qui offrent un exemple type de commedia dell'arte, dès le tableau des personnages : deux pères, deux amoureux (les fils), deux amoureuses (les filles), deux valets, l'un actif, l'autre passif, selon la tradition des Zanni italiens, plus deux comparses (les dix ou douze comédiens de la troupe standard). Un ensemble fortement soudé, sur le vieux modèle des rapports familiaux, formé de quatre couples principaux se combinant et se croisant en couples secondaires : pères-fils, pères-filles, frères-sœurs, amoureux-amoureuses, valets-maîtres, toujours par deux ou par quatre, d'où jumelages alternatifs, coalitions et permutations binaires, parallélismes et oppositions, dont les jeux combinatoires fournissent au dramaturge tous les schémas possibles d'actions, de conflits et de résolutions ; même le décor constant de la commedia est d'avance suggéré : deux maisons qui se font face, parfois trois.

Que l'on se reporte maintenant à l'un des canevas publiés par Scala en 1611, *Les Tapis d'Alexandrie*, on retrouvera le même tableau, avec quelques variantes (un couple supplémentaire de deux soubrettes et un voyageur étranger hors système). Le voici tel que le traduit Xavier de Courville ; les noms suffisent à eux seuls à préciser la qualité de chacun des personnages :

Pantalon, Vénitien
Orazio, son fils
Pedrolino, son valet
Olivetta, sa servante
Graziano, docteur

Flavio, son fils
Claudio, Français
Franceschina, sa servante

Isabelle, en travesti sous le nom de Fabrizio
Arlequin, son valet

Flaminia, déguisée en bohémienne
Un laquais du père d'Isabelle[1]

Pedrolino, valet actif, meneur de jeu, inventeur de fables, est l'homologue de Scapin, Arlequin celui de Silvestre, etc. L'adjonction de deux soubrettes – une seule étant active – produit par croisement un couple supplémentaire, Pedrolino-Franceschina, qui viendra se joindre à la gerbe matrimoniale du dénouement.

Tels sont, très schématiquement, les mécanismes de symétries multiples qui président à l'établissement des rôles et de leurs relations dans la commedia dell'arte. Qu'en est-il dans *L'Invité de pierre* ?

Les effets de la greffe se font sentir dans les deux sens : le moule italien transforme le modèle écrit tandis que le *Burlador* agit à son tour sur les formes d'accueil :

1. Le tableau des acteurs se trouve d'abord modifié par adjonctions et substitutions : les *vecchi*, Dottore et Pantalone ou Tartaglia, s'attribuent les rôles de pères de la pêcheuse et de la fiancée de village, celles-ci étant rattachées au petit personnel des soubrettes ; bien entendu, tous parlent dialecte. Les insertions sporadiques de ce groupe populaire ont pour fonction de rompre le style noble de l'ouvrage. C'est un premier effet de dissonance. Ce n'est pas le seul ; le traitement des valets aura les plus grandes conséquences ; Zaccagnino, Pollicinella ou Arlecchino déploient ce qui n'était qu'en germe chez Tirso, une présence en scène quasi permanente, bourrée de facéties, pirouettes et lazzi consacrés : « *fa diversi lazzi di sonnolenti* », « *Suoi lazzi di paura* » devant la statue, la *lista* des noms féminins, etc., qui atténuent la gravité des apparitions d'Etvire et du Mort et modifient la relation maître-valet, transformée en un couple violemment antithétique[2] ; le scénario Biancolelli, où ne figure que le rôle d'Arlequin,

---

1. *Comédie italienne*, Quatre pièces traduites par X. de Courville, Club des libraires de France, 1957, p. 107.
2. Je me réfère aux *Convitati di pietra* publiés par Macchia et Petraccone, parce qu'ils sont les plus proches de l'original ; l'*Ateista fulminato*, si important et dont il est tenu compte plus haut, appartient à une branche latérale.

donne une idée de cette hypertrophie du valet, les rôles de Sganarelle et de Leporello en garderont l'héritage. Plus généralement, concernant l'ensemble des scénarios, on retient l'impression de schématisation qui met à nu les mécanismes de symétrie et de répétition, mais compensée par le bourgeonnement occasionnel de séquences libres, d'amplifications, de jeux de scène, de digressions de toutes sortes qui sont propres à la méthode des acteurs italiens. C'est assez dire que la même histoire n'est plus racontée de la même façon, même si on y retrouve toujours les points forts de l'aventure donjuanesque : séductions et abandons, mises en garde, rencontres du Mort, châtiment final. Celui-ci est corsé par les pitreries du valet et renforcé par des chants choraux ; il s'y adjoint une *scena ultima* où s'opposent l'enfer du damné et le ciel du bienheureux : « *Si vede Don Giovanni e fa suo lamento. Si chiude l'Inferno e in Cielo si ode la sinfonia, e finisce l'opera.* » (Macchia, 162). Le dénouement tend ainsi vers la pièce à machines et la tragédie lyrique. On le voit ici encore, de la farce à l'opéra, la commedia pratique le mélange, le pot-pourri stylistique, ce qui n'est pas contraire à l'esprit du théâtre espagnol, mais poussé à ce degré de contraste, ne peut que le dénaturer, ou tout au moins incliner le *Convive de pierre* du côté de l'exercice ludique, aux dépens de la dimension religieuse du prototype[1].

2. La transposition ne produit pas moins d'effet en sens inverse : le drame reçu modifie à son tour les formes d'accueil, en troublant la rigueur des symétries, en compromettant la répartition binaire qui caractérise le tableau des rôles. L'histoire de Don Juan selon Tirso et selon le moule italien récepteur n'est pas compatible sur tous les points : comment conserver les couples parallèles de jeunes premiers et d'amoureuses, quand il faut multiplier les figures féminines et, au contraire, centrer l'action sur un héros unique, bernant des rivaux impuissants ? Quant au rapport maître-valet, s'il subsiste

---

1. Pour prévenir tout malentendu, il faut rappeler que les canevas joués par les farceurs transposaient non pas directement le drame originel, mais sa version italienne écrite, vraisemblablement celle de Cicognini.

comme couple, il est profondément altéré par l'intrusion du
Burlador : le rôle qui reviendrait, en bonne commedia dell'arte, au
Premier Zanni, valet d'intrigue, appartient ici au maître, c'est Don
Juan qui est le meneur de jeu, l'inventeur de fourbes et de fables, le
Scapin de la comédie, à cette différence près qu'il ment et trompe à
son profit ; le valet doit se contenter de la position subordonnée
d'accompagnateur, de complice.

Mais c'est alors que la commedia reprend ses droits, le valet,
dépossédé de sa primauté de fondation, s'enrichit de tout ce qui
revient au Second Zanni : peur devant l'inattendu, archers ou Statue, mais aussi plaisir à boire et à manger, à rire et à faire rire de soi,
et cet instinct confus du bien et du mal propre à tous les Arlequins
qu'éprouvait déjà le Catalinon de Tirso, dont Molière fera, pour son
Sganarelle, une philosophie spontanée opposable au libertin. Ainsi
s'observe, sur ce personnage essentiel, une coopération du prototype espagnol et des masques italiens. Cet épisode aura des suites ;
la pièce écrite, transformée et déformée par son passage à travers
les stéréotypes du sous-genre populaire et semi-oral, va faire retour
à l'écrit, altérée mais rénovée.

Nous sommes en présence d'un paradoxe historique : il fallait
que, par sa traduction dans une forme autre, le mythe fût déformé,
parfois parodié, pour qu'il vive et se propage ; sans les masques et
les gags des comédiens de l'art, les aventures de Don Juan n'auraient
probablement pas été transmises à Molière, à Shadwell, à Goldoni,
aux compositeurs d'opéra buffa, à Mozart. Ce voyage à travers les
genres et les distorsions qui en résultent, c'est aussi l'histoire de Don
Juan dans le temps[1].

---

1. On pourrait faire ici, entre la commedia dell'arte et l'opéra, une place à une
forme intermédiaire, tenant de l'un et de l'autre, puisqu'elle se chante en cou-
plets et qu'on y entend Arlequin et ses pareils : il y a eu des versions foraines
(théâtre de la Foire) de l'*Invité de pierre*, à Paris, dans la première moitié du
XVIIIᵉ siècle. Elles remontent à un pré-opéra comique de Le Tellier (1713), dont la
B. N. possède trois manuscrits (assez peu différents les uns des autres) ; Marcello
Spaziani en prépare l'édition.

Du parlé au chanté

Don Juan dans l'opéra avant Mozart

Kierkegaard ne croyait pas si bien dire : la musique convient à Don Juan. On assiste, vers la fin du XVIIIe siècle, à une vague de *Don Giovanni* et de *Convitato di pietra* dans l'opéra buffa, en Italie et même hors d'Italie. Toutes les études consacrées à Mozart font état de l'ouvrage de Bertati-Gazzaniga représenté à Venise en février 1787, prototype indiscuté, et indiscutable, du livret de Mozart et Da Ponte. Quant aux autres versions musicales, dispersées du nord au sud de la Péninsule dans la décennie qui va de 1777 à 1787, elles sont simplement mentionnées, non sans erreurs ou lacunes ; il est vrai qu'elles ne concernent qu'indirectement la préhistoire immédiate de l'opéra de Mozart ; elles lui importent cependant. Une étude récente fournit enfin sur cette genèse une information sûre et complète, rassemblée de première main : Stefan Kunze, *Don Giovanni vor Mozart*, Munich, Fink, 1972. Travail irréprochable, qu'il est inutile de refaire. Je propose autre chose : une mise en place des constantes et des variables de ce petit ensemble de

---

Les personnages de la Comédie italienne (Isabelle, Colombine, Arlequin) et de Molière (Pierrot) y parodient, chantant en vaudevilles, les scènes célèbres. Un exemple :

« DON JUAN (air *Le prévôt*) – Non, va le prier à souper
ARLEQUIN : Est-il en état de manger ?
D. J. – Obéis, ou bien je t'assomme
ARL. – Ce commandement m'interdit. / Oubliez-vous qu'à ce pauvre homme
Vous avez ôté l'appétit. »
ARL.*s'approche en tremblant de la statue et dit* (air *Les feuillantines*) :
« Fais-nous aujourd'hui l'honneur, / Commandeur,
dont la mine me fait peur, / de venir chez nous sans suite pour manger... manger
d'une carpe frite
La statue fait un signe de tête et Arl. trois ou quatre culbutes qui le mettent à genoux devant son maître.
(air *lanturelu*) : O le diable d'homme, / je suis confondu,
Monsieur, voilà comme / il m'a répondu.
Il aime la carpe, / la peste soit du goulu etc. »

livrets, avant d'aborder, sur l'exemple de Bertati-Gazzaniga, un problème de transposition d'un genre à un autre : comment un drame
parlé, le *Don Juan* de Molière, est-il modifié par les contraintes et
les libertés de la mise en musique ?

Il faut signaler, pour commencer, une rencontre bien antérieure
de Don Juan et de la musique, dès le XVIIe siècle ; le premier opéra
connu sur le thème du libertin puni a été représenté et publié à Rome
en 1669. Ce précédent a été révélé par G. Macchia, qui a procuré le
texte de cet *Empio punito, dramma musicale* de Felippo Acciajoli
(la partition de Melani semble perdue)[1]. Sous ce titre banal, c'est
bien l'histoire du mécréant châtié surnaturellement par la statue
vivante, mais transposée en pastorale de cour, dans un style proche
de l'opéra seria : l'action est reculée dans une Grèce idyllique, les
protagonistes sont princes et princesses, portent des noms issus de
romans galants, Anna s'appelle Ipomene, Ottavio Cloridoro, Don
Juan Acrimante, etc. ; le rôle de la pêcheuse revient à une bergère,
un couple valet-nourrice, amants subalternes et parodiques, parle
en langue littéraire au lieu du dialecte qui serait conforme à son statut théâtral. Pour le reste, le scénario et les acteurs sont fidèles aux
prototypes antérieurs, avec quelques insertions et amplifications
dues au changement de genre : des ballets, des duos amoureux, de
longues plaintes d'une épouse délaissée toujours prête – comme
Elvire – à se sacrifier pour l'ingrat et de surcroit indifférente à
l'amour du roi, enfin un Don Juan fixé sur une passion principale,
mais faisant, en rêve, la cour à Proserpine... La triple apparition
de la statue se trouve condensée en une seule, alors que le châtiment de l'impie est mis spectaculairement sous les yeux du public :
antre du Cocyte, barque de Charon, chant alterné du nocher et du
réprouvé.

Mais ce n'est pas dans ce style que Don Juan a fait fortune sur
la scène lyrique, c'est dans l'opéra buffa ; les ouvrages de la fin du

---

1. Giovanni MACCHIA, *Vita avventure e morte di Don Giovanni*, Bari Laterza, 1966,
p. 80-82 et 227-332.

XVIII⁰ siècle sont assez nombreux et divers pour donner une idée des règles de transformation qui régissent le passage du théâtre parlé au théâtre chanté.

Voici tout d'abord la liste de ces ouvrages ; le nom du musicien figure en tête, celui du librettiste entre parenthèses quand il est connu :

Calegari	(?)	*Il Convitato di pietra* Dramma giocoso per musica	2 actes
(partition perdue)		Venise, carnaval 1777	
Righini	(Porta ?)	*Il Convitato di pietra o sia Il Dissoluto* Dramma tragicomico Prague, puis Vienne 1777	3 actes
Tritto	(Lorenzi)	*Il Convitato di pietra* Commedia per musica Naples 1783	1 acte
Albertini	(?)	*Il Don Giovanni* Varsovie 1784	3 actes
Fabrizi	(Lorenzi 1783)	*Il Convitato di pietra* Atto solo per musica	
(partition perdue)		Rome 1787	
Gardi	(Foppa ?)	*Il nuovo Convitato di pietra* Dramma tragicomico Venise carnaval 1787	2 actes
Gazzaniga	(Bertati)	*Don Giovanni o sia Il convitato di pietra* Venise carnaval 1787 Venise carnaval 1787	1 acte

C'est une accumulation impressionnante, et on ne signale ici que les premières représentations ; on aura noté trois versions nouvelles en 1787, deux à Venise durant le carnaval, dont celle que Mozart et Da Ponte utiliseront quelques mois plus tard[1].

J'écarterai de mon corpus d'étude les versions de Varsovie et de Prague que je n'ai pu me procurer, ainsi que celle de Rome 1787 dont la partition est perdue et dont le livret reproduit avec quelques retouches celui de Lorenzi, Naples, 1783 (Voir sur ces points le livre de S. Kunze, p. 74 ss.). Restent les quatre autres, auxquels il importe de demander tout d'abord comment ils traitent les trois invariants.

Le modèle[2] de la triple apparition du Mort est assez fidèlement suivi par tous les utilisateurs, avec de légères variantes internes. Le principal écart s'observe chez Bertati-Gazzaniga qui contracte en un seul les épisodes 2 et 3 : le repas chez Don Juan y est amplifié en un grand finale avec concert de table et hommage verre en main aux spectatrices vénitiennes – avant que survienne brutalement la catastrophe. Peut-être provoquée par la réduction de l'opéra à un seul acte, cette fusion du repas et du châtiment surnaturel exerce sur le sens du dénouement un effet sensible et neuf : la mort frappe au milieu du plaisir. Ce contraste foudroyant entre la fête et la damnation donne à ce finale une intensité redoublée, que Mozart et Da Ponte ne manqueront pas de reprendre à leur compte.

C'est le groupe féminin qui se montre le plus riche en variantes. Les voici, pour simplifier et en les réduisant à l'essentiel, sous forme de tableau ; les victimes y figurent dans l'ordre des conquêtes exhi-

---

1. Auparavant, le vide n'est pas complet : l'opéra comique de Le Tellier au théâtre de la Foire à Paris, 1713 et plusieurs reprises ;
La Pravità castigata, Brunn, 1754 (cf. Kunze, p. 25 ss), le ballet de Gluck, Vienne, 1761.
2. Contrairement à ce que dit S. Kunze, *passim*, la tradition italienne et par conséquent française et européenne ne remonte pas directement à Tirso de Molina, mais à l'adaptation de Cicognini, véritable introducteur et vulgarisateur du mythe espagnol dans la Péninsule (Il conviendrait peut-être de dire, pour plus d'exactitude, le pseudo-Cicognini, l'attribution étant incertaine).

bées sur la scène ; en tête, pour mémoire, les deux prototypes, Tirso et Cicognini, étant entendu que celui-ci représente la source probable, directe ou indirecte, du plus grand nombre des occurrences ultérieures :

Prototypes :	*Tirso*	*Cicognini*
	Isabella	Isabella
	Tisbea	Rosalba la pêcheuse
	(Anna)	Anna
	Aminta	Brunetta la paysanne fiancée
Calegari	Isabella	
	Rosalba Anna	
	Donna Ximena et Ines, l'une amie, l'autre suivante d'Anna, ne sont pas au nombre des entreprises donjuanesques.	
Tritto-Lorenzi	Isabella	
	Anna	
	Lesbina contadina – Aminta	
	La fiancée de village, qui avait disparu chez Calegari, reparaît ici, mais c'est la pêcheuse qui est évincée.	
Gardi	Anna	
	Isabella	
	Tisbea	
	Betta locandiera	
Gazzaniga-Bertati	Elvira	
	Anna	
	Ximena (adjonction d'une 3e fille noble)	
	Maturina = Aminta	

La superposition de ces séries féminines appelle quelques remarques : la pluralité du groupe des victimes est toujours respectée ; on montre sur la scène trois ou quatre conquêtes, indépendamment de celles qui peuvent être évoquées par la « lista » que le valet tient à jour. Comme tous les dramaturges, les librettistes admettent donc que sans cette pluralité Don Juan ne serait pas le voleur de femmes dont leur récit a besoin. Les variantes portent, comme toujours, sur la répartition des filles nobles et plébéiennes à l'intérieur du groupe, le plus souvent au bénéfice des premières, l'une des deux villageoises étant seule présente, tantôt la pêcheuse associée à la scène de naufrage, tantôt la fiancée de campagne dont la noce est surprise par le Prédateur – la future Zerline. Gardi rétablit la parité en introduisant une *locandiera*, alors que Bertati la compromet par l'adjonction d'une troisième *Donna*. On notera que, conformément à la loi qui fonde le scénario, Anna, figure nodale, ne manque jamais.

Ce qui n'apparaît pas à la seule lecture des génériques, c'est le déroulement de l'action et la démarche des acteurs au cours du spectacle. Je m'en tiens à ce qui m'importe le plus : la présence d'Anna est effective dans tous ces livrets, d'un bout à l'autre de l'ouvrage, à une exception près, celle de Bertati qui la limite aux seules scènes d'introduction : l'entreprise nocturne de Don Juan, le duel et la mort du Commandeur ; ayant obtenu d'Ottavio le serment de la venger, Anna fait savoir qu'elle se retire dans un couvent ; sur quoi elle disparaît pour ne plus revenir[1]. Elle n'est pas mieux traitée musicalement : Gazzaniga ne lui attribue aucun air, du moins dans la partition originale ; elle est à peine un personnage chantant. Sur ce point, on sait assez que Mozart et Da Ponte ne suivront pas leur modèle. Quant au comportement de la fille du Mort, il est généralement fidèle à la tradition issue de Tirso : elle est l'Erynie qui exige le châtiment du meur-

---

1. Il est possible que cette retraite surprenante soit due au petit nombre de soprani disponibles dans la troupe ; les rôles d'Anna et d'Elvira ou de Maturina étaient probablement chantés par la même voix ; c'est l'hypothèse de Kunze, p. 60.

trier. Une seule exception, le *Nuovo Convitato* de Gardi où Anna, très amoureuse, demande comme toutes les autres à être épousée par un Don Juan qu'assaillent quatre poursuivantes insensibles aux rebuffades ; mais il s'agit d'un opéra hautement parodique, où le burlesque, loin de se circonscrire aux seuls valets, envahit toutes les sphères de la distribution. Anna éprise du meurtrier de son père participe à n'en pas douter du renversement carnavalesque.

On examinera maintenant l'organisation dramatique du scénario, c'est-à-dire un aspect du discours narratif. J'en traiterai deux phases seulement, mais deux phases stratégiques, l'introduction et la conclusion.

On sait que chez Tirso, reproduit comme toujours par Cicognini, l'enchaînement des entreprises donjuanesques fait alterner patriciennes et plébéiennes, attaques masquées et séductions déclarées. Cette disposition des conquêtes retarde l'épisode décisif d'Anna et du meurtre assez loin dans le déroulement de l'action représentée. Le seul de nos opéras à respecter approximativement cet ordre de succession est celui de Calegari (1777), avec cette nuance qu'il évince, on l'a vu, la petite paysanne.

Ceux qui dérangent le plus cette chaîne des rencontres féminines sont l'opéra seria du XVIIe siècle, lequel commence par Elvira retrouvée au sortir du naufrage où elle reprend la situation de la pêcheuse, et le parodique Gardi (1787) qui relègue toutes les conquêtes dans le passé pour rassembler le quatuor des poursuivantes rivales dans l'auberge où le héros les élude les unes après les autres.

En revanche, Tritto-Lorenzi et Gazzaniga-Bertati opèrent une transformation radicale en avançant l'épisode d'Anna à l'ouverture ; c'était déjà la solution adoptée par le chorégraphe Angiolini dans le ballet mis en musique par Gluck (1771). Par ce déplacement, le meurtre du Commandeur, survenant dès les premières scènes, fait d'emblée peser le poids de la mort sur l'opéra ; il annonce aussi le retour vengeur qui va planer jusqu'au dénouement dont le héros, en son aveuglement, ne songe pas à s'inquiéter. Cette position initiale a un mérite supplémentaire : elle fait paraître dès le début ce personnage privilégié que doit être, on sait pourquoi, la fille du Mort. Cette innovation n'est donc pas sans conséquence ; on ne s'étonne pas que Da Ponte et Mozart l'aient conservée, tout en s'arrangeant à maintenir la présence d'Anna de bout en bout.

Après l'introduction, la conclusion. Par *conclusion*, j'entends non pas le dénouement – la descente en enfer – dont il a été question plus haut, mais la ou les scènes qui font suite à la mort du héros. Car la fin de la biographie donjuanesque ne coïncide pas avec la fin de la pièce ou de l'opéra, selon une habitude bien établie au XVIIe et au XVIIIe siècle. Cette conclusion se présente sous deux formes opposées : souvent, on montre le damné gémissant dans les peines de l'enfer, toujours ou presque toujours on fait revenir l'ensemble des survivants pour une *scena ultima* d'allégresse collective.

La tradition du *lieto fine*, des joyeuses retrouvailles où chacun ne pense plus qu'à renouer au plus vite avec les plaisirs de la vie et de l'amour, sitôt le trouble-fête éliminé, remonte à Tirso, celle du sombre tableau de l'enfer, maintes fois conjugué avec la scène précédente, vient de Cicognini ; elle se maintient régulièrement dans les scénarios de commedia dell'arte comme dans la plupart des opéras[1], en passant par le ballet de Gluck, qui lui donne le maximum de relief : « Alors le centre de la terre s'entrouvre vomissant des flammes. Il sort de ce volcan beaucoup de spectres et de furies qui tourmentent Don Juan. Il est enchaîné par elles, dans son affreux désespoir il est englouti avec tous les monstres ; et un tremblement de terre couvre le lieu d'un monceau de ruines ».

Sombre ou allègre, la *scena ultima* couronne le spectacle d'une apothéose, telle est la règle de l'opéra, seria ou buffa. Ce qui est propre aux *Don Giovanni* antérieurs à Mozart (qui ne gardera que

---

1. La scène d'enfer figure chez Melani (1669), Calegari, Tritto, Gardi et Gazzaniga. Elle ne manquait pas non plus dans l'opéra comique de Le Tellier joué en 1713 à Paris, au théâtre de la Foire Saint-Germain.

le *lieto fine)*, c'est la coexistence des deux scènes, des deux conclusions contrastées. On conçoit alors cette histoire comme un drame à double issue ; dénouement de tragédie, conclusion de comédie. Ce qui place ce drame chanté un peu à part dans le domaine de l'opéra buffa[1].

Du drame parlé à l'opéra

Pour introduire à cette question essentielle, il convient de s'arrêter de près à la genèse du livret de Bertati, à ce qu'on en peut restituer du moins : ce qu'il doit à Molière. Car Bertati fait le pont entre le *Dom Juan* et le *Don Giovanni ;* si Molière est parfois présent chez Mozart, il en est redevable à la médiation de l'humble prédécesseur vénitien ; cette fonction de relais, de courroie de transmission est souvent exercée par les œuvres dites, avec raison du reste, mineures[2].

Il n'y a pas de doute en effet que Bertati avait la pièce de Molière sous les yeux durant son travail, Molière, non pas Goldoni, dont le *Don Giovanni Tenorio* n'a de rapport ni avec le livret de Bertati ni avec celui de Da Ponte. Toutefois, ce point d'histoire est en lui-même d'un intérêt secondaire à côté d'un problème théorique et de portée générale qu'il peut contribuer à poser : que se passe-t-il quand un drame parlé est converti en opéra ? Comment cette conversion

---

1. Ainsi pourrait s'expliquer, peut-être, la fréquente suppression de la scène finale de liesse collective dans les représentations du *Don Giovanni* de Mozart au XIXᵉ siècle. Faut-il l'attribuer, comme on le fait d'ordinaire, au changement d'esthétique théâtrale favorisé par le romantisme ? Sans doute ; il faut pourtant noter que, dès les dernières années du XVIIIᵉ siècle, les nombreuses reprises du *Convitato* de Gazzaniga sont le plus souvent amputées de la scène de *lieto fine ;* on les concluait par la chute du héros en enfer.

2. Sur les relations des opéras de Gazzaniga et de Mozart, l'essentiel a été dit dans l'étude déjà citée de S. Kunze. Da Ponte n'ignorait pas l'œuvre de ce compositeur véronais, qui s'est formé à Venise puis à Naples ; il parle dans ses *Mémoires* d'une collaboration avec lui ; chose piquante, l'arrangeur pour les représentations *du Convitato* à Londres en 1794 ne fut autre que Da Ponte.

s'opère-t-elle sous l'effet des contraintes de la mise en musique ? Existe-t-il des lois de transformation qui régiraient un tel changement de genre ? La question est posée en toute clarté par *Le Mariage de Figaro* que transforment et transfigurent Da Ponte et Mozart. Les choses ne sont pas si claires dans le cas présent : la pièce de Molière est utilisée, quelquefois traduite par Bertati, mais dans certaines de ses scènes seulement –, acte I et II principalement –, elle entre pour le reste en concurrence avec d'autres sources moins précises ; on les reconnaît dans les opéras antérieurs, ou de façon plus diffuse dans la tradition théâtrale italienne qui a propagé le thème donjuanesque à travers les XVIIe et XVIIIe siècles. C'est donc à un traitement partiel du problème que le cas Bertati-Gazzaniga peut se prêter.

Du rapport de filiation existant entre Bertati et Molière, il y a un premier indice dans les noms de la distribution féminine : Elvira et surtout Maturina dont le nom n'a figuré jusqu'alors dans aucun ouvrage lyrique pour désigner la paysanne courtisée. En revanche, on pourrait voir un contre-indice dans le fait que les scènes d'introduction sont tout à fait étrangères à Molière, qui relègue dans le passé Anna et le meurtre du Commandeur, grands absents de sa pièce. En empruntant cet introït funèbre au ballet d'Angiolini-Giuck et à l'opéra de Tritto, sans leur prendre la sérénade d'ouverture, Bertati offrait à Mozart le canevas de la plus somptueuse des introductions dans laquelle le rôle d'Anna, parente pauvre du groupe féminin chez Gazzaniga, sera si fortement défini dès le début de l'action.

C'est dès la scène 5 de Bertati, après la fin de l'introduction ponctuée par un air d'Ottavio, que se reconnaissent, soudain foisonnants, les premiers échos de la pièce française, à commencer par un trait propre au héros moliéresque, maître despotique de la parole d'autrui, accordant ou refusant au valet le droit de parler : « Pourvu que tu ne me parles plus ni du Commandeur, ni de donna Anna, je te laisse la liberté de me dire ce que tu veux, *la libertà ti lascio dipotermi ora dir quello che vuoi* », qui traduit Molière I, 2 : « Et bien, je te donne la liberté de parler, et de me dire tes sentiments. » La grande profession de foi du conquérant est supprimée, on s'en étonne un peu, elle aurait pu et dû donner lieu à un air du protagoniste, selon la règle qui fait correspondre un air chanté à une tirade ou à un monologue de la pièce transposée ; il en est souvent ainsi dans *Les Noces de Figaro.*

Voici une dissymétrie en sens inverse : à la scène 6, le dialogue maître-valet est interrompu chez Bertati comme il l'était chez Molière (I, 3) par l'arrivée imprévue d'Elvira qui a droit à une cavatine *Povere femmine!,* écoutée à l'écart par le suborneur ; aucune équivalence chez Molière, c'est donc la mise en musique qui provoque cette insertion novatrice, dans le style des plaintes familières aux femmes délaissées de l'opéra ; même insertion chez Da Ponte-Mozart, c'est l'air *Ah! chi mi dice mai* (scène 5). Dès que le dialogue reprend, on retrouve Molière, un peu écourté, parfois textuellement cité : la remarque sur le vêtement, « l'équipage » d'Elvira, les reproches de celle-ci, et même l'explication saugrenue que le valet lui donne de l'infidélité du séducteur par l'exemple d'Alexandre le Grand ; Don Juan s'esquive, et c'est l'air du Catalogue, innovation de l'opéra ; le *Dom Juan* français avait renoncé à cette *lista*, pourtant traditionnelle dans la commedia dell'arte.

On quitte Molière pour une séquence purement musicale, qui se développe parallèlement chez Gazzaniga et Mozart : la noce de campagne, airs et chœurs, allégresse des chants alternés que vient détruire l'intrusion agressive du couple maître-valet. Cette scène a son origine lointaine chez Tirso (enlèvement d'Aminta) italianisé par Cicognini et retransmis par une série d'intermédiaires ; elle était prédestinée à la mise en musique.

Retour à Molière, à vrai dire fort raccourci, pour la séduction de la villageoise et les bourrades du grand seigneur au plébéien frustré dont la réplique provoque une insertion musicale, son seul air, *A me schiaffi sul mio viso?* qui deviendra chez Mozart *Ho capito, signor si* de Masetto, sentant davantage la révolte impuissante ; il n'y avait rien de tel chez le Pierrot français, paysan berné et résigné. En revanche, la séduction de Maturina (scène 14) est un calque du prototype moliéresque, c'en est même une traduction quasi littérale, avec des coupures. Quand Bertati-Gazzaniga s'en écartent, c'est parce qu'ils convertissent en opéra un texte parlé : ils donnent à Maturina un air qu'elle adresse à son vainqueur :

Se pur degna voi mi fate
di goder d'un tanto onore...

Mozart conclura le même épisode en montrant, par la musique même, le mouvement progressif de la persuasion dans le duo *La ci darem la mano*, où les deux voix d'abord séparées se rapprochent, se mêlent, s'enlacent, enfin se fondent dans l'unisson : *andiam*. On saisit ici une double transformation révélatrice : de la pièce au premier opéra, insertion d'un air sur le dialogue parlé ; de Gazzaniga à Mozart, substitution à l'air solo d'un duetto qui mime les phases de la séduction.

La scène II, 4 de Molière : Don Juan se jouant des deux paysannes qu'il élude l'une par l'autre, est déplacée par Bertati entre Maturina et Elvira (il n'a qu'une paysanne à sa disposition) que le séducteur traite alternativement de folles : « C'est une folle » devient « *quella dama è una pazza* », etc. Chez Mozart (I, 12), seule Elvire est qualifiée de folle, cette fois devant Anna et Ottavio, substitués à la paysanne ; modification plus sensible : le récitatif de Gazzaniga est transformé en quatuor ; on connaît le goût et le talent de Mozart pour les ensembles chantés. On constate en même temps que, de substitution en substitution, et par l'effet de la progressive mise en musique, la séquence initiale est à peine reconnaissable dans la version finale de cette genèse ; il n'empêche qu'elle en a été le germe.

Par la suite, les actes III, IV et V de Molière disparaissent presque entièrement de l'adaptation du librettiste vénitien qui saute d'un bond aux apparitions du Mort et au dénouement, pour lesquels il lui suffit de s'appuyer sur la tradition italienne[1]. De toute façon, il était condamné par les contraintes de l'opéra à s'éloigner de son modèle parlé : c'est le moment où la musique va s'emparer totale-

_____

1. Le souvenir de Molière est encore nettement perceptible dans la dernière visite d'Elvire repentie.

ment du théâtre pour le duo de l'invitation à la Statue, puis pour le repas chez Don Juan, le concert de table et le grand finale, qui exclut tout récitatif.

Les contraintes de la musique

La question qu'il faut maintenant poser est celle-ci : que se passe-t-il quand on substitue au parlé le chant, ou ce parlé-chanté qu'est le récitatif *secco*, et qu'on y adjoint ce « personnage invisible » mais extrêmement actif qu'est l'orchestre ? Il est certain qu'il y a en ce cas métamorphose, c'est-à-dire destruction et reconstruction (partielles) ; le discours musical ne se réduit pas à un vêtement sonore qu'on poserait sur le texte parlé ; il a ses règles et ses formes propres.

Le problème est relativement simple quand le compositeur et son librettiste s'emparent d'une comédie, d'un drame – *Le Mariage de Figaro*, par exemple – pour en faire un opéra ; l'analyse procédera comme suit : l'opéra se composant d'une suite de numéros, airs, duos, ensembles – dont l'ordre n'est d'ailleurs pas arbitraire –, on le superpose aux monologues ou tirades, aux dialogues simples ou complexes de la pièce support, puis on fait le compte des équivalences et, ce qui est beaucoup plus révélateur, des dissymétries, c'est-à-dire des suppressions, adjonctions et insertions commandées par les formes musicales. On constate alors, notamment, – je garde le même exemple – que les personnages féminins, la Comtesse et Suzanne voient leurs rôles enrichis d'arias, de duos que rien n'annonçait dans le texte de Beaumarchais. Tout en conservant l'intrigue, le tableau des acteurs et le déroulement des scènes, l'élaboration de la pièce en opéra a déplacé les accents, modifié les personnages et le rapport des personnages entre eux, changé le sens de la comédie.

La situation n'est pas la même, elle n'est pas aussi simple, avec les *Convitati di pietra*. Sur quelle(s) pièce(s) les librettistes et compositeurs travaillent-ils ? Parfois sur un dérivé de Cicognini (Perrucci ?), souvent sur des refontes inconnues ou, plus probablement, en contaminant divers scénarios ou libretti antérieurs, comme le font

Bertati puis Da Ponte. Pour réduire la part de la conjecture et de la recherche trop incertaine de sources précises, je me bornerai à poser la question suivante, limitée au seul Bertati, source sûre de Da Ponte : en supposant une vulgate antérieure établie d'une part sur Cicognini et Perrucci (très proches dans le déroulement des scènes), d'autre part sur Molière, quelles sont les équivalences que cette vulgate peut proposer à un librettiste ? À quelles adjonctions ou suppressions la mise en musique le contraindra-t-elle ?

Au contraire du *Mariage de Figaro*, les dramaturges italiens aussi bien que Molière n'offrent qu'une très maigre récolte de monologues : aucun chez Molière, si ce n'est celui de Sganarelle au dénouement, et deux tirades quasi monologues pour le héros (I, 2 et V, 2), que les opéras ne reprendront pas ; chez les Italiens, les plaintes du valet pendant l'escapade nocturne de son maître, le lamento d'Anna sur le corps du Commandeur, les doléances du damné en enfer, dans la scène ultime (à laquelle Da Ponte renonce). Les opéras auront donc presque tout à inventer : dix airs chez Bertati, quinze chez Mozart[1].

Quel est le statut de l'air chanté ? L'air est une pause de l'action ; l'acteur, seul en scène ou tourné vers un partenaire, concentre l'attention sur lui-même (parfois sur un tiers absent : l'air du Catalogue). Tout s'arrête, il ne se passe plus rien, sauf ce chant qui se déploie, émanant d'un être soudain solitaire et livré à sa vibration la plus personnelle, disant sa jalousie (Elvire), sa douleur et sa haine (Anna) ou sa fringale de jouissance (Don Juan). Dès qu'il s'épanche seul, celui qui chante se caractérise moins par ce qu'il dit que par sa manière de le dire – de le chanter ; les paroles et leur contenu, qui importent dans le récitatif, passent à l'arrière-plan, non pas pour le compositeur, mais pour l'auditeur ; celui-ci perçoit, plus qu'une situation dramatique ou en même temps que celle-ci, un tempo et des changements de tempo,

---

1. Il faudrait entrer dans le détail : de l'un à l'autre opéra, les mêmes personnages n'ont évidemment pas tous le même nombre d'air, et ces airs correspondent le plus souvent à des situations et des contenus différents.

des intervalles, des modulations, l'étendue et le timbre d'une voix que commentent les instruments de l'orchestre. C'est pour un instant le concert, la musique qui s'installent sur la scène, transformant les données habituelles de l'art dramatique, rompant la continuité du discours narratif, créant un rythme nouveau de la représentation.

Il en résulte une première modification apportée aux *Don Juan* parlés : au lieu d'une accumulation de rapts, de rencontres et de face à face dont le caractère premier est la rapidité, l'opéra fait alterner, selon sa loi propre, l'animation du récitatif et les pauses réservées à l'épanchement, à la confession, de sorte que l'histoire d'une carrière marquée par le mouvement et la fébrilité se trouve ralentie, souvent immobilisée et ainsi offerte, par instants, à l'attente ou au recueillement.

À ce trait général s'en ajoutent d'autres, dès que l'on considère la répartition des airs ; c'est une règle de l'opéra que chacun ait droit au chant ; aussi voit-on des personnages, jusqu'alors marginaux, s'élever dans la hiérarchie, glisser momentanément au centre du spectacle, obtenant pour eux-mêmes l'écoute du spectateur ; le chant leur confère, à eux aussi, une pensée, une existence personnelles : au marié de campagne revient un air chez Gazzaniga – sa révolte contre le seigneur qui profite de sa position pour lui voler sa femme –, un air que Mozart lui donne également, dans la même situation ; il lui en accorde un autre à la fin du sextuor de l'acte second. Quant à la trop sensible mariée (un seul air chez Bertati), on sait la place qui est la sienne chez Mozart : deux airs à l'intention de l'époux à regagner et le duo *La ci darem la mano* pour le séducteur ; celle qui n'était, lorsqu'elle parlait, qu'une silhouette passagère devient, dès qu'elle chante, un personnage, tout chargé d'ambiguïtés. Et Ottavio lui-même, le mal aimé des commentateurs sinon d'Anna, pour peu qu'il s'épanche dans le style tendre du ténor, oblige le public à l'écouter, à le comprendre, à lui accorder l'importance, la dimension intérieure qu'il n'avait ni chez Tirso ni chez Cicognini.

Les grands rôles sont modifiés d'une autre manière ; sans parler d'Anna, quasi absente avant Mozart, nous ne pouvons plus oublier

Elvire, venue de Molière, on le sait, à travers Bertati qui lui confie deux airs que Da Ponte prolonge avec des contenus semblables. Plus précisément, de la comédie à l'opéra, qu'est-ce qui change dans le personnage d'Elvire ? D'abord sa présence, et quelle présence ! dans les ensembles, qui la distribuent d'un bout à l'autre de l'ouvrage, alors qu'elle n'apparaissait chez Molière qu'à deux reprises, chaque fois pour s'adresser au héros, reproches jaloux, puis exhortation au repentir ; et il y a les airs, trois airs chez Mozart, dont deux sont des monologues qu'elle dit en solitaire, *Ah ! chi mi dice mai* et *Mi tradi quell' alma ingrata*, grands airs de style *seria*, où les sauts mélodiques, les écarts extrêmes manifestent la tension qui la déchire ; c'est pour elle-même qu'elle fait éclater sa fureur, son désir, son amertume ; son désir surtout, sa passion frustrée que les épisodes du IIe acte, ajoutés par Da Ponte, montrent prête à renaître au moindre signe de retour venant du trompeur. L'Elvire si lucide et digne de Molière se mue ici en une amante sensuelle et humiliée à laquelle le musicien a donné un puissant contrepoids qui équilibre le trio féminin : Anna, ses deux airs, sa part décisive dans les ensembles[1].

On le voit, le système des arias favorise le déploiement des figures féminines qui ne sont plus seulement des proies indifférenciées ou de pauvres poursuivantes mystifiées (l'Elvire de Molière évidemment mise à part), leurs confessions chantées les arrachent au semi-anonymat, à l'ombre dans laquelle les rejetait la personnalité constamment dominante du libertin ; elles réussissent à imposer à l'auditeur leur propre point de vue.

Quand on essaie de comparer les deux formes, parlée et chantée, on ne peut négliger les ensembles, simples (duos) et surtout complexes ; ce sont ceux-ci, quatuors, sextuors, finales, qui font la richesse de l'opéra buffa et de ses dérivés ; on sait le parti qu'en a tiré Mozart. Faut-il signaler cette évidence ? Rien n'empêche de multiplier, dans une scène parlée, les interlocuteurs, ceux-ci ne s'exprimeront que les uns après les autres, par échange de répliques juxtaposées ;

---

1. Cf. H. GNÜG, *Don Juans theatralische Existenz*, Munich, 1974, p. 129.

c'est le propre de l'opéra de pouvoir *superposer* les voix, à la façon des instruments dans l'orchestre, de sorte qu'émises toutes à la fois, chacune d'elles puisse être perçue sans se confondre avec les autres.

Il en est ainsi, par exemple, dans *Don Giovanni*, du quatuor (I, 12) où les voix d'Anna et Ottavio, d'Elvire et Don Juan, d'abord séparées, s'unissent, s'entremêlent, par deux, par trois, enfin par quatre. En cet instant crucial où Anna reconnaît la voix de son agresseur, où se prépare la ligue des victimes contre le libertin, c'est par une méthode strictement musicale, interdite au drame parlé, que l'opéra choisit de dire la confusion, le désarroi des pensées en même temps que se dessine le nouveau partage des forces.

Et quelle autre forme théâtrale eût pu donner à l'aventure donjuanesque un dénouement comparable à celui de Mozart, utilisant à la fois toutes les ressources du genre, depuis le concert de table qui ouvre le repas de fête jusqu'à la voix d'outre-tombe soutenue par les cuivres et au choral qui vient se mêler aux derniers refus du condamné? Il fallait cette convergence de sources multiples et coordonnées, cet étagement de puissances sonores venues de l'invisible, cet assaut polyphonique pour dominer et écraser la voix nue de celui qui meurt comme il a vécu, solitaire. C'est le pouvoir musical de cet ensemble simultané qui confère sa grandeur symbolique au « duel mystique » (Jouve) de ce finale.

On a souvent diagnostiqué une éclipse de Don Juan au XVIIIe siècle. Chassé par le rationalisme ambiant, le pécheur puni par une statue qui *parle* et *va souper en ville* – ce sont les termes dédaigneux de Goldoni – se serait réfugié sur les tréteaux populaires et chez les montreurs de marionnettes. Cela est vrai. Mais il faut nuancer le diagnostic de décès, ou de léthargie; il ne tenait pas compte de la survie musicale du grand damné sur les scènes lyriques d'Italie et d'Europe. À elle seule cette vague de ballets et d'opéras n'aurait peut-être pas suffi à sauver Don Juan du dépérissement; mais sans elle, Mozart ne serait pas l'auteur du *Don Giovanni*, qui a donné au mythe une nouvelle naissance.

Du dramatique au narratif : Mozart mis en récit

Passer du théâtre au récit, c'est décidément changer de genre ; qu'on la traite sur le mode dramatique ou narratif, l'histoire racontée n'est plus la même. Dostoïevski le savait si bien qu'il déconseillait l'adaptation de ses romans au théâtre : changer la forme, c'est changer l'œuvre. Mais quel est exactement le principe du changement ?

Si l'on tente de définir, sur le plan théorique, les principaux traits qui distinguent ces deux genres fondamentaux, on obtient un. certain nombre d'oppositions. Les unes sont classiques depuis Platon et Aristote (maximum ou minimum de *mimesis*) ; d'autres relèvent de la réflexion rhétorique traditionnelle ou de la sémiologie contemporaine. Sans entrer ici dans le débat qui est en cours, et pour m'en tenir à l'objectif limité de mon projet dans les pages qu'on va lire, je les énoncerai de la manière suivante :

1. Le *narrateur :* invisible ou plutôt masquée dans l'œuvre dramatique (au théâtre « le poète ne parle pas » disait d'Aubignac), l'instance énonciatrice porte l'entière responsabilité du récit, qu'elle se déclare ouvertement ou non ; ce narrateur, inconnu du système dramatique, prend en charge les personnages, leur donne ou leur retire la parole, les dispose le long de la fiction, les montre, les commente s'il le juge bon, se met lui-même en scène s'il est agent interne de narration.

2. Le *destinataire :* après la question « qui parle ? », la question « à qui parle-t-on ? » ; au destinataire double et simultané du message théâtral se substitue un destinataire simple – le lecteur – avec lequel le narrateur peut instituer une communication directe mais fictive, inscrite ou non dans le texte.

3. L'*ordre temporel :* le théâtre, comme la peinture, le cinéma, ne connaît que le présent ; disons plutôt que, comme tout ce qui est iconique, il lui est difficile, par ses moyens propres, de dire le passé ou le futur ; à cette rigidité s'oppose la souplesse, la polyvalence de l'instrument narratif qui, s'il privilégie en principe le passé, se prête

à toutes les formes d'anachronies, de distorsions et renversements temporels, sans parler des raccourcis, ralentis, etc.

4. Si l'on admet avec P. Pavis qu'à la scène « la fonction *référentielle* (en termes jakobsoniens) est concrètement représentée »[1] – je dirai de préférence : *peut* l'être, partiellement –, on admettra en conséquence que le message narratif n'a de référent que mental ; il se représente toujours imaginairement.

À la polyphonie des codes simultanés propre à la forme théâtrale (voir début de ce chapitre), le récit substitue la « monodie littéraire » réduite au seul code verbal[2] ; au lieu de la convergence de plusieurs systèmes différents, c'est maintenant le texte seul qui parle.

Le statut du narrateur et de son destinataire, la polyvalence temporelle du récit, la nature mentale du référent, la monodie textuelle au lieu de la polyphonie des codes dramatiques : sur ces axes fondamentaux se dégagent quelques-uns des traits qui séparent le narratif du dramatique ; ils devraient suffire à donner un commencement de réponse au problème délicat qui se pose maintenant : qu'advient-il du transfert au récit d'un scénario qui est né et s'est développé sur la scène, au point que, selon certains exégètes, l'histoire de Don Juan ne serait pas concevable hors des formes dramatiques qui l'ont engendrée ?[3]

---

1. P. Pavis, *Problèmes de sémiologie théâtrale*, Montréal, 1976, p. 15.
2. R. Barthes, *Essais critiques*, Paris, 1964, p. 258. Cf. aussi G. Wienold, *Semiotik der Literatur*, Francfort, 1972, p. 120 ss. : « *Es handelt sich bei dramatischen Texten... um einen plurimedialen Text.* »
3. C'est la thèse de H. Gnüg, *Don Juans theatralische Existenz, Typ und Gattung*, Munich, 1974.
La thèse est évidemment solide ; ainsi que le dit de son côté Micheline Sauvage, Don Juan « a besoin du théâtre », *Le cas de Don Juan*, p. 125 et aussi p. 96-97. C'est un fait que les grands *Don Juan*, sans lesquels il ne serait probablement plus question aujourd'hui du mythe, sont des ouvrages scéniques. Il reste que les versions narratives se sont multipliées depuis un siècle et demi, même si elles sont souvent tributaires, on va tout de suite s'en apercevoir, des versions théâtrales.

Les versions non théâtrales sont pourtant nombreuses, romans et nouvelles, sans parler des essais, aux XIX et XXᵉ siècles, elles font partie de l'histoire du mythe. Qu'il y ait, du seul fait de ce transfert, métamorphose, on doit le prévoir, puisqu'il y a changement de genre, – plus exactement, on l'a vu, changement de système sémiotique. C'est l'objet des pages qui suivent.

Je ne puis aller au-delà d'un sondage ; je choisis, pour l'efficacité de l'exposé, quatre textes brefs, quatre nouvelles construites sur un thème commun qui reliera cette section à la précédente : un narrateur interne assiste à une représentation du *Don Giovanni* de Mozart ; un spectacle musical, au lieu d'être vu et entendu, sera raconté à un lecteur implicite qui n'a rien à voir ni à entendre.

Hoffmann	*Don Juan* (1813)	je spectateur de la représentation
Sand	*Château des Désertes* (1847)	je spectateur et comédien
Jouhandeau	*Don Juan* (1948)	il spectateur de la représentation
Des Forêts	*Les grands moments d'un chanteur* (1960)	je spectateur de la représentation

Le narrateur de Hoffmann, d'abord spectateur du *Don Giovanni*, en donne ensuite une exégèse qui fera date ; celui de G. Sand, accueilli dans une compagnie d'acteurs et de chanteurs, assiste puis participe à leur travail sur un scénario tiré de Da Ponte-Mozart, augmenté de quelques scènes de Molière. Les deux nouvelles du XXᵉ siècle tournent autour de l'interprète du rôle principal et de la fascination que ce rôle exerce sur lui-même et sur ses spectateurs, dans l'une et l'autre, une représentation de l'opéra est au centre du conte. Étant donné les prémisses théoriques posées plus haut, comment cette représentation est-elle mise en récit ? Et quelles sont les conséquences de ce transfert sur l'agencement et le sens du mythe ?

Le spectateur de théâtre reçoit sans intermédiaire un spectacle qui lui est livré dans sa totalité. Double totalité : il perçoit toute sa batterie polyphonique de messages superposés et simultanés, que le récit par une contrainte inévitable réduit à la monodie d'un seul code ; il le voit joué linéairement, d'un bout à l'autre, sans coupure, sans transpositions temporelles. Sur ce second point, le nouvelliste ou le romancier sont maîtres du temps ; à la limite, le texte peut commencer par la fin de l'opéra : « je vis bien qu'il y avait du Don Juan dans cette affaire. Le chœur était de Mozart, et chantait les admirables accords harmoniques du cimetière : *« Di rider finirai, pria dell'aurora... »*[1]. Une telle anachronie, exclue en principe du système théâtral, appartient de droit au récit. Celui-ci, qu'il suive ou non l'ordre des événements, n'est pas tenu de tout dire : « A huit heures précises, la pièce commença. Je craindrais d'être fastidieux en la suivant dans ses détails, mais je dois signaler que... » (ib. p. 151). Partiellement occultée, la représentation racontée est tronquée, écourtée, le spectacle est soumis à un tri qui le désarticule, on insiste sur quelques scènes aux dépens d'autres qu'on élide, sur tels personnages qu'on privilégie alors que d'autres sont effacés. Le voyageur hoffmannien n'a d'yeux et d'oreilles que pour l'introduction et les deux finales, il ne s'intéresse qu'à Don Juan et Anna ; ce qui revient à suggérer déjà, par les lacunes et les pleins du récit, l'interprétation qui sera explicitée dans la seconde partie du conte. Connaissant l'opéra qui appartient à la mémoire commune, le lecteur comprend d'emblée qu'on lui en propose une image déformée ; mis en alerte, il porte cette déformation au compte de celui qui lui parle. Dès qu'il y a un narrateur, ce grand absent du spectacle, et plus encore si ce narrateur est un personnage opérant au centre du récit, il y a mise en perspective, perspective unique et partiale, donc novatrice, dans le conte allemand, multiple au gré des soirées de travail et de l'évolution du narrateur interne dans *Le Château des Désertes*, où Don Juan, Anna, Elvire sont l'objet de jugements successifs et variables. À la manière d'un metteur en scène d'aujourd'hui, Hoffmann et

---

1. G. SAND, *Le Château des Désertes*, p. 99 ; je cite d'après l'éd. Paris, Lévy, 1866, réimprimée dans la collection « L'introuvable », 1977, même pagination.

G. Sand, parce qu'ils racontent à travers un narrateur impliqué dans la représentation, nous donnent leur propre *Don Giovanni*, qu'ils sont libres, plus libres encore qu'un metteur en scène lié à la linéarité du discours théâtral, de désorganiser et de recomposer.

Il en va autrement dans la nouvelle de Louis-René des Forêts qui raconte une représentation insolite à travers les impressions d'un spectateur désorienté ; celui-ci assiste, sans en comprendre les raisons, au sabotage progressif du rôle principal par le chanteur qui l'avait joué auparavant avec un talent exceptionnel. La mise en perspective provient ici d'une vision cavalière de l'opéra, évoqué allusivement, l'intérêt se portant tout entier sur l'interprétation qu'en donne l'acteur Moliéri : « C'est ainsi qu'au premier acte il se bornera à déformer de plus en plus grossièrement l'allure, le caractère de son personnage dont il fera un frère jumeau de Leporello, une sorte de bouffon libidineux, un coquin plat et cruel, une fripouille dépourvue de scrupules et que n'atteint jamais la conscience du péché »[1]. Ce qui transparaît ici, derrière le témoignage d'un personnage témoin, c'est l'opinion de l'auteur sur le héros de Mozart : en présentant l'image d'une déchéance, d'une figure caricaturale, il suggère a contrario ce que serait, dans une saine interprétation, la « grandeur solaire » du libertin tel que peut le concevoir un écrivain du XXᵉ siècle qui a lu Jouve (cf. « la conscience du péché »). Tout différent apparaissait le Don Juan de G. Sand que ses partenaires félicitaient de s'être montré « le plus froid, le plus railleur, le plus pervers des hommes ».

En transcrivant ainsi ce qui ressortit à l'espace scénique et à la gestuelle des acteurs, la monodie narrative, par les moyens qui lui sont propres, description, commentaire, rejet ou insistance, produit les changements de sens que le spectacle signifie par le jeu des interprètes et les partis d'un metteur en scène.

On vient de voir comment le récit, du fait qu'il découpe, retranche, focalise, nous transmet une version fragmentée ou condensée de

---

1. P. 138 de *La Chambre des enfants*, Paris, 1960, recueil où figure la nouvelle recensée, « Les grands moments d'un chanteur », j'y reviens plus loin.

l'opéra. Il se peut que la représentation soit au contraire étendue en deçà ou au-delà de sa durée propre. Les nouvelles ici réunies s'intéressent beaucoup aux relations de l'acteur avec son rôle : ce qui échappe normalement au spectateur sera révélé au lecteur ; celui-ci est introduit dans les coulisses, dans les intervalles ou les prolongements d'un spectacle, dans les confidences d'un interprète ; le narrateur hoffmannien reçoit celles de la cantatrice qui s'identifie tellement au rôle d'Anna – d'une Anna pathétiquement éprise de Don Juan – qu'elle ne survivra pas au dénouement ; celle qui se confond ainsi avec son personnage a sur le *Don Giovanni* des idées neuves à proposer : « Tandis qu'elle parlait de Don Juan et de son propre personnage, il me semblait que la profondeur de ce chef-d'œuvre se dévoilait à moi pour la première fois... » Le conte a fait ce qu'aucune représentation, à elle seule, n'eût pu faire : transformer l'image du mythe au XIXᵉ siècle en l'attribuant, par une fiction de poète, à la confession de cette Anna déchirée, traitée en interprète privilégiée, puisqu'elle en meurt, du génie mozartien.

L'adéquation de l'acteur à son personnage, ses effets sur le jeu, les réflexions qui s'en dégagent, voilà le thème central du petit roman de G. Sand. Célio, l'un des acteurs qu'elle réunit au Château des Déserts, est en principe destiné au rôle du Séducteur ; mais s'il se sent de la tendresse pour Cecilia, pourra-t-il le chanter ? « Après tout, ajouta-t-il en passant la main sur son front, qui sait si j'aime ? Voyons ! Il chanta *Quando del vino*[1], et il le chanta supérieurement. – Non ! non ! s'écria-t-il satisfait de lui-même, je ne suis pas fait pour aimer ! » (p. 147). Qui chante bien Don Juan n'est donc pas amoureux, c'est du moins le raisonnement de la romantique Sand ; comment le soutenir, si ce n'est en le prêtant, comme ici, à l'un de ses comédiens s'entretenant, hors de scène, entre deux répétitions, avec le narrateur ? L'envers du théâtre est finalement plus important que le théâtre lui-même. L'acteur chante l'air du champagne

---

1. Il s'agit bien entendu de l'air *Fin ch'han dal vino* qui annonce la fête du 1ᵉʳ finale et la volonté d'augmenter la liste d'une dizaine de noms.

pour lui seul, pour mettre son cœur à l'épreuve du chant. Grâce à la présence et aux indiscrétions de son narrateur, le récit est en mesure de dévoiler ce qui demeure caché au spectateur de l'opéra ; c'est l'un des effets de ce passage du dramatique au narratif.

Dans le conte à demi fantastique de Jouhandeau, le chanteur qui incarne à la perfection le héros de Mozart – « était-ce Don Juan ressuscité ? » – demeure inaccessible et mystérieux ; de la représentation elle-même, à Salzbourg, presque rien n'est dit, si ce n'est le fait de cette incarnation surprenante, d'autant plus émouvante pour M. Godeau qu'il croit voir sur la scène, tant la ressemblance est grande, l'ami perdu qui avait été hanté sa vie durant par le mythe et se proposait « d'écrire un Don Juan ». On devine une triple identification qui est à l'origine du trouble ressenti ; serait-ce le même ? L'essentiel du conte, ce sont les effets de cette vision d'un soir, la poursuite de cet acteur fantôme dont on apprend que lui aussi s'est tellement identifié au Séducteur qu'il ne consent à chanter que ce rôle : « On racontait qu'il s'était si spécialement voué à l'étude de ce personnage qu'il en connaissait par le menu toute l'histoire, celle aussi de toutes les fables et de toutes les œuvres qu'il avait inspirées. Brante vivait entouré des reliques de Don Juan et des images célèbres qui à chaque instant le lui rappelaient. En docteur initié, il se moquait volontiers de ce dévot fondateur de l'hôpital de Séville, Miguel de Mañara, qu'on veut faire passer pour Don Juan converti… Brante, en somme, revêtu ou non de la figure de Don Juan ne réussissait plus à vivre à son compte, au point qu'il ne savait où finissait ni où commençait son rôle. De là une légende et le succès prodigieux de l'interprète. On venait des quatre coins de l'Europe déjà pour l'entendre, bien qu'il fût célèbre depuis peu ; « C'est Don Juan lui-même, disait-on » (p. 38-39).

Qui est donc ce chanteur insaisissable, invisible hors de la scène, où il n'apparaît en pleine lumière qu'invisible encore, dissimulé sous le masque du héros imaginaire ? Peut-être n'est-il que l'ami disparu, revenu pour réaliser « après une mort fictive son rêve le plus secret qui était cette réapparition de lui en Don Juan de théâtre ou cette réincarnation posthume en lui de Don Juan lui-même ? » (p. 52).

Questions qui demeureront sans réponses nettes, énigmes où se mêlent la mort et le jeu théâtral, incertitudes d'une poursuite née de la fascination qu'exerce le héros de Mozart sur celui qui le joue non moins que sur ceux qui l'ont vu jouer : ce récit ambigu, interrogatif, focalisé sur un témoin dont le nom (M. Godeau) montre assez qu'il se distingue mal de l'auteur, c'est l'histoire intérieure de ce qui se passe dans un esprit envahi par le mythe. Bon exemple de l'une des frontières de genres proposées plus haut : à la différence du texte représenté, la formule narrative favorise, par la présence d'un narrateur ou de son substitut, l'interprétation subjective du spectacle, ou, comme ici, de ses conséquences sur le chanteur et l'auditeur.

C'est une énigme encore, et portant également sur le rapport de l'acteur à son rôle, que pose la nouvelle de Louis-René des Forêts, « Les grands moments d'un chanteur[1] ». Un chanteur plus éclectique sans doute, mais dont le *Don Giovanni* jalonne la carrière en ses points forts, telle que la retrace le narrateur ; un musicien du nom de Molieri (pourquoi ce nom ? Celui qui se confond avec le théâtre ?) mène une existence modeste d'instrumentiste dans un orchestre dont il apprécie l'anonymat ; pourtant, lors d'une représentation du *Don Juan* de Mozart, il est amené à remplacer au pied levé le titulaire du rôle principal, tombé malade à l'entracte. À la surprise de tous, à la sienne aussi peut-être, c'est un succès, il se montre admirable tant par la voix que par le jeu. Ainsi commence une carrière triomphale, qui va s'achever comme elle a commencé, de la façon la plus insolite, par le *Don Giovanni*, « après une mystérieuse odyssée intérieure dont nous ne savons rien » (p. 137). Le narrateur est présent à cette soirée qu'il raconte telle qu'il la perçoit, sans bien comprendre ce qui se passe. Ce que l'on devine, c'est que Molieri, de façon d'abord imperceptible, puis graduellement évidente, altère, déforme, détruit son personnage, le jouant *à côté*, puis s'attaquant à la musique, ajoutant des fioritures, des vocalises, poussant « le mauvais goût jusqu'à faire sangloter sa voix »

---

1. *La Chambre des enfants*, Paris, 1960, p. 101-182.

(p. 140) ; on comprend qu'il sabote délibérément le rôle et la représentation.

Des Forêts met son art d'*écrivain* à transcrire avec les mots cet
échec du jeu et du chant. En voici un exemple d'autant plus sai-
sissant qu'il décrit la « scène terrible », le face-à-face final avec le
Mort, et qu'à travers le portrait négatif du héros en cet instant définitif on peut lire ce qu'il serait idéalement, s'il était correctement
joué ; on est invité à déduire du Don Juan falsifié le vrai Don Juan,
du moins celui que rêve le conteur combinant Molière, Baudelaire,
Jouve, mélange de rébellion et de culpabilité, figure glorieuse
que dénature une interprétation systématiquement bouffonne :
« Molieri ne fut donc pas le grand libertin qui, pour avoir eu au
contact de la main de pierre la révélation très claire de la mort et
du péché, n'en jette pas moins à la face pétrifiée de cette énorme
statue justicière son quintuple et glorieux défi, mais un homme
dépravé que son appétit de jouissance aveugle au point de nier
tout ce qui le rappelle à la conscience de sa faute. Aux implacables
sommations de la Statue, il riposte par des « non ! » qui s'effritent
en éclats de rire ; aucune bravoure dans ce refus de s'amender qui
n'est à ses yeux qu'un jeu sans conséquence ; cette grande figure
qui se déplace et parle avec solennité n'est elle-même qu'un fantôme dont il ne peut que rire comme d'une farce jouée à ses sens
par l'excès de nourriture et de vins, et c'est ainsi qu'il rit – du rire de
l'incroyance totale, tandis que la main serrée dans la main glaciale,
il affecte de mourir de peur. *Che smania ! Che inferno ! Che terror !
Ah !* Ces dernières paroles et jusqu'au cri extrême, il les chanta
sur le mode bouffon de qui ne croit pas à ce qu'il dit et s'amuse à
s'effrayer lui-même. Effroyable sacrilège, attentat scandaleux qui
lui valut d'être sifflé et conspué par une salle démente tandis qu'il
gesticulait au milieu des flammes et, tel un pitre de comédie, se
laissait engloutir dans le gouffre pénal qui n'était peut-être encore
qu'un mauvais rêve d'ivrogne » (p. 241-242). On aura noté la forte
densité de négations, de *ne...que*, de termes dépréciatifs, depuis
dépravé et *aveugle* jusqu'à *gesticulait* et *rêve d'ivrogne* s'opposant à

la grande image jouvienne du contestataire saisi par la vision *de la mort et du péché.*

L'intérêt de cette page est de présenter l'une dans l'autre les deux faces, héroïque et bafouée, du libertin ; la plénitude et la dérision se disent l'une par l'autre ; c'est un privilège du texte narratif de pouvoir superposer ainsi deux points de vue contrastés.

Quant aux raisons qui ont pu provoquer chez le chanteur génial ce suicide public, elles resteront obscures, malgré l'enquête du narrateur intrigué. Ce qu'on croit comprendre, après cette représentation où l'on a vu l'acteur se retirer de son personnage, se dissocier savamment de son rôle, c'est qu'il refuse de donner plus longtemps le change. Ce talent, cette voix qu'on admirait, ce n'était pas lui, c'était quelqu'un qui avait pris sa place, faisant de lui « un homme dépossédé », c'était un masque trompeur que, jouant et chantant, il imposait à autrui ; c'est la figure, plus généralement, de l'auteur dans sa fiction, du locuteur, quel qu'il soit, dans sa parole. On justifierait cette lecture par celle d'un récit parallèle, mais beaucoup plus complexe, de Louis-René des Forêts, *Le Bavard,* où l'on peut lire ces mots qui s'appliquent si bien au fiasco volontaire du chanteur : « Imaginez un prestidigitateur qui, las d'abuser de la crédulité de la foule qu'il a entretenue jusqu'ici dans une illusion mensongère, se propose un beau jour de substituer à son plaisir d'enchanter celui de désenchanter... » (p. 141). Auteur, acteur, chanteur, tel est, semble-t-il, le dilemme : mentir ou se taire.

Nous avons quitté Don Juan pour la problématique singulière d'un écrivain. C'est encore une propriété du récit de contenir, au moins en droit sinon toujours en fait, l'esquisse de sa propre exégèse ; le narrateur ne se laisse pas aisément réduire au silence ; le meilleur exemple en est le conte de Hoffmann, qui s'achève en essai ; l'œuvre théâtrale est en principe plus close ; comment les acteurs, seuls autorisés à parler, pourraient-ils s'exprimer, sauf cas de transgression, sur la pensée explicite et les intentions du dramaturge ?

Au terme de ce chapitre sur les métamorphoses que j'ai nommées *latérales* puisqu'elles sont produites par transposition de genres, il faut constater que ces changements de mode ne sont pas seulement synchroniques ; les XVIIe et XVIIIe siècles présentent une grande mobilité modale, mais toujours à l'intérieur du système dramatique : le thème glisse, on l'a vu, du drame écrit aux versions semi-orales de la comédie italienne, revient à l'écrit, passe au chanté, à l'opéra qui domine la fin de la période. Le grand clivage formel, marqué par les transpositions en récit dont les pages précédentes donnent une petite idée[1], coïncide avec l'aventure romantique pour se prolonger jusqu'à nos jours, en concurrence avec les tentatives dramatiques puis avec l'essai de toute espèce, les études historiques et critiques ; on n'hésitera pas à y adjoindre, pour la période récente, certaines mises en scène d'œuvres classiques, du *Dom Juan* de Molière en particulier, auxquelles on doit reconnaître la valeur d'essais critiques non écrits.

Nous assistons donc, depuis un siècle et demi, à une ouverture de l'éventail des genres, à une dispersion du thème donjuanesque dans les formes les plus diverses, en même temps qu'à une rencontre et à une collaboration de ces formes les unes avec les autres.

---

1. Le sondage devrait être étendu à d'autres récits, étudiés dans la même perspective qui serait vérifiée et nuancée. Un seul exemple : le roman, très remarquable, de Torrente Ballester, *Don Juan*, Barcelone, 1963 ; en sa dernière partie le narrateur assiste, dans un petit théâtre du Paris contemporain, à un *Don Juan* qui, appartenant à la fiction, est inconnu du lecteur, à la différence du *Don Giovanni* ; il est donc raconté, il faudrait dire *reproduit*, dans son entier.

III

Don Juan aujourd'hui

Ce prestige de Don Juan que trois siècles n'ont pas éteint

M. FOUCAULT.

Pour moi Don Juan est d'un bon siècle passé de mode

B. SHAW.

Est-il mort ? Est-il vivant ? Le fait est que les *Don Juan* pullulent aujourd'hui, sous toutes les formes et dans tous les genres, drames, romans, essais, études ; on écrit – ou récrit – la vieille histoire, avec des variantes, des prolongements, des déviations parodiques dont les chapitres précédents ont ici ou là fait mention. On parle de Don Juan, on écrit sur Don Juan comme s'il nous concernait encore, comme si notre temps espérait, à travers lui, interroger et comprendre ses propres énigmes. Et on rejoue les grands textes du passé, en les réactualisant ; cela est vrai de l'opéra de Mozart et plus encore de la pièce de Molière, passionnément redécouverte, réinventée, retravaillée par les hommes de théâtre depuis Jouvet et Brecht. Oui, il semble qu'on puisse donner raison à Michel Foucault qui constate, en 1976, « ce prestige de Don Juan que trois siècles n'ont pas éteint[1] ».

Je dirai même : que trois siècles ont confirmé et accru, car c'est l'époque moderne, depuis le romantisme, qui a ancré dans nos esprits, et popularisé sinon le mythe, du moins le personnage. Mais comment ? Au prix, on l'a vu, de transformations et de renversements sans lesquels ce prestige se serait depuis longtemps éteint ; pas de vie sans métamorphoses, à condition toutefois, pour que

---

1. *La Volonté de savoir*, Paris, 1976, p. 54.

nous en rendions légitimement compte, que ces métamorphoses se produisent dans les limites du système fondateur.

Qu'en est-il du foisonnement actuel? Il va de soi qu'il se manifeste, comme autrefois, à travers toutes sortes de déplacements d'accents, de substitutions d'attributs, de grossissements ou de fléchissements de l'un ou l'autre des pivots constitutifs.

C'est sur le héros que porte d'abord l'action déformante, aux dépens de ses liaisons avec le Mort; un héros par conséquent isolé de son contexte structural et de sa résonance mythique aussi bien par les psychologues au nom d'un donjuanisme clinique que par les politiques qui l'insèrent dans une interprétation globale de la société. Quant au groupe féminin, il ne peut manquer d'être modifié par les transformations qui affectent de nos jours le point de vue de la femme sur l'homme et l'ensemble des rapports intersexuels. On croit donc percevoir ici ou là des signes de fêlure, peut-être de désintégration.

De tous les attributs de Don Juan recensés au fil des pages précédentes, c'est celui que les prototypes du XVIIe siècle laissaient dans l'ombre, c'est le chasseur avide, le jouisseur voluptueux, l'homme de plaisir que la mémoire moderne a privilégié. (On notera que le mot *donjuanisme* n'apparaît qu'au milieu du XIXe siècle). On rappelle l'air *Fin ch'han dal vino* pour relever la sensualité gourmande du chasseur de femmes, son appétit de fêtes et de nourritures; l'attention se porte de nos jours sur l'être de désir, et en scrute les secrets: pourquoi cette recherche infatigable, cette convoitise sans terme?

On écarte, bien sûr, la solution romantique, Hoffmann et ses suites, fortement suspectée d'idéalisme, pour interroger les troubles profondeurs de la psyché. Que se cache-t-il derrière l'inaptitude foncière à la fidélité? On sondera le passé, l'enfance de Don Juan; mais un personnage de fiction a-t-il un passé, si les textes ne le lui ont pas donné[1]? Il y a des interprètes pour le lui supposer, mais au risque

---

1. C'est le roman moderne qui peut s'y aventurer, et déjà la biographie romanesque imaginée par Byron; une mère, des amours juvéniles. De même Delteil, T'Serstevens...

de confondre le héros mythique avec le patient, avec le don-juan commun que le psychologue examine, que le thérapeute prétend traiter ; le mythe se dissipe, ou se fait relayer par d'autres modèles mythiques : Narcisse, Tristan, Œdipe... On alléguera le mauvais fils du XVIIᵉ siècle, qui s'attaque au père et rêve chez Molière de le faire mourir. Mais où est Jocaste ? Pour être implicite, la référence à Œdipe est claire quand Jouve dit de Don Giovanni qu'il tend « toujours vers une Forme du passé, une mère inaccessible qu'il veut posséder... » (p. 107). Voilà le substitut maternel, et la question que pose à chaque cas le psychanalyste : où est la mère ? Celle-ci est obstinément absente des textes[1]. Mais cette absence même n'a-t-elle pas un sens, qu'il importerait de déchiffrer[2] ?

Dès qu'il y a un secret qui ne s'avoue pas, on aura des masques à dénoncer et à lever : virilité indécise (Marañon), peur de la femme muée en poursuivante (Shaw, Frisch), paralysie narcissique ou préférence pour son propre sexe ; c'est Jouve encore qui, reprenant après Rank la figure du double formé par le maître et le valet, conscience haute et conscience basse d'une même entité, croit « entrevoir la vraie nature psycho-sexuelle de Don Juan et sa tendance majeure qui n'est pas du côté des femmes » (p. 63). C'est à cette catégorie d'interprétations que pense sans doute Foucault quand il voit percer « sous le libertin, le pervers », traversé « par la sombre folie du sexe » et mû par la « fuite dans la contre-nature » (La *Volonté de savoir*, p. 54).

Quel retournement ! Du rêve utopique, emphatiquement proclamé par les héros de Molière et de Mozart : jouissance illimitée par la conquête de toutes les femmes, voilà maintenant le mâle triomphant, « l'ogre érotique » (Jouve), « l'homme de la dépense et

---

1. Quelques exceptions, plutôt marginales : outre Byron, le très curieux drame de D. Laverdant, *Don Juan converti*, Paris, 1864, où Claudel aurait trouvé son bien : une Anna-Prouhèze, une mère priante, un Christophe Colomb entraînant Don Juan sur les mers, à la conquête de nouveaux mondes... Et Obey, *L'Homme de cendres* (1949).

2. Sur « l'hypothèse » psychanalytique, voir M. SAUVAGE, *Le Cas Don Juan*, chap. IV, 2, et p. 40 ss.

de l'excès » (J. Starobinski) tombé dans l'insuffisance physiologique, les érotismes déviés et les petites perversions, quand ce n'est pas dans l'asservissement matrimonial (le dernier acte de Frisch). Du XVIIᵉ au XXᵉ siècle, le tragique a passé du ciel sur la terre ; le destin est descendu dans le corps, dans les fatalités du passé personnel ou familial. « Les Don Juan de jadis étaient des «damnés» ; celui-ci est un obsédé ; en cela encore bien moderne » (Montherlant).

Telle est sans doute l'une des impasses paradoxales auxquelles pouvaient aboutir le désir sans fin et la polygamie indifférenciée. Ce n'est pas la seule concevable. Don Juan – ou le donjuanisme ? – est mieux servi par Michel Butor qui transpose sa « sexualité polymorphe » en passion intellectuelle et géographique, en curiosité infinie qui, renonçant au seul objet féminin, « caresse la terre entière », comme si elle était toutes les femmes réunies en une seule. Butor rend ainsi justice, tout comme Chéreau, mais pour d'autres raisons, à un trait constant depuis Tirso : le nomadisme du chasseur de plaisirs. Et s'il se livre lui-même à la polygamie donjuanesque, c'est en poésie et en strophes qui superposent, au quatrième vers de ses séries de dizains parallèles, les noms féminins invoqués par les dragueurs de tous les faubourgs et villages des Yvelines ou d'ailleurs : Madelon, Marotte, Dorine, Angélique, Elvire..., ou bien Cordélia, Desdémone, Ophélie, Miranda... L'écrivain ne chasse qu'en terres de littérature, Molière, Shakespeare :

> En vain dame dans mes incendies
> rebut je me lacérais stupide
> si belle au congrès suave
> capiteuse Mariane miroir...[1]

De toute façon, il semble bien que le point de vue sur le Séducteur soit en train de se modifier. Les mœurs ont changé depuis le XVIIᵉ siècle, la misogynie parle un peu moins haut, les femmes ont

---

1. *Obliques*, nº 4 (1974), p. 3 ss ; et *Une Chanson pour Don Juan*, Dijon, Gaston Paul, 1975, avec des gravures d'Ania Staritsky.

acquis plus d'autonomie et de responsabilité, on ne les enlève plus, on ne les garde plus comme des enfants; les alliances se rompent, les interdits moraux et sociaux ont perdu de leur force. Que signifient dès lors les manœuvres du voleur de femmes? Si la chasse subsiste, elle recourt à d'autres pratiques, à d'autres prestiges. Et que devient le rôle d'un Commandeur qui laisserait l'entrée libre à l'intrus et ne se reconnaîtrait plus le droit de châtier? Rien d'étonnant que des spectatrices milanaises du *Dom Juan* de Molière aient pu dire, il y a peu de temps : cette histoire nous concerne-t-elle encore? Réaction à fleur de peau sans doute, qu'une voix féminine française explicitera, prospectivement : « Je dis croire à un avenir meilleur. Pourquoi ne pas avouer que dans cet avenir je vois disparaître peu à peu les femmes qui ont fait Don Juan? Quand il n'y aura plus de mensonges entre l'homme et la femme, quand l'amour ne sera plus pensé en termes de chasse ou de guerre, quand il aura pris le clair visage de la confiance mutuelle – je rêve? mais ce rêve n'a-t-il pas déjà fait quelques pas dans la réalité, ne s'est-il pas trouvé déjà quelques hommes pour élever la femme aimée à leur niveau et s'engager avec elle sur des sentiers non battus? – alors Don Juan lui-même en sera transformé »[1]. On peut se demander s'il sera encore Don Juan; peut-il y avoir place, dans cette relation euphorique, pour le profanateur de l'amour, pour le dominateur sadique? Évidemment non, si les femmes « qui ont fait Don Juan » cessent d'exister, c'est leur bourreau qui sera condamné à mort. La moralité et le bonheur y gagneront, mais la littérature? La littérature se nourrit de monstres.

C'est d'une voix masculine que tombe un verdict analogue, mais, étant porté au nom de la littérature, pessimiste : « Je crois que la grande époque de Don Juan est passée…, les conditions qui le feraient vivre et prospérer manquent peut-être dans la société d'aujourd'hui. Aucune des mythologies contemporaines ne semble se tourner vers le donjuanisme. Ce n'est plus à travers l'amour,

---

1. Françoise HAN, « L'avenir de Don Juan », *Europe*, janvier-février 1966, numéro consacré à *Molière combattant*, p. 98

comme le faisait le Don Juan du xviiᵉ siècle, que l'homme cherche à exprimer son défi à la morale, son goût de la violence, de la profanation des sentiments honnêtes ». Tel est le pronostic de l'un des plus parfaits connaisseurs du sujet, Giovanni Macchia[1].

Le Don Juan que nous voyons aujourd'hui mis en question ou condamné à terme, c'est le polygame et ses méthodes périmées, c'est l'homme du désir sans fin et de la jouissance excessive. Mais, on le sait, il n'y a pas en Don Juan que le seul séducteur et le seul voluptueux ; par-delà le prédateur et le monotone objet de ses conquêtes, on a toujours su reconnaître en lui, dès l'origine, le réfractaire, le transgresseur, celui, pécheur ou délinquant, qui se met insolemment en rupture et à l'écart des cadres et des normes. De ce déviant qui devait l'essentiel de son prestige à son destin final, à sa rencontre avec le Ciel, le romantisme a fait le hors-la-loi, le glorieux révolté dont sa mythologie avait besoin ; et la nôtre, à son tour, privilégie en Don Juan, dans la même ligne, soit le représentant marginal d'une classe dont il rejette les valeurs, soit l'opposant, l'homme du refus dans une société où il n'a plus sa place. On voit pointer la perspective sociologique ; on en trouve les meilleurs exemples dans les adaptations et les mises en scène récentes de la pièce de Molière. À commencer par Brecht lui-même, dont ces interprétations sont les héritières.

Dans la traduction arrangée *(Bearbeitung)* qu'il a donnée du *Dom Juan* (1952), Brecht retranche ou fractionne d'un côté, ajoute de l'autre, intervertit ou modifie certaines scènes, augmente la figuration : un médecin, une cuisinière, des rameurs, prolétaires au service du grand seigneur ; c'est qu'il donne une version critique, rectifiant les intentions qu'il prête à Molière : « Nous ne sommes pas du côté de Molière. Celui-ci vote pour Don Juan... » (ce qui est, à coup sûr, discutable) ; Brecht infléchit le rôle de façon à rendre le héros négatif : un jouisseur qui abuse de sa condition et de sa richesse pour séduire, un libertin dont l'incroyance n'est ni « combattante »

---

1. *Vita avventure e morte di Don Giovanni*, Bari, 1966, p. 69.

ni « progressiste » ; il prétend faire voir dans l'homme de plaisir le parasite social : « *Wir sind gegen parasitäre Lebensfreude* »[1]. Avec un minimum de modifications, la pièce de Molière glisse en direction de Brecht, qui soumet à la critique moins un personnage qu'à travers celui-ci une classe et un moment d'histoire politique.

Une vingtaine d'années plus tard, utilisant la même méthode de pensée et le même point de départ : un Don Juan oisif et parasite représentant la noblesse de Cour, mais la trahissant pour passer à l'opposition, le brechtien Patrice Chéreau, en disciple original, creuse et nuance le portrait et aboutit à des résultats différents. Don Juan devient à ses yeux un « intellectuel progressiste, qui vit en contradiction entre sa morale et sa situation sociale, et travaille à l'érosion du vieux monde féodal. Mais il a besoin de ce vieux monde pour vivre », ce qui le met en porte à faux, à la fois ennemi de sa classe et de ses valeurs et dépendant d'elles pour ses ressources et son mode de vie ; héros positif parce que traité en opposant inventant une « morale matérialiste », négatif parce que sans prise sur le réel, peut-être né trop tôt, ce qui fait dire hardiment à Chéreau : « Le libertinage est de ces morales progressistes qui poussent à la révolution sans la faire »[2].

À cette lecture historique, selon un critère actuel, d'une pièce du XVIIe siècle, on admettra que celle de Molière se prête mieux qu'une autre, en raison du caractère intellectuel, loquace et agressif de son héros, de la diversité aussi des personnages qu'il croise sur son chemin. De toute façon, la pleine originalité de Chéreau est dans la façon dont il réalise ses intentions déclarées : cohérence de la mise en scène, du décor et de la direction d'acteurs, qu'il n'est pas possible d'analyser ici ; on se reportera au fascicule de *L'Avant-Scène* consacré à ce travail théâtral, illustré et commenté par Gilles Sandier (1976).

J'en retiens toutefois un trait qui introduira au point qu'il me reste à aborder : le dénouement, les apparitions du Mort. C'est une situa-

---

1. *Stücke*, Francfort, 1959, t. XII, p. 190, Cf. H. Gnüg, *Don Juans theatralische Existenz*, Munich, 1974, p. 116.
2. Introduction au *Dom Juan de Molière dans la mise en scène de P. Chéreau*, Paris, éd. de l'Avant-Scène, 1976, p. 20 et 27.

tion qui doit, plus que toute autre, poser aujourd'hui un problème difficile. Comment la faire passer ? Que faire de l'encombrante statue qui gênait déjà Goldoni ? Chéreau ne l'escamote pas, il l'interprète, il la traduit en allégorie, dans la ligne rigoureuse qui est la sienne : un emblème du pouvoir politique, que Gilles Sandier décrit comme suit : « une espèce de brute en plâtre, un catcheur caparaçonné, celui qui se mettra en marche, après s'être multiplié par deux, à la dernière scène de la pièce, pour abattre Don Juan à coups de poings et de pieds » *(Avant-Scène*, p. 58). Pas de trappe, le corps de Don Juan reste étendu sur le sol, bien visible ; lumière étale, aucun effet d'éclairage et d'obscurité, nul mystère, rien de fantastique ; deux C.R.S. assomment le réfractaire ; un fait divers policier, cruel et ordinaire ; on ne saurait mieux actualiser une certaine image du XVIIe siècle louisquatorzien, autoritaire et répressif. L'aventure édifiante autrefois imaginée par un théologien espagnol se trouve sécularisée et transposée ; dans le pécheur à qui la grâce était refusée on nous fait voir un dissident fiché par la police et exécuté sans jugement par un pouvoir arbitraire.

Il y a d'autres solutions pour se débarrasser du dénouement sur-naturel ; Goldoni ne supprimait pas l'Invité de pierre, il le rendait inopérant. Frisch le supprime, ou plutôt lui substitue une ruse scé-nique ; on connaît le stratagème auquel il a recours : c'est Don Juan lui-même qui met en scène sa descente aux enfers ; en montrant au public l'envers et les coulisses du surnaturel, on l'abolit. Et Frisch en donne clairement la raison, en sceptique moderne : « l'Absolu – on n'attend guère d'un dramaturge actuel qu'il le fasse apparaître sous la forme d'un convive de pierre. Que ferions-nous de cette appari-tion aussi effrayante qu'un épouvantail à moineaux ?... Lequel de nos spectateurs croit que les morts outragés reviennent réellement pour s'asseoir à notre table ? » (Postface.)

Il y a des publics modernes, grands consommateurs de récits fantastiques et de feuilletons télévisés qui ne refuseraient peut-être pas leur adhésion à un spectacle d'apparitions ? Mais Frisch est logique avec lui-même, puisque son Don Juan est un anti-Don Juan qui ne croit pas à son propre personnage ; aussi s'en délivre-t-il en le mettant à mort, théâtralement. Ce geste symbolise avec exactitude le suicide moderne du mythe.

Faut-il introduire ici, en contraste, un ouvrage qui pourrait suggérer une conclusion différente ? C'est l'opéra de Strawinsky et Auden, *The Rake's Progress* : un libertin aux prises avec des forces obscures qui l'oppriment et le perdent, une Anna dont l'amour fidèle se sacrifie au héros, comme chez Zorrilla, un couple maître-valet où Leporello serait Méphisto ; si c'est Don Juan, c'est un Don Juan malgré lui, pénétré de tradition romantique, et finalement plus proche de Faust que du Burlador. G. Macchia, qui nous invite à placer l'opéra dans la série donjuanesque, s'appuie sur la scène du cimetière (III, 2), effectivement superposable à celle de *Don Giovanni* : « Mais à la place du Commandeur, c'est Nick Shadow, le diable, qui demande son âme à une sorte de Faust sans jeunesse, et qui n'a en réalité nullement joui de la vie... » (*op. cit.*, p. 66). Dans cette œuvre que traverse un puissant souffle mythique, le souvenir du Séducteur dialoguant avec le Mort est bien effacé.

Conclura-t-on à la mort définitive de Don Juan ? On pourrait le craindre, si l'on admet – c'est la thèse constante de cet essai – que Don Juan n'a vécu jusqu'à nous et ne peut vivre que comme mythe, et qu'il n'y a pas de mythe sans la présence symbolique, proche ou lointaine, de la mort. Don Juan tombe en poussière si son aventure ne s'achève par le combat nocturne avec l'apparition, ou tout autre équivalent fantastique.

Il est probable que de nos jours le merveilleux ne peut qu'être parodié (Montherlant, Ghelderode), esquivé (Chéreau), transposé (Torrente Ballester) ou démonté (Frisch) – à moins que n'interviennent les poètes, qui voient plus loin, qui sont en familiarité avec l'envers du décor ; ils perçoivent le sens profond du drame donjuanesque, soit qu'ils l'appliquent à leur expérience intime, soit qu'ils lui restituent sa charge mythique. C'est à quelques-uns d'entre eux que je laisse, pour conclure, la parole. Gracq : « La dernière scène de *Don Juan* pourrait servir à illustrer d'une manière tragique une tentation congénitale à l'artiste. Il vient toujours dans sa carrière un moment assez dramatique où s'invite d'elle-même à souper au coin de son feu une statue qui n'est autre que la sienne, dont la poignée de main pétrifie... »[1]. Bonnefoy : « Que fait Don Juan en effet ? Possède-t-il une femme, une promesse s'évanouit, qui le fascinait, il a l'impression de ne rien avoir, mais la promesse déjà s'est reformée dans une autre femme, d'où cette poursuite toujours vaine. Cette promesse, qui naît de l'apparence, c'est celle d'une transcendance mystérieuse qui pourrait, si elle se donnait, combler Don Juan..., c'est l'affleurement de l'être dans la figure des choses »[2]. Et Jouve, à qui il faut toujours revenir, parce qu'il nous a donné, en marge du *Don Giovanni*, l'ayant porté et souffert en lui-même, le grand *Don Juan* de notre temps ; il y voit un combat spirituel dont le heurt final fait le sommet d'intensité : « Nous éprouvons le sentiment, nous avons la certitude d'avoir, depuis le début de la scène extraordinaire, où un personnage de soie blanche, tournant le dos à la salle, est seul en face d'une gigantesque statue, constamment monté dans l'atmosphère de l'angoisse. Le pêcheur va de station en station ; le Pas – le temps – se fait minute par minute plus terrible » (p. 238). Ce n'est pas un hasard si Jouve, appuyé sur Mozart, est l'un des seuls aujourd'hui à ne pas sous-évaluer le sens de l'apparition fantastique ; il restitue au face-à-face du vivant et du Mort sa sombre valeur : « Le châtiment du mal par la mort s'accomplit de façon éclatante. Et là, dans le monde clos de l'homme fatal et de l'homme idéal, où les deux gladiateurs se livrent une lutte sans merci, l'œuvre a toute sa profondeur » (p. 268). Poète de la faute et de la mort, Jouve ne pouvait méconnaître la gravité de ce qui est à ses yeux « duel mystique ».

Mais les poètes sont de nos jours des solitaires. Peu les entendent. Dira-t-on que Don Juan, comme mythe, semble condamné ? Oui, sans doute, si l'esprit général, la température culturelle dominante demeurent ce qu'ils sont. Mais qui sait ? Les temps changeront, et avec Don Juan rien n'est jamais joué ; il a manqué périr au XVIIIe siècle ; il pourrait renaître une fois encore. Il y suffirait d'un nouveau Mozart !

1. *André Breton*, Paris, 1948, p. 9.
2. *Rome 1630*, Milan-Paris, 1970, p. 37.

ANTHOLOGIE

Le Mort punisseur

Lenau. J'aime faire un tour au cimetière.

C'est l'Invitation, première infraction grave, qui provoque l'indispensable retour du Mort, Faute de place, la série se réduit ici à un seul texte, celui du romantique Lenau, qui reprend et amplifie tous les éléments traditionnels de la scène.

CATALINON. – Qu'avez-vous à faire ici avec les morts?

DON JUAN. – Quand je suis chaud et las de plaisir et que la vie trop lourdement m'étreint, j'aime faire un tour au cimetière, c'est pour moi comme une limonade de l'âme. Je lis sur les dalles de fraîches histoires, du marbre ruisselle encore l'eau des larmes, mélodieusement, en cascades de rimes, que des yeux secs depuis longtemps ont cessé de pleurer. J'entends le souffle de soupirs depuis longtemps exhalés, sur la pierre la douleur se vante de ne jamais passer, autour de l'urne s'enroule avec les roses le rêve d'un revoir.

Ainsi l'ironie loquace des tombes rafraîchit la chaleur de mes sens; et pour retrouver plaisir au plaisir, je bois ici une gorgée de l'horreur de mourir. – C'est pourtant ce qui ne saurait m'advenir, la joie en moi ne bouillonne plus; ses ailes sont-elles paralysées déjà? Ou promises à une autre vie? Je ne sais, mais souvent j'éprouve une secrète peur.

Comme le disent les lettres dorées de cette épitaphe, ci-gît un homme que j'ai tué. Ah, qu'elle est bavarde, l'inscription! Elle souhaite au défunt la douceur du sommeil, jusqu'au jour où ressuscitera sa dépouille; elle vante aussi sa rare capacité de vertu, et elle prédit pour finir que la colère divine frappera le meurtrier. Eh bien! si le châtiment est aussi sûr que la résurrection, elle ment, l'inscription! Mais, il y a là aussi la statue de l'homme – j'allais ne pas la voir – sculptée dans sa pierre.

(Il regarde la statue.)

Étrange, sur ce sot visage, la grave lumière de la lune... Tu ne m'en imposes pas, figure de pierre! Toi qui fus autrefois gouverneur et voleur, Mort, tu n'es plus rien, tu es ce que tu fus. La menace de ton épitaphe, on en rit; qui se soucie que j'aie, sans cérémonie, changé ton bruyant néant en ce néant muet. Mais si tu es quelque chose, alors montre-le moi, apparais ce soir à minuit chez moi, viens réchauffer ton cœur glacé aux charmes des belles filles et au vin de la terre dont tu te passes depuis longtemps. Eh bien! viendras-tu? – Ah! il me semble que la figure de pierre m'a fait un signe. As-tu vu?

CATALINON. – Moi, non; venez, cessez de vous agiter, sinon à force de m'ennuyer ici, je pourrais y rester tout entier.

LENAU, *Don Juan, poème dramatique*, scène 15, 1844, publié posthume en 1851. (Je traduis).

Je donne ce seul exemple d'«invitation au Mort»; on y ajoutera, outre la scène modèle de Tirso: « Ce soir à dîner je vous attends », les versions d'Acciajoli, de Molière (III, 5), de Bertati: « Et pour qu'elle voie bien que j'en ris à gorge déployée, invite-la à souper avec moi. », de Grabbe: « Nous verrons si une ombre osera se mesurer à la lumière du plaisir, à la chair, et au sang », etc.

Tirso de Molina. Il n'est pas de délai qui n'arrive.

Dans la chapelle funéraire, où Don Juan a répondu à la contre-invitation du Commandeur: ce sera la troisième apparition du Mort, offrant à son invité un repas noir et parodique de scorpions et de vinaigre, repas immangeable pour le vivant.

DON GONZALE. – Tel est le vin qui sort de nos pressoirs.

(On chante :)

Que le bras justicier se prépare à faire exécuter la vengeance de Dieu, car il n'est pas de délai qui n'arrive, ni de dette qui ne se paie[1].

CATHERINON. – Oh ! la la ! ça va mal. Par le Christ. J'ai compris ce refrain, et qu'il parle de nous.

DON JUAN. – Mon cœur se glace à en être brûlé.

(On chante :)

Tant qu'en ce monde on est vivant, il n'est pas juste que l'on dise : Bien lointaine est votre échéance ! alors qu'il est si bref le temps du repentir.

CATHERINON. – Qu'est-ce qu'il y a dans ce petit ragoût ?

DON GONZALE. – Des griffes.

CATHERINON. – Il doit se composer de griffes de tailleur, si c'est un ragoût d'ongles.

DON JUAN. – J'ai fini de souper. Dis-leur de desservir.

DON GONZALE. – Donne-moi cette main, n'aie pas peur, donne-moi donc la main.

DON JUAN. – Que dis-tu ? Moi ! Peur ? Ah ! je brûle ! ne m'embrase pas de ton feu !

DON GONZALE. – C'est peu de chose au prix du feu que tu cherchas. Les merveilles de Dieu, Don Juan, demeurent insondables, et c'est ainsi qu'il veut que tu paies tes fautes entre les mains d'un mort, et si tu dois ainsi payer, telle est la justice de Dieu : « Œil pour œil, dent pour dent »[2]

DON JUAN. – Ah ! je brûle ! Ne me serre pas tant ! Avec ma dague je te tuerai. Mais... Ah !... Je m'épuise en vain à porter des coups dans le vent. Je n'ai pas profané ta fille. Elle avait démasqué ma ruse avant que je...

---

1. Antonio de Zamora reprendra cette phrase dans le titre de sa pièce de 1714 : *No hay plazo que no se cumpla, ni deuda que no se pague, y Convidado de piedra.*

2. Le traducteur, P. Guenoun, recourt à une expression qui n'est pas dans le texte espagnol et qui le durcit, puisqu'on y lit : « quien tal haze, que tal pague ».

DON GONZALE. – Il n'importe, puisque tel était bien ton but.

DON JUAN. – Laisse-moi appeler quelqu'un qui me confesse et qui me puisse absoudre.

DON GONZALE. – Il n'est plus temps, tu te repens trop tard.

DON JUAN. – Ah! je brûle! Mon corps est embrasé! Je meurs!

(Il tombe mort.)

CATHERINON. – Il n'y a personne qui puisse s'échapper : ici je vais mourir, moi aussi, pour t'accompagner.

DON GONZALE. – Telle est la justice de Dieu : « Œil pour œil, dent pour dent ».

(Le sépulcre s'enfonce avec fracas, engloutissant Don Juan et Don Gonzale, tandis que Catherinon se sauve en se traînant.)

CATHERINON. – Dieu me protège! Qu'est ceci? Toute la cha-pelle est en flammes...

TIRSO DE MOLINA, *El Burlador de Sevilla, y combidado de piedra*, trad. P. Guenoun, Paris, Aubier, 1962, p. 219-221.

Pseudo-Cicognini. Qui vit mal meurt mal.

Très proche de Tirso, qu'il réduit et schématise, tout en empruntant à la Commedia dell'arte : le parler dialectal du valet, que la traduction renonce à rendre ; on notera que le héros reste impénitent.

(Une toile se lève, on voit la Statue et une table noire.)

DON JUAN. – Arrête, voilà qu'on nous attend.

PASSARINO. – Maudit le jour où je suis venu ici.

DON JUAN. – Je veux m'approcher ; tiens mon épée, Passarino.

PASSARINO, *en a parte.* – Vas-y, mon vieux!

DON JUAN. – Que vois-je, tout est en deuil.

LA STATUE. – Don Juan, mange!

DON JUAN. – Mais qu'est-ce que ces aliments? J'en mangerai, même si ce sont des serpents. *(Il en rompt un et le lance à Passarino.)* Prends, Passarino.

PASSARINO. – Bien obligé, maître.

LA STATUE. – Veux-tu de la musique, Don Juan?

DON JUAN. – Comme tu veux.

(On chante :)

Pour toi, coupable, l'heure fatale est là,
tu en as fini de tes débauches,
et si tu n'as cessé de déshonorer chacun,
c'est maintenant Dieu qui te châtie.
Le moment est venu de payer le prix
de tes fautes, et tu sauras
que le Premier Moteur a dit vrai :
Qui vit mal meurt mal !

(La Statue se lève.)

LA STATUE. – Don Juan, donne-moi la main.

DON JUAN. – La voici – mais, ô Dieu, c'est de la glace que j'étreins, c'est la froideur du marbre ! Traître, lâche-moi !

(Don Juan met la main à son poignard et frappe la Statue.)

LA STATUE. – Repens-toi, Don Juan.

DON JUAN. – Lâche-moi, te dis-je.

LA STATUE. – Repens-toi, Don Juan.

DON JUAN. – Hélas, je meurs, au secours !

LA STATUE. – Repens-toi, Don Juan.

(Don Juan est englouti.)

[CICOGNINI], *Il Convitato di pietra*, Bologne, vers 1650?, G. Macchia, *op. cit.*, p. 223-224. (Je traduis.)

Shadwell. Je méprise toutes tes menaces.

Outre les invariants indispensables, on verra, dans cette dernière scène du Libertine, *des variantes dignes de remarques : les acteurs rituels – Commandeur et héros + valet – sont doublés d'un côté par une rangée de spectres* (ghosts), *de l'autre par deux complices; la scène est encombrée; d'où la densité, ou le désordre, des sommations et invectives qu'accroissent les nombreux interlocuteurs; on notera aussi la violence et les sarcasmes des trois inculpés. On constatera enfin que le traditionnel « donne-moi la main » manque; c'est que le*

Mort n'est pas lui-même l'exécuteur de la sentence finale, ce sont les démons qui le relaient.

(Dans l'église, la statue du «gouverneur» à cheval, entouré des spectres, torche à la main, de tous ceux que Don John a tués au cours des scènes précédentes : son père, trois femmes, leurs parents, etc. Don John entre, suivi de ses acolytes, Don Antonio, Don Lopez et le serviteur Jacomo.)

. . . .

DON JOHN. – Eh bien! Gouverneur, vous voyez que nous sommes de parole.

DON ANTONIO. – Où est le repas?

DON LOPEZ. – Dites à vos gens de nous donner du vin.

LA STATUE *(descend de son cheval).* – N'avez-vous pas encore compris que vous êtes perdus? Voici les spectres de tous ceux que vous avez assassinés, qui crient vengeance contre vous.

SPECTRE DU PÈRE. – Repentez-vous, repentez-vous de tant d'horribles crimes; monstres, repentez-vous, sinon l'enfer vous engloutira.

DON JOHN. – C'est la voix du vieux! sachez, vieillard, que vous parlez en vain.

JACOMO. – Je me repens, épargnez-moi. Je me repens de tous mes péchés, et surtout d'avoir suivi cet affreux scélérat. *(Il s'agenouille.)*

DON ANTONIO. – Arrière, imbécile! *(Il le frappe.)*

SPECTRE DE FRANCISCO. – Mon sang crie contre toi, misérable, barbare!

DON JOHN. – Voilà mon hôte Francisco, ma foi, tu fus un brave et honnête sot, pour dire vrai.

SPECTRE DE FLORA. – Tu n'échapperas pas à la vengeance que méritent tous tes crimes.

DON JOHN. – Qu'est-ce que cette folle, je ne la connais pas.

SPECTRE DE LEONORA. – Demande miséricorde pendant qu'il est temps, et repens-toi.

DON JOHN. – Voilà Leonora, c'était une bonne fille, une sotte un peu trop amoureuse, tout a été de sa faute.

SPECTRE DE MARIA. – Misérable, voici la dernière heure de ta vie, tu hurleras bientôt dans les flammes éternelles.

DON JOHN. – Celle-ci est la folle excitée que nous avons tuée chez Francisco. La peste de l'homme, il m'a empêché de réussir avec ses deux filles ; si tu vivais encore, je te tuerais pour la seconde fois.

DON LOPEZ. – Assez parlé de ces vieilles histoires idiotes ; donne-nous du vin pour commencer...

CHANT DES DÉMONS
(Malédictions et menaces...)

LA STATUE. – Ne céderez-vous pas ? n'éprouverez-vous aucun remords ?

DON JOHN. – Si vous me faisiez un autre cœur, oui ; mais avec le cœur que j'ai, je ne peux pas.

DON LOPEZ. – Que de prodiges !

DON ANTONIO. – Je suis peu disposé à m'adoucir, rien ne m'y pousse.

DON LOPEZ. – Même si je pouvais, il est maintenant trop tard ; je ne veux pas.

DON ANTONIO. – Nous te défions.

LA STATUE. – Périssez donc, impies, et recevez le châtiment que vous avez amassé sur vos têtes.

(La foudre tombe, Lopez et Antonio sont engloutis.)
Regarde leur terrible destin, et sache que ton dernier moment est arrivé.

DON JOHN. – Ne pense pas me faire peur, sot fantôme ; je mettrai ton corps de marbre en pièces et j'abattrai ton cheval...

Je vois tout cela avec étonnement, mais non avec crainte. Même si tous les éléments se mêlaient et retournaient au chaos primitif, même si des fleuves de soufre enflammé m'enveloppaient et si le genre humain tout entier hurlait dans ces flammes, je n'aurais pas peur et je ne sentirais aucun remords ; et jusqu'au dernier moment je braverais ton pouvoir. Rien ne peut m'ébranler, je méprise toutes tes menaces. Tu as devant toi ton meurtrier, fais maintenant le pis que tu pourras.

(Tonnerre et éclairs, les démons surviennent et s'enfoncent avec Don John que couvre un nuage de flammes.)

LA STATUE. – Ainsi périssent tous ceux qui, par leurs paroles et leurs actes, se dressent contre les desseins et le pouvoir du Ciel.

Thomas SHADWELL, *The Libertine*, Londres, 1676, *The Complete Works*, Londres, 1927, t. III, p. 89-91. (Je traduis.)

Zamora. Que ta clémence me sauve !

Don Juan et Don Gonzalo (le Commandeur) prennent place à la table noire apportée par deux pages vêtus de noir et masqués de mort ; on présente un plat de cendres et de serpents.

DON GONZALO. – À quoi penses-tu, que tu ne manges pas ?

DON JUAN. – Pourquoi manger, si on ne m'offre qu'un plat de serpents ?

DON GONZALO. – Je te montre là un symbole qui t'annonce les tourments de l'enfer.

DON JUAN. – Il est bien tard pour s'amender.

DON GONZALO. – Pour s'amender il n'est jamais tard.

. . . .

CHŒUR, *en coulisses.* – Sache, mortel, que même si le châtiment de Dieu tarde, il n'y a délai qui ne s'accomplisse, ni dette qui ne se paye.

DON JUAN. – Qu'est-ce que j'entends ? Ciel ! Ces paroles que j'entends sont toujours les mêmes. – Eh bien, m'étant moqué du ciel, j'ai cru que mon souffle était immortel ; mais moi, rien ne peut me rendre lâche. À boire !

DON GONZALO. – La coupe !

CAMACHO. – Le vin sera tourné en vinaigre, parce qu'en purgatoire il fait toujours temps de canicule.

(Les deux pages présentent deux coupes d'où sortent des flammes.)

DON JUAN. – C'est du feu que tu me donnes à boire ?

DON GONZALO. – Oui, Don Juan, pour t'enseigner à souffrir ce qui t'attend.

DON JUAN. – Que dis-tu ?

DON GONZALO. – Ce que tu as entendu.

DON JUAN. – Moi ? – Oh, malheureux !

DON GONZALO. – Tu te troubles maintenant ?

DON JUAN. – N'y a-t-il pas de quoi me troubler, si pour trinquer tu m'offres un cratère de volcan ?

DON GONZALO. – S'il t'effraye pour une minute, qu'en sera-t-il pour l'éternité ?

DON JUAN. – Que sais-je ? – Qu'on enlève cette table, j'ai à faire avant de me coucher.

(La table s'enfonce sous terre.)

DON GONZALO. – De ta vie tu n'auras fait un si long voyage.

DON JUAN. – Don Gonzalo, au revoir !

DON GONZALO. – Auras-tu le courage de me donner la main ?

DON JUAN. – Pourquoi non ? Étant amis, il est juste que nous serrions ce nœud d'amitié. – Mais, malheureux ! que fais-tu ?

DON GONZALO. – Je te montre le feu que j'attise.

CAMACHO. – Ah, Jésus ! quelle grimace il fait, depuis qu'on lui a pris le pouls.

DON JUAN. – Ne me brûle pas ! Ne m'embrase pas !

DON GONZALO. – Pourquoi non, puisque c'est ainsi que Dieu m'ordonne de te tuer.

DON JUAN. – Pourquoi tant de colère ?

DON GONZALO. – Parce que, jusque dans les pierres, tu outrages le respect dû à l'Église.

(Don Juan se serre contre Don Gonzalo.)

DON JUAN. – Laisse-moi, dans ta glace, éteindre cet incendie qui me brûle.

DON GONZALO. – Maintenant tu vas voir, si tu t'inclines, qu'on ne fait pas confiance en vain au Dieu qui pardonne.

DON JUAN. – Je le vois, puisque ma mort satisfait sa justice, mon Dieu faites, si j'ai perdu la vie, que mon âme se sauve !

DON GONZALO. – Heureux seras-tu, si tu profites de l'éternité d'un instant !

DON JUAN. – Pitié, Seigneur! Si, fuyant jusqu'à ce jour ta pitié, ma méchanceté m'a perdu, que ta clémence me sauve!

(Il tombe mort.)

CAMACHO. – Hélas, quelle mort, mon Dieu!

DON GONZALO. – Il s'est accompli l'ineffable jugement de Dieu, je vais reprendre ma place de marbre taillé; que l'erreur humaine apprenne que même si elle se prolonge,

LE CHŒUR. – Il n'y a délai qui ne s'accomplit, ni dette qui ne se paie.

Antonio de ZAMORA, *Il n'y a délai qui ne s'accomplit ni dette qui ne se paie, ou le Convive de pierre*, 1714? (Je traduis.)

Angiolini-Gluck. L'épouvante qui règne dans la catastrophe.

Ce scénario, rédigé en français par le scénographe Angiolini, distribue le récit autour d'un petit nombre de scènes dominantes, comme le veut le genre dansé : le duel, le bal et le repas où paraît l'Invité de pierre (l'invitation par le héros a été supprimée), enfin le dénouement, dont les effets spectaculaires sont renforcés.

...Le troisième acte se passe dans un endroit destiné à la sépulture de personnes de distinction. Le mausolée du Commandeur nouvellement achevé est au milieu. Don Juan est un peu étonné en le voyant. Il prend cependant un air assuré, et s'approche du Commandeur. Celui-ci le saisit par le bras, et l'exhorte à changer de vie. Don Juan paraît obstiné et, malgré les menaces du Commandeur et les prodiges dont il est témoin, il persiste dans son impénitence. Alors le centre de la terre s'entr'ouvre vomissant des flammes. Il sort de ce volcan beaucoup de spectres et de furies qui tourmentent Don Juan. Il est enchaîné par elles; dans son affreux désespoir il est englouti avec tous les monstres; et un tremblement de terre couvre le lieu d'un monceau de ruines.

M. Gluck en a composé la musique. Il a saisi parfaitement le terrible de l'action. Il a tâché d'exprimer les passions qui y jouent, et l'épouvante qui règne dans la catastrophe.

Le Festin de Pierre, Ballet pantomime composé par M. ANGIOLINI, maître des ballets du théâtre près de la Cour à Vienne, Vienne, octobre 1761. Édition Bärenreiter des *Œuvres* de Gluck, 1966, t. II.

Grabbe. Je te soude à Faust.

Chez Grabbe – les aventures de Faust et de Don Juan s'entrelaçant et se rencontrant dans la même pièce – la dernière scène montre la fin des deux personnages, emportés successivement par Lucifer (le Chevalier) qui vient doubler ici le Commandeur. C'est maintenant le tour de Don Juan :

DON JUAN. – Voici de la soupe de tortue, du gibier, du rôti, de la fricassée, de la salade, du tokay, du Champagne, du bourgogne, servez-vous, Monsieur.

LA STATUE. – Je viens des étoiles. De nourriture terrestre je n'ai nul besoin.

DON JUAN. – Je ne puis t'offrir la nourriture des étoiles, c'est à un repas terrestre que je t'ai invité. Tu es fou, si tu t'es attendu à d'autres jouissances.

LA STATUE. – Donna Anna et Don Ottavio, unis maintenant au ciel, leurs douleurs terrestres changées en heureux sourire et leurs larmes en perles, se souviennent de toi dans leur félicité ; ils m'envoient ici-bas pour que je t'exhorte au repentir et à l'amendement.

DON JUAN. – Merci pour le message ! Mais je n'ai rien fait, dont j'éprouve repentir. Tout ce que j'ai fait me plaît ! Je n'ai aucun besoin de m'amender, car je suis pleinement satisfait de moi.

LEPORELLO. – Filez doux, Monsieur, filez doux ! Mentez-lui un peu, on s'arrangera bien après ! Pensez-y, vous m'entraînez avec vous, moi qui n'y peux mais. – Oh ! voilà le marbre qui recommence à grincer !

LA STATUE. – Si tu en as le courage, donne-moi la main, pour attester que tu ne t'amenderas pas.

DON JUAN. – La main ! la main ! – Ne suis-je pas à Rome ? C'est ici que Scevola étendit sa main sur le feu. Je fais mieux : je tends hardiment la mienne vers le royaume souterrain et je dis : la vie n'est que néant si elle ne fait pas front contre tout ce qu'on lui oppose. Voilà !

(Il donne la main à la Statue, qui la garde un moment, puis la relâche.)

Ah ! vil coquin ! Le froid de la mort coule de ta main dans mes veines. Est-ce ainsi que tu récompenses la poignée de main d'un Espagnol ? O infâme, tu mériterais de revivre pour que je te tue encore une fois.

(Il attaque la Statue à coups de poignard.)

LA STATUE. – Arrière !

(Don Juan recule en chancelant.)

Regarde, derrière toi, la flamme sombre qui vient sur toi ! C'est Satan en habit de fête.

LEPORELLO. – Ah ! je m'en doutais ! il faisait si lourd dans cette salle – Seigneur Satan, je suis trop petit pour que vous me preniez. *(Désignant Don Juan :)* prenez-le, lui, il doit vous suffire.

LA STATUE. – Il a hâte de t'adjoindre à Faust. Mais je peux te sauver, si tu te repens : pour la dernière fois, je te le demande avec la voix tonnante de la divinité : veux-tu te repentir et t'amender ?

DON JUAN. – Ce que je suis, je le demeure. Puisque je suis Don Juan, je ne serais plus rien, si je devenais un autre ! Plutôt mille fois être Don Juan dans l'abîme sulfureux qu'un saint dans la lumière du Paradis ! Tu m'as interrogé d'une voix tonnante, je te réponds d'une voix tonnante : Non !

LA STATUE. – Nous ne nous reverrons plus.

(Elle s'enfonce dans le sol.)

LE CHEVALIER, *jetant son manteau rouge en l'air.* – Étends-toi, manteau, déploie ton tissu, incendie cette maison de tes flammes, consume-la avec tous ses habitants.

(Feu et pluie de feu.)

Mais toi, Don Juan, je t'emporte avec moi, – je te soude à Faust – Je le sais, vous tendez au même but, mais par des voies différentes.

DON JUAN. – Maintenant encore je m'écrie, c'est mon dernier mot sur cette terre : « Roi et gloire, patrie et amour ! »

(Le Chevalier, emportant Don Juan, s'enfonce sous terre.)

LEPORELLO. – Il y a le feu partout, – je vais brûler. Pas de secours nulle part ? Hélas, les flammes s'approchent ! Elles viennent, pas d'issue ! Je vais brûler !

(Le rideau tombe dans les flammes et les coups de tonnerre.)

Christian Dietrich GRABBE, *Don Juan und Faust*, 1829, *Werke*, 1960, t. I, p. 511-512. (Je traduis.)

Zorrilla. Repentant et sauvé.

La dernière partie du Don Juan Tenorio *de Zorrilla porte ce titre :* « Miséricorde de Dieu et apothéose de l'amour ». *Dans la chapelle : statue, spectres, plusieurs tombeaux dont celui de Doña Inès, fille du Commandeur.*

. . . .

DON JUAN. – Qu'est-ce que ce sablier ?

LA STATUE. – La mesure de ton temps.

DON JUAN. – Déjà il expire ?

LA STATUE. – Oui ; avec chaque grain s'écoule un instant de ta vie.

DON JUAN. – Et il ne m'en reste pas plus ?

LA STATUE. – Pas plus.

DON JUAN. – Dieu injuste ! Tu me fais connaître ton pouvoir quand tu ne me donnes pas le temps du repentir.

LA STATUE. – Don Juan, un instant de contrition sauve une âme, et cet instant, on te l'accorde.

DON JUAN. – Impossible d'effacer en un seul instant trente années maudites de fautes et de crimes !

LA STATUE. – Cet instant, tâche de le mettre à profit,

(On sonne le glas.)

parce que le délai va expirer, c'est pour toi que sonnent les cloches, on creuse déjà la fosse où l'on va te jeter.

(On entend au loin l'office des morts.)

DON JUAN. – C'est pour moi que les cloches sonnent ?

LA STATUE. – Oui.

DON JUAN. – Et ces chants funèbres ?

LA STATUE. – Ce sont les psaumes de la pénitence qu'on chante pour toi.

> *(On voit passer sur la gauche des torches allumées ;*
> *on entend des prières.)*

DON JUAN. – Quel est cet enterrement qui passe ?

LA STATUE. – Le tien.

Ce convoi constitue une brève interférence de la légende de Mañara, spectateur de son propre office funèbre. Don Juan se reconnaît croyant et coupable, mais désespère d'être pardonné : il n'est plus temps. Le débat théologique, sous-jacent chez Tirso, apparent chez Zamora, n'est pas esquivé par Zorrilla.

. . . .

LA STATUE. – Maintenant, Don Juan, puisque tu as perdu encore l'instant qui t'était accordé, viens avec moi en enfer.

DON JUAN. – Arrière, pierre trompeuse ! Lâche-moi, lâche cette main, il reste encore un dernier grain dans le sablier de ma vie. Lâche-la ; puisqu'un instant de contrition sauve une âme pour toute l'éternité, moi, Dieu saint ! Je crois en toi ; si ma méchanceté est sans exemple, ta pitié est infinie. Seigneur, aie pitié de moi !

LA STATUE. – Il est trop tard.

> *(Don Juan se jette à genoux, tendant vers le ciel la main*
> *que la statue a relâchée. Les ombres, les squelettes se préci-*
> *pitent vers lui ; à ce moment s'ouvre la tombe de Dona Inés,*
> *qui apparaît. Dona Inés prend la main que Don Juan lève*
> *vers le ciel.)*

DONA INÉS. – Non ; me voici, Don Juan ; ma main soutient cette main que ton repentir a levée vers le haut, et Dieu pardonne à Don Juan au pied de mon tombeau.

DON JUAN. – Dieu clément ! Dona Inés !

DONA INÉS. – Fantômes, dissipez-vous ; sa foi nous sauve, retournez donc à vos sépultures. Telle est la volonté de Dieu : les peines de mon âme ont purifié son âme impure et Dieu accorde à mon désir le salut de Don Juan au bord du tombeau.

DON JUAN. – Inés de mon cœur !

DONA INÉS. – J'ai donné mon âme pour toi, et Dieu m'accorde ton douteux salut. Mystère que nulle créature ne peut comprendre ; c'est dans une vie plus pure que les justes pourront comprendre que l'amour a sauvé Don Juan au bord du tombeau. Cessez, chants funèbres...

> *(Les ombres et les statues retournent en leur lieu ; des anges jettent des fleurs sur les deux amants ; le tombeau d'Inés disparaît, remplacé par une couche de fleurs.)*

DON JUAN. – Dieu de clémence, gloire à toi ! Demain les Sévillans seront effrayés de penser que je suis tombé dans les mains de mes victimes. Mais c'est juste : l'univers doit savoir que, puisque un instant de pénitence m'a ouvert le purgatoire, le Dieu de clémence est le Dieu de Don Juan Tenorio.

> *(Don Juan tombe aux pieds de Dona Inés et ils meurent tous les deux. Leurs âmes, représentées par deux flammes brillantes, s'élèvent et se perdent dans l'espace au son de la musique.)*

José ZORRILLA, *Don Juan Tenorio*, 1844, scène finale. (Je traduis.)

Richepin. Il a survécu au terrible souper.

Si tu aimes Don Juan (et comment ne l'aimerais-tu pas, pour peu que tu aies dans les veines une goutte de sang espagnol ?), si tu souffres à la pensée que notre second Cid est en enfer, voici une chanson qui te fera plaisir et dont tu me rendras grâce...

Il en a menti par la gorge, et vilainement, le moine qui nous a fait croire que Don Juan était mort en état de péché mortel. Quand le ciel s'est donné la peine de mettre au monde une créature aussi belle que Don Juan, le ciel s'ingénie à la reprendre.

Et donc il a survécu au terrible souper, et à la poignée de main de la statue, et aux flammes jaillies du sol pour le happer, il y a survécu, le héros de Séville, et c'est moi qui vous l'affirme, moi qui l'ai soigné le lendemain de cette nuit-là...

> *(Visité, sur son lit d'agonie, par Dona Maria, la belle religieuse du couvent voisin, Don Juan la regarde et l'écoute, qui l'exhorte, « d'une voix pareille à celle que doivent avoir*

les anges », à se repentir ; elle conclut ce dialogue où Don
Juan ne parle que des yeux :)

« ... Vos yeux me demandent, pour votre bouche, un baiser de
ma bouche. Et, à cette condition, vous ferez un acte de repentir.
J'accepte. »

(Elle s'en va, revient après un moment, silencieuse.)

Et alors Dona Maria la sainte se penche vers Don Juan le blasphémateur, et le baise lèvres à lèvres, d'un baiser long et profond,
d'un baiser où elle lui passe l'hostie qu'elle tenait dans sa bouche,
d'un baiser où elle boit l'âme de Don Juan sauvé.

Jean RICHEPIN, « Don Juan sauvé », dans *Contes espagnols*, Paris,
1901, p. 129-138.

Lessia Oukrainka. *L'amphitryon de pierre.*

Un Don Juan qui fut un banni, un baroudeur, un libertaire, revoit,
devant le tombeau du Commandeur, Anna qui est ici – comme chez
Pouchkine – non pas sa fille, mais sa veuve. Il obtient un rendez-vous
chez elle ; il y invite ensuite le Mort. Voici le dénouement de cet ample
drame en six actes ; Anna sera la femme de Don Juan, mais celui-ci
devra assumer les tâches et les dignités du défunt. Mais l'invité de
pierre...

ANNA. – Juan, regardez ! Ce manteau blanc, habit de commandeur, n'est pas seulement vêtement d'apparat. Il réunit, auprès de
lui, comme sous un drapeau, tous ceux qui sont intrépides et ne
craignent pas de rassembler, au prix des larmes et du sang, les
pierres de la puissance et du pouvoir, pour la construction de la
gloire éternelle !

DON JUAN. – Anna, je ne vous connaissais pas jusqu'ici. On dirait
que vous n'êtes pas femme, mais vos charmes sont plus grands que
les grâces féminines.

ANNA, *s'approchant de Don Juan avec le manteau.* – Essayez ce
manteau.

DON JUAN, *a envie de le prendre, mais se retient.* – Non, Anna, j'ai l'impression de voir le sang là-dessus.

ANNA. – Ce manteau est neuf, il n'a pas encore été mis. Et si c'était ainsi ? Si même le sang s'y trouvait ? Depuis quand avez-vous peur du sang ?

DON JUAN. – C'est vrai, pourquoi devrais-je en avoir peur ? Pourquoi ne devrais-je pas mettre ce manteau ? Pourtant, j'accepte la succession tout entière. Dès ce moment, je serai le maître de cette maison !

ANNA. – Oh, comme vous l'avez dit d'une façon nouvelle ! J'aspire à vous voir au plus vite tel que vous devez devenir pour jamais.

> *(Elle passe le manteau à Don Juan qui le met. Anna lui donne une épée et le bâton du Commandeur, puis enlève du mur un casque orné de plumes d'autruche et le lui donne aussi.)*

Quel air majestueux ! Regardez dans le miroir !

> *(Don Juan s'approche du miroir et brusquement pousse un cri.)*

Qu'est-ce qui vous prend ?

DON JUAN. – Lui !…Son visage !

> *(Il relâche l'épée et le bâton du Commandeur pour se couvrir les yeux de ses mains.)*

ANNA. – C'est une honte ! Qu'est-ce qui vous est apparu ? Regardez encore. On ne peut pas céder ainsi à l'imagination.

> *(Don Juan, découvrant peureusement son visage, regarde. Puis, d'une voix étouffée par une épouvante surnaturelle :)*

DON JUAN. – Où suis-je, moi ? Je n'existe plus ! C'est lui, c'est lui, en pierre !

> *(Tremblant de tous ses membres, il recule du miroir vers le mur contre lequel il s'adosse. Cependant, dans le miroir se distingue la statue du Commandeur semblable à celle du monument, mais sans épée ni bâton ; elle sort du cadre et s'avance vers Don Juan d'une allure aussi lourde que la pierre. Anna se jette entre Don Juan et le Commandeur. De sa main gauche, le Commandeur met Anna à genoux,*

> *tandis qu'il applique sa main droite contre le cœur de Don Juan. Frappé par une stupeur mortelle, Don Juan s'immobilise. Donna Anna pousse un cri et se prosterne aux pieds du Commandeur.)*

Lessia OUKRAINKA, *L'Amphitryon de pierre* (1912), traduit de l'ukrainien par Olha Witochynska, Paris, 1976 (trad. inédite).

Frisch. Du théâtre et c'est tout.

DON JUAN. – Pas plus tard qu'hier dans le cimetière, Léporello, n'avons-nous pas tout entrepris pour railler feu le commandeur ?

LÉPORELLO. – Monsieur...

DON JUAN. – Ne l'ai-je pas prié à dîner à cette table ?

DONA ELVIRE. – Mon époux ?

DON JUAN. – Mon brave serviteur l'a vu de ses propres yeux, ton époux, il a branlé son casque de pierre pour signifier clairement qu'il est libre ce soir. Pourquoi ne vient-il pas ? Il est minuit passé. Que devrais-je faire encore pour que le Ciel à la fin me foudroie ?

> *(On entend un grondement sourd.)*

LOPEZ. – Restez, Dona Elvire, restez ! *(On entend un grondement sourd.)* Rien de tout cela n'est vrai, c'est une imposture sans pareille, il veut se moquer de vous – Voici : voyez sous cette table l'ingénieuse machine : un pétard et du soufre doivent vous effrayer et troubler vos esprits, afin que vous croyiez que l'enfer a englouti Don Juan ; une parodie de jugement céleste, un sacrilège comme on n'en vit jamais. Bafouer l'Espagne entière, faire courir dans le monde une légende pour échapper au châtiment terrestre, voilà son plan, du théâtre et c'est tout *(Don Juan rit.)* Le contestez-vous ?

DON JUAN. – Absolument pas.

LOPEZ. – Vous entendez, mesdames !

DON JUAN. – Du théâtre et c'est tout.

LOPEZ. – Vous voyez dans les dalles cette trappe ingénieuse, mesdames. Ici, mesdames, que vos propres yeux vous convainquent. *(Don Juan rit.)* Rien que du théâtre.

DON JUAN. – Quoi de plus ? *(Il boit.)* Je le redis depuis douze ans déjà : il n'y a pas de véritable enfer, pas de justice divine, pas d'au-delà, Don Balthasar a parfaitement raison : du théâtre, et c'est tout !

LOPEZ. – Entendez-vous, mesdames ?

DON JUAN. – Voici : *(Il se lève et va au rideau du fond qu'il ouvre, de sorte qu'on voie la prétendue statue du commandeur.)* Je vous en prie. *(Les dames piaillent.)* Pourquoi tremblez-vous ?

UNE VOIX. – Don Juan !

LÉPORELLO. – Monsieur ! monsieur !

LA VOIX. – Don Juan !

DON JUAN. – Rien que du théâtre !

LA VOIX. – Don Juan !

LÉPORELLO. – Monsieur. Il étend son bras.

DON JUAN. – Je n'ai pas peur, mes chères amies, vous le voyez, je le prends par sa main de pierre.

> *(Don Juan saisit la main de la statue, pétard et fumée,*
> *Don Juan et la statue s'enfoncent dans la trappe,*
> *les musiciens jouent l'alléluia prévu.)*

LOPEZ. – Ce n'est pas vrai, mesdames, rien n'est vrai. Ne vous signez pas. Je vous en conjure. *(Les dames s'agenouillent et se signent.)* Femelles ! *(Toutes les portes s'ouvrent, un sbire à chaque porte.)* Pourquoi ne restez-vous pas à vos postes ?

UN SBIRE. – Où est-il ?

LOPEZ. – Au but qu'il s'était proposé !

Max FRISCH, *Don Juan ou l'amour de la géométrie, Comédie en cinq actes*, 1953, remaniée en 1962, fin de l'acte IV, trad. H. Bergerot, Paris, Gallimard, 1969, p. 78-79.

On complétera cette série, pour s'en tenir à quelques variantes importantes, par les scènes finales de Goldoni, Da Ponte, Pouchkine, Lenau, Aicard (la mort donnée par le double surgi du miroir), Montherlant (iii, 7), etc.

II

Le groupe féminin

Biancolelli Voilà la liste.

Vu par Arlequin :

La pêcheuse dans cette scène dit à Don Juan qu'elle compte qu'il lui tiendra la parole qu'il lui a donnée de l'épouser. Il lui répond qu'il ne peut et que je lui en dirai la raison. Il s'en va ; cette fille se désespère, alors je lui remontre qu'elle n'est pas la centième qu'il a promis d'épouser. « Tenez – lui dis-je – voilà la liste de toutes celles qui sont dans le même cas que vous et je vais ajouter votre nom. » Je jette alors cette liste roulée au parterre et j'en retiens le bout, en disant : « Voyez, messieurs, si vous n'y trouverez pas quelqu'une de vos parentes ».

Scénario de l'Arlequin Biancolelli, 1658, trad. Gueulette dans G. MACCHIA, *op. cit.*, p. 170[1]

Villiers. Beaucoup de noms de femmes.

Philippin, valet de Don Juan, à Oriane, l'une des deux « bergères » :

> *... D'autres ont eu par lui de semblables malheurs ;*
> *J'en connais plus de cent : Amarille, Céphise,*
> *Violante, Marcelle, Amaranthe, Bélise,*

---

1. Absente du prototype espagnol, la liste apparaît – simple indication – chez Cicognini, dans la bouche du valet Passarino en I, 11 : L'andarà in lista ancha lia, suivi en I, 13 du jeu de scène des scénarios : le Zanni jette la liste dans le public en le priant de regarder s'il n'y trouve pas « quelques centaines » de noms familiers ; dans l'un des scénarios (Petraccone), c'est à la fille abandonnée que le valet lance le rouleau.

Lucrèce qu'il surprit par un détour bien fin,
Ce n'est pas celle-là de Monseigneur Tarquin ;
Policrite, Aurélie, et la belle Joconde,
Dont l'œil sait embraser les cœurs de tout le monde ;
Pasithée, Aurélinde, Orante aux noirs sourcils,
Bérénice, Aréthuse, Aminthe, Anacarsis,
Nérinde, Doralice, Lucie au teint d'albâtre,
Qu'après avoir surprise il battit comme plâtre ;
Que vous dirai-je encor ? Mélinte, Nitocris,
À qui cela coûta bien des pleurs, et des cris,
Perrette la boîteuse, et Margot la camuse,
Qui se laissa tromper comme une pauvre buse ;
Catin qui n'a qu'un œil, et la pauvre Alizon
Aussi belle, et du moins d'aussi bonne maison ;
Claude, Fanchon, Paquette, Anne, Laure, Isabelle,
Jaqueline, Suzon, Benoîte, Péronnelle ;
Et si je pouvais bien du tout me souvenir,
De quinze jours d'ici je ne pourrais finir.

Ici il jette un papier roulé où il y a beaucoup de noms de femmes écrits.

VILLIERS, *Le Festin de Pierre ou le Fils criminel*, Paris, 1660, IV, 6. (Suit ici de très près son prédécesseur immédiat, DORIMON, même titre, Lyon, 1659, IV, 6.)

Perrucci. En une femme tous les défauts sont beaux.

Une liste paradoxale dont les conquêtes supposées sont toutes des infirmes, – une série très mariniste de « belles laides » :

COVIELLO. – Dis-moi, seigneur Don Juan (*À part :* Grattons-le où ça le démange), si vous voyiez une aveugle, est-ce qu'elle vous ferait plaisir ?

DON JUAN. – Certainement je l'aimerais aveugle, car je la croirais tout amour, une fois entré dans son cœur je n'aurais pas à craindre qu'elle en aime d'autres, puisqu'elle aurait fermé les portes du cœur qui sont les yeux.

COVIELLO. – Et si elle n'avait pas de dents ?

DON JUAN. – Quel bonheur, je n'aurais pas peur qu'elle me morde le cœur.

COVIELLO. – Que de belles raisons ! Et si c'était une sourde ?

DON JUAN. – Celle-ci serait le but de mes pensées, car je serais sûr qu'elle ne prêterait pas l'oreille aux prières d'autres amants.

COVIELLO. – Et une muette, l'aimeriez-vous aussi ?

DON JUAN. – Elle me plairait, car elle ne me parlerait que par gestes ; ainsi font les objets aimés : Amour veut des actes, non des paroles.

COVIELLO. – Et qu'en serait-il avec celle qui n'a pas de cheveux ?

DON JUAN. – La chauve ? Je l'aimerais, voyant en elle un symbole de mon destin : je vivrais libre des chaînes de l'amour, puisque la bien-aimée n'aurait pas de cheveux.

COVIELLO. – Et si elle était boîteuse, et si elle avait l'épaule de travers ?

DON JUAN. – La bossue, je la nommerais Atlas de beauté, je lui dirais qu'elle porte sur les épaules un ciel de grâces ; et la boîteuse, j'estimerais qu'elle m'adore, puisqu'elle s'incline à chacun de ses pas. – Mais, assez parlé, allons tenir la parole donnée au Commandeur ; pour ce qui concerne les dames,

> Il me suffit qu'elles soient habiles
> au combat de Vénus et de Cupidon ;
> en une femme tous les défauts sont beaux.

A. PERRUCCI (Enrico Preudarca) *Il Convitato di pietra*, Naples, 1690, Acte III, scène 11. (Je traduis.)

Bertati. Il lui suffit qu'elles soient femmes.

DONNA ELVIRA. – Il a donc d'autres femmes ?

PASQUARIELLO. – Ha ! ha ! si vous voulez en avoir une idée, madame, voyez-en ici la liste.

> *(Il lui jette un papier long de plusieurs mètres.)*

> (Air)   *D'Italie et d'Allemagne*
> *J'en ai inscrit cent et plus ;*
> *De France et d'Espagne,*
> *Il y en a je ne sais combien.*

Grandes dames et bourgeoises,
Ouvrières et campagnardes,
Femmes de chambre, cuisinières et souillons,
Il lui suffit qu'elles soient femmes
Pour qu'il leur fasse la cour.

Je vous dis qu'un tel homme,
S'il tenait toutes ses promesses,
Il deviendrait un jour
L'époux universel.

Je vous dis qu'il les aime toutes,
Belles ou laides ;
Il n'y a que les vieilles
Qui ne puissent l'enflammer.

BERTATI, livret pour le *Convitato di pietra* de Gazzaniga, Venise, février 1787, scène 7. (Je traduis.)

On reconnaît le cadre que Da Ponte développera en air à deux parties – texte qu'il est inutile de transcrire ici[1].

Dumas. La liste et sa lacune.

... DON SANDOVAL. – Je suis las d'entendre répéter qu'il y a dans les Espagnes une réputation qui balance la mienne.

DON JUAN. – Et moi aussi !

DON SANDOVAL. – De sorte que je vous hais.

DON JUAN. – Et moi aussi.

DON SANDOVAL. – Alors, nous allons nous entendre. Asseyons-nous, et causons.

DON JUAN. – Volontiers.

DON SANDOVAL, *s'asseyant.* – On vous dit brave cavalier ?

DON JUAN. – Voici mon épée.

---

1. Cf. Fr. W. MÜLLER, « Zur Genealogie von Leporellos Liste », *Beiträge zur romanischen Philologie*, IX/2, Berlin, 1970, p. 199-228.

DON SANDOVAL. – Beau joueur ?

DON JUAN. – Voici ma bourse.

DON SANDOVAL. – Et bon compagnon auprès des femmes ?

DON JUAN. – Voici ma liste.

DON SANDOVAL. – La liste d'abord ; puis chaque chose aura son tour.

DON JUAN. – Et aucune ne se fera attendre.

DON SANDOVAL. – Elle est divisée en deux colonnes ?

DON JUAN. – Pour plus de clarté.

DON SANDOVAL. – D'un côté les femmes séduites ?

DON JUAN. – De l'autre, les maris trompés.

DON SANDOVAL. – Elle commence par Dona Fausta, femme d'un pêcheur.

DON JUAN. – Et finit par la signora Luisa, maîtresse d'un pape, vous voyez que l'échelle sociale est parcourue, et que chaque classe m'a fourni son contingent.

DON SANDOVAL. – Erreur !

DON JUAN. – Comment cela ?

DON SANDOVAL. – Le loup est entré dans le bercail, c'est vrai ; mais il a laissé échapper la plus belle et la plus tendre de toutes les brebis.

DON JUAN. – Laquelle ?

DON SANDOVAL. – Celle du Seigneur.

DON JUAN. – C'est par Dieu vrai ! Il n'y a pas de religieuses. Messieurs, j'engage devant vous ma foi de gentilhomme, qu'avant huit jours cette lacune sera remplie...

Alexandre DUMAS, *Don Juan de Marana ou La chute d'un ange, Mystère en cinq actes et sept tableaux*, Paris, 1836, acte III, scène 4.

L'idée de la liste incomplète vient de Mérimée. Les âmes du purgatoire, *1834.*

Kierkegaard. Sur l'air du Catalogue.

On peut le considérer comme la véritable épopée de Don Juan...
L'épopée musicale devient relativement courte bien qu'elle possède, d'une manière incomparable, la qualité épique de pouvoir
continuer indéfiniment ; on peut toujours la faire recommencer,
l'entendre et l'entendre encore une fois, – justement parce que c'est la
généralité qui est exprimée et qui l'est dans la spontanéité concrète.
Ici, ce que nous entendons, ce n'est pas Don Juan en tant qu'individu particulier, et pas davantage ses propos, mais c'est la voix, la
voix de la sensualité qui perce à travers les désirs de la féminité.
C'est uniquement parce qu'il aboutit toujours et qu'il peut toujours
recommencer, que Don Juan devient épique, – sa vie est la somme
de moments distincts, qui n'ont aucune relation entre eux ; la vie
de Don Juan, comme le moment, est une addition de moments, de
même que le moment est une somme de moments. Don Juan se
trouve dans cette généralité, dans cette oscillation entre individu et
force naturelle...

L'air reproduit la vie de Don Juan dans son ensemble. Leporello
est le narrateur épique. Un tel narrateur ne doit être, évidemment, ni froid, ni indifférent à l'égard de ce qu'il raconte, – il doit,
néanmoins, conserver une attitude objective. Leporello ne le fait
pas. Il est entièrement emporté par la vie qu'il décrit, il s'oublie en
Don Juan. Ici j'ai donc, encore une fois, un exemple qui explique
comment Don Juan résonne partout. La situation ne repose pas
dans l'entretien de Leporello et d'Elvire au sujet de Don Juan, mais
dans l'ambiance qui porte le tout, dans l'invisible présence spiri-
tuelle de Don Juan. Ce n'est pas ici l'endroit pour analyser de près
le développement de cet air, ni comment, d'abord tranquille et peu
animé, il s'enflamme peu à peu, à mesure que la vie de Don Juan
résonne davantage en lui ; ni comment, saisi de plus en plus par l'air,
Leporello se laisse emporter et bercer par ces souffles érotiques ;
ni comment les nuances se succèdent dans l'air à mesure que les
différences de la féminité qui se trouvent à la portée de Don Juan y
deviennent audibles.

KIERKEGAARD, *Ou bien... ou bien*, «Les étapes érotiques spontanées ou l'érotisme musical», trad. Prior et Guignot, Paris, Gallimard, 1943, p. 76-77 et 103-104.

Régnier. Le fascinateur.

Ce réquisitoire est prononcé par Léandre, le rival malheureux, épris d'Angélique fascinée par cet inconnu qu'elle n'a fait qu'entrevoir et qui va l'enlever, consentante :

... Quel tort a-t-elle jamais eu envers vous, Don Juan, cette enfant qui est devant vous ? Elle est pure, douce, tendre. Pourquoi êtes-vous venu troubler son repos ? Avant de vous avoir vu, elle était contente de son existence simple et tranquille et elle eût accepté de la continuer avec quelque honnête homme qui l'eût aimée. Elle aurait vécu heureuse et respectée, à son foyer dont elle n'aurait connu que les joies simples, mais durables. Au lieu de cela, il a suffi que vous parussiez. Il lui a suffi d'entrevoir, au coin d'une rue, votre visage maudit et cet habit rouge qui est sur vous, moins l'accoutrement d'un gentilhomme que la livrée même de Satan, pour lui pervertir l'esprit et lui tourmenter le cœur. Dès lors, rien de ce qui composait son existence ordinaire n'a plus compté pour elle. Elle a tout oublié, et vous avez détruit en elle l'édifice de la paix pour y substituer l'autel brûlant de l'amour. La couleur de feu que vous portez lui a communiqué sa dangereuse flamme dont il ne restera un jour en elle que des cendres amères et empoisonnées. Vous êtes parvenu jusqu'à elle, je ne sais par quels moyens, mais avec une rapidité qui stupéfie, et la voici devant vous, Don Juan, fascinée et presque perdue, prête à augmenter la suite de ces misérables dont vous traînez après vous les ombres gémissantes et accusatrices. Comme celles-là, Don Juan, vous la mènerez à sa perte et vous l'abandonnerez à sa douleur, comme celles-là vous la quitterez, car il vous quittera, Angélique, il vous délaissera, il vous oubliera.

ANGÉLIQUE. – Ô Don Juan, depuis que j'ai entendu ta voix, je sais qu'elle est trompeuse et mensongère ! Ô cher amant, oui je sais que par toi je souffrirai et que je pleurerai, que je connaîtrai l'angoisse, le désespoir et l'abandon, mais aussi je connaîtrai l'ivresse du cœur, je connaîtrai l'amour. Léandre, Léandre, éloignez-vous...

Henri de RÉGNIER, *Les Scrupules de Sganarelle*, pièce en trois actes, Paris, 1908 (datée par l'auteur 1904-1905), p. 209-210.

Au premier plan, dans les autres scènes non retenues, le personnage de Sganarelle qui tente de s'arracher à l'emprise du maître « infernal ».

Delteil. L'amour dans le cimetière.

Il déambulait par le cimetière, dépoitraillé, tête nue. Il allait. La pierre des tombeaux disparaissait sous les liserons et les giroflées. On n'apercevait de tous ces monuments qu'un bout de colonne, un cippe. Don Juan, en passant, lisait le nom des belles mortes sur la pierre, avec des appels, des soupirs :

> Isabel, dix-sept ans.
> Conception, vingt ans.
> Cristina, dix-neuf ans.
> Josèphe, dix-huit ans.
> Leonor, vingt-trois ans.
> Matilde, quatorze ans.

À mesure, il caressait les croix à pleine main, il mettait les épitaphes en lumière, avec des claquements de langue. Il palpait les caveaux, faisant sonner la dalle, essayant d'imaginer à l'intérieur les corps miraculeux des amantes, leurs chevelures qui électrisent la main, leurs gorges qui bravent le ciel. En quel état étaient-elles aujourd'hui, sous le signe de quelle métamorphose, de quelle novation ? Que leur cendre sous le marbre devait être douce ! Il allait, en proie à l'on ne sait quel maléfique délire. L'égarement lui affolait peu à peu les extrémités, la plante des pieds, le bout des doigts. Il collait l'oreille à la pierre, il glissait un œil le long des fentes, par le trou des serrures.

Laura, quinze ans.
Jubilacion, vingt ans.
Beatriz, dix-sept ans.
Aminta, douze ans.

Quelle lugubre revue passait-il là ? Et de quel mysticisme profond, de quelle loi fondamentale ces commerces avec les symboles de la mort, avec le scandale et le sacrilège étaient-ils le signe ? L'impiété n'est pas autre chose qu'une putréfaction de la religiosité, et comme la piété du mal.

J. DELTEIL, *Don Juan*, Paris, Grasset 1930, p. 143-145.

À ces textes, il importerait de joindre quelques-unes des scènes illustrant soit la monotonie du mode de séduction : le serment d'épouser (de Tirso à Mozart), soit sa diversité ; ainsi, chez Molière, la méthode lente (I, 2) et l'attaque rapide (II, 2)...Quant à la liste elle est présente chez Musset : « Lis-la-moi un peu pour me désennuyer » (La matinée de Don Juan), *chez Mérimée (la liste est incomplète), chez Lenau (« Souvenirs... aujourd'hui fades syllabes... ») (scène 16), chez Rostand (liste déchirée)...*

III

Don Juan défini par lui-même

Molière. Un cœur à aimer toute la terre.

Quoi ? Tu veux qu'on se lie à demeurer au premier objet qui nous prend, qu'on renonce au monde pour lui, et qu'on n'ait plus d'yeux pour personne ? La belle chose de vouloir se piquer d'un faux honneur d'être fidèle, de s'ensevelir pour toujours dans une passion, et d'être mort dès sa jeunesse à toutes les autres beautés qui nous peuvent frapper les yeux ; non, non, la constance n'est bonne que pour des ridicules, toutes les belles ont droit de nous charmer, et l'avantage d'être rencontrée la première, ne doit point dérober aux autres les justes prétentions qu'elles ont toutes sur nos cœurs. Pour moi, la beauté me ravit partout où je la trouve ; et je cède facilement à cette douce violence, dont elle nous entraîne ; j'ai beau être engagé, l'amour que j'ai pour une belle, n'engage point mon âme à faire injustice aux autres ; je conserve des yeux pour voir le mérite de toutes, et rends à chacune les hommages, et les tributs où la nature nous oblige. Quoi qu'il en soit, je ne puis refuser mon cœur à tout ce que je vois d'aimable, et dès qu'un beau visage me le demande, si j'en avais dix mille, je les donnerais tous. Les inclinations naissantes, après tout, ont des charmes inexplicables, et tout le plaisir de l'amour est dans le changement. On goûte une douceur extrême à réduire par cent hommages le cœur d'une jeune beauté, à voir de jour en jour les petits progrès qu'on y fait ; à combattre par des transports, par des larmes, et des soupirs, l'innocente pudeur d'une âme, qui a peine à rendre les armes ; à forcer pied à pied toutes les petites résistances qu'elle nous oppose, à vaincre les scrupules dont elle se fait un honneur, et la mener doucement, où nous avons envie de la faire venir. Mais lorsqu'on en est maître une fois, il n'y a plus rien à dire, ni rien à souhaiter, tout le beau de la passion est fini, et nous nous endormons dans la tranquillité d'un tel amour, si quelque objet nouveau ne vient réveiller nos désirs, et présenter à notre cœur les charmes attrayants d'une conquête à faire. Enfin, il n'est rien de si doux, que de triompher de la résistance d'une belle personne ; et j'ai sur ce sujet l'ambition des conquérants, qui volent perpétuellement de victoire en victoire, et ne peuvent se résoudre à borner leurs souhaits. Il n'est rien qui puisse arrêter l'impétuosité de mes désirs, je me sens un cœur à aimer toute la terre ; et comme Alexandre, je souhaiterais qu'il y eût d'autres mondes, pour y pouvoir étendre mes conquêtes amoureuses.

MOLIÈRE, *Dom Juan*, 1665, acte I, scène 2.

Rosimond. *Se masquer de vertu.*

DON JUAN. – Pour vivre il faut savoir l'art d'éblouir les hommes,

> Et sur un beau prétexte acquérir du crédit,
> Paraître plus qu'on n'est, faire plus qu'on ne dit,
> Couvrir ses actions d'une belle apparence,
> Se masquer de vertu pour perdre l'innocence,
> Être bon dans les yeux et méchant dans le cœur,
> Professer l'infamie et défendre l'honneur,
> D'un faux jour de vertu donner lustre à sa vie,
> Se montrer fort content quand on crève d'envie,
> Et si l'on aime enfin, parer toujours ses feux
> Du prétexte brillant d'un sentiment pieux...

ROSIMOND, *Le Nouveau Festin de Pierre*, Paris, 1669, acte I, scène 5.

Goldoni. *Je joue.*

Mes yeux n'ont pas encore vu une beauté si rare qu'elle enchaîne mon cœur. C'est à l'amour en chaîne que je joue, car jamais je ne garde fidélité en amour. Je n'aime que si je me plais à suivre mon jeune désir, je goûte les seules beautés que j'espère posséder.

Un jour Isabelle m'a plu et m'a engagé à l'aimer, contre mon habitude. Mais l'imprudente ayant cru à mes soupirs, je ne fus plus épris que de ma liberté. Il en a été ainsi de la bergère, et de cent autres que mes flatteries ont séduites...

GOLDONI, *Don Giovanni Tenorio o sia Il dissoluto*, Venise, 1736, acte III, scène 5 (Je traduis.)

Gautier. Que n'ai-je, comme Faust...
Après Faust qui termine son autobiographie par ces mots : « Aimez, car tout est là », c'est le tour de Don Juan :

... Trompeuse volupté, c'est toi que j'ai suivie,
Et peut-être, ô vertu ! l'énigme de la vie,
    C'est toi qui la savais.

Que n'ai-je, comme Faust, dans ma cellule sombre,
Contemplé sur le mur la tremblante pénombre
    Du microcosme d'or !
Que n'ai-je, feuilletant cabales et grimoires,
Auprès de mon fourneau passé les heures noires
    À chercher le trésor !

J'avais la tête forte, et j'aurais lu ton livre
Et bu ton rire amer, science, sans être ivre
    Comme un jeune écolier.
J'aurais contraint Isis à relever son voile,
Et du plus haut des cieux fait descendre l'étoile
    Dans mon noir atelier.

N'écoutez pas l'amour, car c'est un mauvais maître ;
Aimer, c'est ignorer, et vivre c'est connaître.
    Apprenez, apprenez ;
Jetez et rejetez à toute heure la sonde,
Et plongez plus avant sous cette mer profonde
    Que n'ont fait vos aînés.

Th. GAUTIER, La Comédie de la mort, *1838, VII, « Don Juan ».*

Lenau. Mourir d'un baiser.

Ce cercle enchanté, vaste à l'infini, de beautés aux multiples charmes, je voudrais le parcourir dans l'ouragan du plaisir, puis, sur la bouche de la dernière, mourir d'un baiser. Je voudrais voler à travers tous les espaces où fleurit une belle femme, m'agenouiller devant chacune, et, ne fût-ce qu'un instant, vaincre. Oui, c'est avec le temps lui-même que je suis en lutte ; quand j'aperçois une jolie fillette, j'en veux au destin qui ne nous a pas faits contemporains : je serai vieux quand sa fleur s'épanouira ; et quand je vois une matrone majestueuse dont les vieux disent avec ravissement : elle était charmante, elle était la perle des beautés, c'est aux jours d'autrefois que je voudrais revenir. Je bouleverse le temps et l'espace, si sauvage, si ardente est ma passion ; vous la voyez fugitive et passagère, parce que la soif d'éternité la consume.

Parfois, j'éprouve une humeur étrange, comme si, parcourant mes veines, venu de loin et de haut, un esprit s'égarait dans mon sang... Cet esprit, qui veut tout embrasser, se sent emprisonné et isolé dans l'individu ; c'est lui qui suscite ma soif éternelle et m'entraîne, en son mouvement fatal, de femme en femme ; la plus belle m'enchante, mais sans durée ; la source des charmes, profonde mais vite épuisée, rejette ma soif vers de nouvelles voluptés ; et la possession engendre en moi le vide, la tristesse solitaire.

Lenau, *Don Juan, Poème dramatique*, 1844, publié posthume en 1851, scène première. (Je traduis.)

Flaubert. Je ne veux plus de femmes.

Projet de roman :

   1. – esquisse d'un dialogue avec Leporello

   2. – rencontre du héros avec une religieuse couchée dans son cercueil ; elle s'éveille, le temps d'une nuit, et meurt. Rêve ou illusion, le seul vrai amour de Don Juan.

Ne jamais perdre de vue don Juan. L'objet principal (au moins de la seconde partie), c'est l'union, l'égalité, la dualité, dont chaque terme a été jusqu'ici incomplet, se fusionnant, et que chacun montant graduellement aille se compléter et s'unir au terme voisin.

Poser : 1. – l'inconstance qui est le caractère même de don Juan – ennui de la femme possédée déjà ;

2. – embêtement que donne la femme ;

3. – étonnement du cœur qui l'oublie ;

4. – désir de revoir des anciennes ;

5. – c'est que vous changez pour pire – amour des femmes laides ;

6. – légitimité et spécialité du désir – autant de femmes, autant de désirs et de voluptés ;

7. – jalousie universelle du genre humain – désir de connaître à fond toutes – de là inquiétude et recherche – effort à attirer à soi ;

8. – et pourtant de quoi vous plaignez-vous ? – Vous avez beaucoup de femmes ;

9. – qu'est-ce que cela fait, le nombre des maîtresses ?

10. – la femme à tête de bois[1]

11. – mais pourtant quand elles jouissent, – impossibilité d'une communion parfaite – lassitude – je ne veux plus de femmes.

La sœur Maria allait mourir – agonie – les prêtres – la mère – on referme les rideaux – le moine de long en large – il s'endort – deux hommes descendent de cheval : don Juan et Leporello – coïncidence – angoisses – don Juan finit par se taire, il est triste et repasse toute sa vie.

Il entre – il voit – curiosité – prend la main de Thérèse – ah ! tu te réveilles – il la reconnaît quoiqu'il ne l'ait vue – ils se reconnaissent – tu mourras si je t'embrasse – non, tu vivras – suspension – ils se couchent – il veut l'emmener – il la prend pour la descendre sur son cheval – elle meurt sur le bord de la fenêtre.

Ce qu'elle avait donné à Don Juan ne périt pas quand la statue du Commandeur l'engouffra.

---

1. Cf. fragment précédent : « Il y avait dans le jardin de son père une figure de femme, proue de navire. – envie d'y monter... », *ib.*, p. 721.

FLAUBERT, *Une Nuit de don Juan* (1851), *Œuvres complètes*, Paris, 1964, t. II, p. 722-723.

Aicard. Don Juan lecteur de Dom Juan.

DON JUAN. – Et je sens plus d'ennui, dans mon cœur plus désert,
    Qu'au temps où j'insultais le tonnerre et l'enfer !
    Tiens, vois ce livre, là, le premier, va le prendre !...
    Sur l'unique rayon ! qui n'en porte pas dix !

(Rêvant.)

    C'est assez, et c'est trop ; car l'humaine science
    N'en dira jamais plus que mon expérience.
    N'ai-je pas lu que Faust, ayant tout lu, vieillard,
    Se dit : « Je ne sais rien ; aimons ! » C'était trop tard[1] !

    Et que sais-je de plus, moi qui n'ai fait que vivre ?
    J'ai pâli sur l'amour comme lui sur le livre,
    Marchant toujours, jamais lassé par le destin
    Et toujours veuf le soir de l'amour du matin !

(Il va, il vient, en roulant une cigarette. Sganarelle,
son livre à la main, le suit dans tous ses mouvements.)

    Maintenant c'en est fait pour moi de la jeunesse !
    La cendre ne croit plus que la flamme renaisse !...
    L'amour, toujours ce mot ! Aimer ! Quel son étrange !
    Ai-je aimé ? Suis-je aimé ? Ah ! cœur de bête et d'ange,
    Quel désir te soulève et pourquoi tombes-tu ?...

(Se retournant brusquement vers Sganarelle.)

    Eh bien ! ce livre, donc ! Pourquoi ne lis-tu pas ?

SGANARELLE. – Vous ne m'avez pas dit de lire.
DON JUAN. – Lis !
SGANARELLE. – Tout bas ?
DON JUAN. – Eh parbleu non !

---

1. Ce Don Juan a lu aussi Théophile Gautier (*La Comédie de la Mort*).

SGANARELLE*(lisant avec stupéfaction). – Dom Juan ! ou le festin de Pierre !*

DON JUAN (riant). – Tu vas voir là comment nous arrange Molière.

SGANARELLE. – Quoi ! vous et moi ?

DON JUAN.   – Ce qui te paraîtra plus fort,

C'est d'y voir tout au long le détail de ma mort.
On veut m'intimider. – Prends aux dernières pages.

SGANARELLE, *lisant.* – « Don Juan, l'endurcissement au péché traîne une mort funeste, et les grâces du Ciel que l'on renvoie ouvrent un chemin à sa foudre. »

(S'interrompant.)

Cet auteur-là me plaît : ses paroles sont sages ;
Voyons comment vous répondrez à ses avis !

(Lisant.)

« Ô Ciel ! que sens-je ? Un feu invisible me brûle, je n'en puis plus, et tout mon corps devient un brasier ardent, ah !

(Le tonnerre tombe avec un grand bruit et de grands éclairs sur Don Juan, la terre s'ouvre et l'abyme, et il sort de grands feux de l'endroit où il est tombé.)
(Sganarelle, en lisant, n'a cessé de jeter sur son maître des regards d'effroi comique. Don Juan écoute, calme et triste.)

DON JUAN. – Si cela pouvait être, au moins ! Mais non, je vis !...
Jean AICARD, *Don Juan 89*, Paris, 1889, Acte I, scène 2, p. 65-66.

Milosz. Solitude.

Un Don Juan symboliste et rêveur, « arrière-petit-fils de Juan et d'Elvire », comme si le héros de Molière avait laissé un fils inconnu.

Buvons un peu de clair de lune dans du vin.
Je me souviens, oui – c'est cela –, dans un palais
De la boueuse et charmante cité de Gênes,
Par une nuit semblable en tout à celle-ci.
Son nom était Julia – Jacinte ? – Non, Julia.
Velours, balcons, soupirs et, naturellement,

Chansons pâles d'amants rêveurs, dans le lointain.
Elvire aussi, plusieurs Elvires – un Lorenzo
Ou deux, je ne sais plus, c'est loin. Toutes et tous
Étaient poètes vaguement, aimant les roses,
Les bijoux et le son de l'amour sur les nerfs
Longuement accordés, ainsi qu'un luth aimé.
Mais tout cela ne fut qu'une pauvre féerie
Mal jouée, applaudie à cause seulement
De la richesse nostalgique des décors
Que mes songes patriciens voulurent bien
Prêter aux histrions de la réalité.
Et ces heures d'amour furent pour moi des siècles
De solitude atroce, et d'elles ne survit
En mon âme que la symphonie de la mer,
Le frisson de la lune morte sur les voiles
Et le parfum moussu des humides palais.
Je sais que le regret est le bonheur des âmes,
Mais cela suffit-il ? La vie est immortelle
Et voilà qu'un sonnet vous dit tout votre mal
Comme un petit étang reflète tout un soir...

O. V. de Milosz, *Scènes de « Don Juan »*, 1906, *Œuvres complètes*, Paris, Egloff 1945, t. IV, p. 92-93.

Jirat. Un monstre !

Les ombres d'Elvire et de Don Juan se retrouvent, un soir, à Venise, et causent :

ELVIRE. – Vous êtes un monstre !

DON JUAN. – Peut-être. Quelquefois, je m'étonne moi-même. Je suis assurément une très étrange chose. Avez-vous vu déjà un grand d'Espagne sans dignité ? En quelque sorte, je me suis dénaturalisé. Du sang de mes ancêtres, fort peu m'est resté. Je suis plutôt Français – ah, les Figaros dans les boudoirs de mes bisaïeules ! – et puis Italien. Et puis le diable sait quoi encore. Mes vrais parents furent un Juif italien et un Autrichien salzbourgeois épris de musique italienne, élevé parmi les derniers surgeons de l'architecture méridionale. Je tiens d'eux, – fils du demi-jour tiède et du divertissement léger. Mes paroles dansent sur un rythme qui n'est pas espagnol, et encore moins germanique. Je suis la vengeance du Sud contre l'orgueilleux Nord ; contre le Nord vertueux, glacial, solide et hypocrite. Tant que je vivrai – et je pense que je vivrai encore longtemps—je serai un avertissement aux barbares.

Un simple personnage dramatique pourrait-il parler ainsi ? Un soupçon nous gagne... N'est-ce donc qu'un décor de théâtre, ce qui miroite dans l'ombre devant nous ?

ELVIRE. – Votre généalogie m'intéresse, mais je dois la rectifier fondamentalement. Vous aussi, vous êtes peu solide, pour vous payer de votre impertinence, mais en revanche, dans les faits. Italien, dites-vous ? – Peut-être. Français ? – Ne vous leurrez pas, vous l'êtes fort peu. « Cosi fan tutte », c'est français, comme vous vous imaginez le caractère français ; mais « Don Giovanni » ? Allons donc ! Vous êtes cosmopolite, cosmopolite de sang, cosmopolite de race. Né sur cette terre italienne bien-aimée ? Ou bien quelque part à la frontière ? Pas du tout, loin au nord, – à Prague.

Vojtech JIRAT, *Le Dialogue de Venise*, Prague, 1945 (trad. du tchèque par H. Jechovà et M. E. Ducreux).

J'ai retenu quelques textes dans lesquels le héros se décrit lui-même ; il y en a d'autres où c'est l'auteur qui définit Don Juan : Stendhal, « Werther et Don Juan » dans De l'Amour *ou au début des* Cenci ; *Hugo, préface de* Cromwell, *« ces deux comédies jumelles de* Don Juan *et de* Faust *» ; Balzac dans* L'Élixir *de longue vie ; Musset dans* Namouna, *I, 14-55 ; Baudelaire, « Don Juan arrivé à l'ennui et à la mélancolie », (La fin de Don Juan) ; Rougemont, « le reflet inversé de Tristan » (*L'amour et l'Occident, *1939, p. 202-3) ; Lenormand, S. Lilar, R. Vailland, Montherlant...*

IV

Expansion critique

Sur le Dom Juan *de Molière.*

Gautier. Le Faust de l'amour.

11 janvier 1847. *Le Don Juan* de Molière[1]

Quelle pièce étrange que le *Don Juan* tel qu'il a été exécuté l'autre soir, et comme on conçoit bien que les classiques n'aient pu la supporter dans son état primitif! *Don Juan,* auquel Molière a donné le titre de comédie, est, à proprement parler, un drame et un drame moderne dans toute la force du terme. Le génie indépendant de l'Espagne, qui donne tant de fierté d'allure au *Cid,* se fait également sentir dans le *Don Juan;* car l'Espagne, chevaleresque et chrétienne, a le plus complètement secoué le joug des idées du paganisme; sa littérature est romantique par excellence et d'une originalité profonde.

Jamais Molière n'a rien fait de plus franc, de plus libre, de plus vigoureux, de plus hardi; le fantastique, cet élément d'un emploi si difficile pour le Français sceptique et qui ne veut pas avoir l'air d'être dupe un instant du fantôme qu'il fait apparaître, est traité avec un sérieux et une croyance bien rares chez nous. La statue du Commandeur produit un effet d'épouvante qu'on n'a pas surpassé au théâtre. Le bruit de ses talons de marbre fait courir un frisson sur la chair comme le souffle de la vision de Job : rien n'est plus effrayant

---

1. Première reprise dans le texte original, à la Comédie Française; voir M. Descotes, *Les Grands Rôles du théâtre de Molière,* Paris, 1960, p. 68 ss.

que ce convive de pierre avec son habit d'empereur romain et son aigrette sculptée ; aucune tragédie n'arrive à cette intensité d'effroi. – Parlez-nous des poètes comiques pour être terribles !

Don Juan, tel que l'a compris Molière, est encore plus athée que libertin ; il délaisse Dona Elvire, cajole Charlotte et Mathurine, qu'il séduit avec son moyen banal. Mais ce ne sont pas là ses plus grands méfaits ; il raille la paternité, se joue du mariage, brave la colère céleste, invite à dîner les statues de ses victimes, se moque de l'enfer et même de la dette et du bourgeois dans la personne de M. Dimanche, et, pour comble d'horreur, jette un instant sur son riche habit de satin, le manteau noir de Tartufe ; tout le reste eût pu lui être pardonné, excepté cette parade sacrilège.

De nos jours, le caractère de Don Juan, agrandi par Mozart, lord Byron, Alfred de Musset et Hoffmann, est interprété d'une façon plus large, plus humaine et plus poétique ; il est devenu, en quelque sorte, le Faust de l'amour ; il symbolise la soif de l'infini dans la volupté. – Le poète de *Namouna* a fait, à ce sujet, deux cents des plus beaux vers de la langue française. – Don Juan, dans Tirso de Molina et dans Molière, n'est pas encore passé à l'état de type. C'est un impie, un débauché, presque un scélérat, chez lequel on ne rencontre que de faibles traces de cette aspiration amoureuse, de cette recherche de l'idéal féminin, de l'innommée, de l'introuvable, de la Béatrix, qu'on poursuit à travers les cercles de lumière, qui sont aujourd'hui les traits caractéristiques de cette grande figure.

Cependant on voit que Molière a un certain penchant pour ce mauvais garçon de Don Juan Tenorio ; il le fait beau, riche, spirituel, brave, bon prince ; s'il ne fait pas l'aumône au pauvre qui la demande au nom du ciel, il lui donne un louis par amour de l'humanité. Il délaisse Dona Elvire ; mais, pour atténuer ce crime, Molière a eu soin de la faire insupportable comme la femme qu'on n'aime plus, et, quant à la séduction de Charlotte et de Mathurine, c'étaient deux gaillardes déjà passablement délurées.

Les choses sont arrangées de façon que, si Don Juan cédait aux avertissements de la femme voilée qui prend la figure du Temps avec sa faux, et reculait devant l'invitation du Commandeur, on ne pourrait se défendre de le mépriser un peu. On l'aime mieux Titan révolté, qui proteste encore, au milieu des flammes de l'enfer, que pécheur pénitent et contrit ; c'est que Don Juan avait le droit d'obtenir son idéal et d'apaiser cette immense soif d'amour qui dévorait ses larges veines, car tout désir doit être satisfait.

Th. Gautier, *Histoire de l'art dramatique en France*, Paris 1859, t. V, p. 15-16.

Copeau. La force de l'ouvrier.

Copeau est l'un des premiers à porter un jugement positif sur les traits mêmes qui ont si longtemps déconcerté les critiques classicisants.

Le disparate des matériaux, le grossoiement des joints, la rudesse de la construction et de son équilibre, ses ruptures de plans, l'achèvement magistral de certaines parties avec le mépris de l'unité totale, – tout cela met à nu, si je puis dire, la force de l'ouvrier.

Un travail brusque suffirait à rendre compte de cette étrangeté de structure. Mais nous pouvons nous demander si Molière n'a pas voulu tant de contrastes brutaux, tant de secousses données à l'esprit du spectateur pour faire passer les hardiesses que le réalisme du *Tartuffe* rendait peut-être intolérables. La colique de Sganarelle servirait d'excuse à la scène du Pauvre, à moins que les beaux sentiments de Dom Carlos n'eussent amadoué déjà le spectateur en lui donnant quelque chose à admirer. Les pantalonnades du IVe acte tâcheraient à faire oublier le : « Eh ! mourez le plus tôt que vous pourrez » de la scène 5, ou le : « Madame, il est tard, demeurez ici » de Dom Juan à Elvire. Peut-être Molière, sortant du cadre qu'il avait su si bien dresser et qu'il va s'imposer à nouveau dans le *Misanthrope*, se libérant encore une fois comme il le fit naguère en s'élançant vers la comédie-ballet, peut-être Molière, qui sait si bien se laisser inspirer par les circonstances et par son sujet, Molière, si ouvert, a-t-il entrevu, en composant *Dom Juan*, une forme nouvelle qui toucherait tous les extrêmes et permettrait toutes les audaces, à l'abri de toutes les fantaisies. Peut-être enfin s'est-il plu, au point de maîtrise où le voici parvenu, à laisser aller sa pensée de son propre mouvement et de son propre poids, à laisser sa force créatrice tracer d'elle-même son cours parmi des épisodes qu'il n'a guère pris la peine d'agencer en forme théâtrale. Point d'intrigue, mais un thème repris sur des modes divers. Point de conflit : un personnage en marche vers une catastrophe. Le ton même a changé, la coupe et l'accent du discours, comme s'il venait d'une autre région de l'âme...

Jacques COPEAU, Notices pour les *Œuvres complètes* de Molière, Paris, 1926-1929, reprises dans *Registres II*, Paris, Gallimard 1976, p. 201-202.

Jouvet. Des problèmes techniques.

Jouvet écarte d'abord ce qu'il appelle des « conceptions » : qui est Don Juan ? que pense-t-il ?, etc., il en vient ensuite aux questions que, metteur en scène du Dom Juan, *il eut à se poser :*

Si vous prenez la pièce sans vous occuper de ces considérations qui sont purement des « conceptions » avec lesquelles on ne peut pas faire une mise en scène, vous vous arrêterez à des problèmes *techniques*, par exemple au problème de la statue qui marche. Il y a le tombeau du Commandeur où entre Dom Juan et la statue qui incline la tête : c'est un problème technique. À la fin du souper, au quatrième acte, le Commandeur entre dans la salle à manger de Dom Juan et lui parle et, au cinquième acte, apparaît cette statue qui vient engloutir Dom Juan aux enfers. C'est encore un problème technique : celui du merveilleux au théâtre.

Et puis, au cinquième acte, le problème d'une dame voilée qui passe, qui parle et qui se transforme brusquement en la figure du Temps, avec une faux. Autre problème technique.

J'ai travaillé longtemps la pièce, sans autre préoccupation que de résoudre ces problèmes de figuration théâtrale qui confinent au surnaturel ou au merveilleux. J'en ai parlé longuement avec Bérard[1].

Vous savez qu'à la fin Dom Juan est englouti : « *Le tonnerre tombe avec un grand bruit et de grands éclairs sur Dom Juan. La terre s'ouvre et l'abîme et il sort de grands feux de l'endroit où il est tombé.* » À la lecture

---

1. Peintre et scénographe habituel de Jouvet.

de cette indication, on est quelque peu ennuyé parce que c'est difficile de faire cela. Ça peut se pratiquer dans l'opéra où la convention est plus conventionnelle, si on peut dire. Au xviiᵉ siècle, on pouvait facilement utiliser une trappe ; la lumière sur scène était cinq cents fois moins forte qu'à notre époque (il y avait en tout sur la scène du Palais-Royal une centaine de bougies, ou plutôt de chandelles). Dans la pénombre de cette scène, le merveilleux devait se pratiquer avec plus de facilité.

D'autre part, il y a quelque chose de très particulier : Dom Juan s'engloutit avec le Commandeur et Sganarelle dit : « *Voilà par sa mort un chacun satisfait...* » et s'écrie au-dessus de ce trou : « *Mes gages, mes gages, mes gages.* »

J'en parlais avec Bérard. Et je lui disais : je ne vois pas comment on peut arriver à faire disparaître Dom Juan ni comment Sganarelle peut prendre un ton comique pour réclamer ses gages.

Un auteur dit : « On a poussé le respect pour les moindres indications venues de Molière jusqu'à faire apparaître au cinquième acte le fantôme d'une femme voilée qui se transforme tout à coup en une figure du Temps avec sa faux à la main. J'avoue, dit le critique, que je ne comprends ni le but ni la convenance de cette apparition symbolique dans une pièce fondée sur le merveilleux chrétien. Cette vision ne me paraît se lier à rien dans la pièce, à moins que ce ne soit l'annonce emblématique de la mort d'Elvire ; mais pourquoi le Temps avec sa faux ? »

Il y a dans cette réflexion un peu saugrenue une indication. Personne ne contestera que cette « vision », c'est la figure symbolique de la Mort. La disparition de Dom Juan n'a rien à voir avec la mort d'Elvire, qui n'est pas dans la pièce. Il s'agit de la mort de Dom Juan. C'est le phénomène de la mort.

Quant au problème de la réplique de Sganarelle, j'ai dit à Bérard : on pourrait la faire dire en dehors de cette disparition, imaginer par exemple que Sganarelle a rêvé. – Non, dit Bérard, ce n'est pas bien, pas de bon goût. – Ou alors imaginer que Dom Juan est mort ? Il a un tombeau sur lequel son nom est gravé, comme les tombeaux espagnols où l'on voit écrit : « Ici attend la résurrection le seigneur Un Tel. » Là, Sganarelle vient lui faire sa petite visite et dit sa réplique devant ce tombeau : « *Voilà par sa mort un chacun satisfait. Ciel offensé, lois violées, filles séduites, familles déshonorées, parents outragés, femmes mises à mal, maris poussés à bout, tout le monde est content. Il n'y a que moi seul de malheureux.* » Et il s'en va après cette petite visite et dit : « *Mes gages, mes gages, mes gages.* » Et c'est la fin de la pièce. Bérard a acquiescé tout de suite à cette proposition. Dans la mise en scène que nous avons faite de *Dom Juan*, nous avons cherché la continuité de l'action. Nous avons cherché à rendre valable, pour des esprits modernes, le merveilleux qui y est contenu, que ce soit sous une forme symbolique ou sous une autre ; nous avons cherché à ce que la fin de la pièce signifie ce qu'elle signifie, à mon sens : le problème des fins dernières de l'homme et de la mort.

Eh bien ! avec cette mise en scène établie sur des données techniques et logiques, qui partaient de la pratique, nous avons joué la pièce plus de fois qu'on ne l'avait jouée depuis Molière (c'est-à-dire une centaine de fois depuis 1665) : nous l'avons jouée deux cents fois.

C'est donc que nous avions mis le doigt sur un point technique particulièrement intéressant, par quoi la pièce redevenait attrayante, – et la mise en scène qui réussit a toujours raison.

Louis JOUVET, « Le point de vue du metteur en scène », *Revue d'histoire du théâtre*, Paris, 1951 (IV), p. 381-383.

Gignoux. Sur le Dom Juan de Jouvet.

... Puisque, d'une part, il ne convenait point de céder aux séductions du romantisme, et que, d'autre part, les développements moraux du sujet ont perdu pour nous leur puissance de scandale, aucun autre parti n'était possible, le centre d'intérêt s'imposait avec force : un duel contre le Ciel. Et tout dans le comportement des principaux interprètes confirme ce choix.

Dès que Dom Juan paraît, nous sommes fixés. Avec sa démarche de cavalier à pied, son buste rejeté en arrière, ses coudes en ailes de pigeon, sa tête levée, sa bouche entrouverte, Jouvet semble nous dire : « Je ne fais aucun effort pour ressembler au séducteur que vous imaginiez. C'est exprès. Ne vous y trompez pas. Ne cherchez pas de ce côté, vous feriez fausse route. Cherchez autre chose. » Renchérissant aussitôt, il aborde la tirade des « conquêtes amoureuses » à un train d'enfer, sans le moindre frémissement de passion, sans effets de cynisme, sans, nuances même, comme s'il s'en méfiait ou s'il voulait achever de contredire dans l'esprit des spectateurs, et surtout des spectatrices, la réputation du personnage. Il fait table rase.

Mais il ne tarde pas à reconstruire, et cet « autre chose » qu'il nous suggère, nous le voyons d'abord dans la *méchanceté*. Il est méchant dans ses menaces à Sganarelle, méchant dans sa façon de congédier Elvire, méchant avec Charlotte et Mathurine, méchant encore plus quand il frappe Pierrot; son visage alors s'éclaire d'une joie brève qui nous fait peur. Quand se termine l'acte des paysans, ce trait de caractère est parfaitement établi, sauf qu'une ombre assez inquiétante commence à le doubler : on ne sait quel air d'absence, de détachement, de n'être pas tout à fait à la situation, signe d'ennui profond ou de souci, aveu que rien n'est important, fût-ce la quête du plaisir, ou que l'important est ailleurs. Ce premier dessin évoque d'assez près le Stavroguine des *Possédés* « qui menait une vie ironique..., ne faisait rien et se moquait de tout ».

Le Ciel cependant ? Il s'est déjà manifesté par un coup de tonnerre à la fin du premier tableau et va ponctuer à nouveau le fameux : « Je crois que deux et deux sont quatre, Sganarelle, et que quatre et quatre sont huit. » Nous sommes dans la forêt, le blasphémateur, impassible, tend la main pour savoir s'il pleut. Dès lors, le contact est pris, un combat s'engage qui ne se relâchera pas jusqu'au dénouement...

J'aime beaucoup la façon dont est dit, pendant la visite au tombeau du Commandeur, le premier « Demande-lui s'il veut venir souper avec moi », sans y prendre garde, comme le réflexe d'un homme d'esprit ; mais Sganarelle refuse, alors le maître se bute et répète l'ordre avec une soudaine âpreté. Cela explique fort bien le personnage et comment il se prend au piège du défi. Une fois pris, il ne s'en dégage plus, au contraire, habité d'une rage glacée, il s'y enferme de ses propres mains. Jusqu'où n'ira-t-il pas ? Au cinquième acte, lorsqu'il se dérobe aux satisfactions demandées par don Carlos et leur oppose à huit reprises les ordres du « Ciel », il répète ce mot d'une voix trop forte, il l'adresse, par-dessus son interlocuteur, à l'adversaire invisible qu'il nomme, qu'il provoque, qu'il « cherche ». Qu'il cherche aussi (sans guillemets), car de cette parade mortelle nous pouvons croire qu'il attend une preuve, non moins que l'assouvissement de sa haine...

Il me faudrait encore vanter la mise en scène rythmique et plastique. Deux ou trois exemples y suffiront. On connaît les problèmes de places et de mouvements que pose la scène des paysans ; le dialogue veut que Charlotte et Mathurine évoluent autour du « biau Monsieur » de manière qu'il glisse à l'une les répliques que l'autre ne doit pas entendre et vice-versa. C'est un casse-tête célèbre. Il est résolu avec une merveilleuse aisance, tant de précision et de souplesse à la fois ne se laissaient pas concevoir. Nous en oublions que l'accent provençal de Pierrot nous avait paru tout à l'heure trop léger pour le personnage (un lourdaud), maintenant il est en harmonie avec la grâce du jeu. L'acte de la forêt n'est pas moins réussi, mais je crois que rien n'égale en justesse les interventions de M. Dimanche et de Dom Louis. La première prend son vrai rythme, elle est jouée dans la lenteur, le malheureux créancier n'est pas interrompu, bousculé, il est méthodiquement intimidé, par le lieu, par les tapisseries, les flambeaux, les livrées et surtout par des silences de plomb ; c'est tout juste s'il ne se sent pas de lui-même importun...

Je voudrais écrire que tout dans le spectacle est de la même veine. Malheureusement, le dernier tableau m'en empêche. Résumons les faits : Dom Juan donne sa main au Commandeur et aussitôt un cri de souffrance, le feu de l'enfer le brûle ; alors le rideau tombe, il reste baissé quelques instants et se relève pour les sept lignes de texte qui reviennent encore à Sganarelle. Cette rupture de rythme, cet arrêt et ce nouveau départ à quelques pas du but sont déjà incompréhensibles, mais que penser du changement de décor qui les rendait nécessaires et aurait pu les justifier ? Nous voilà devant une sorte de crypte où veillent quatre squelettes drapés de tissu crème, et il y a au milieu un tombeau entrouvert, dont le couvercle est soulevé par un cinquième squelette en posture désinvolte : Dom Juan après le châtiment. Sganarelle, porteur d'une couronne comme on en vend à la porte du cimetière de Thiais, lui réclame ses gages. On dirait un projet de vitrine pour le jour des Morts, rue de la Paix, c'est du macabre « façon mode ».

Je me perds en conjectures. Est-ce la part du feu ? La part de Christian Bérard ? La soupape qui le délivre *in extremis* ? Alors qu'il a dû jusque-là servir Molière et rien que Molière (fort bien d'ailleurs). Est-ce que Jouvet a redouté l'effet sur son public, du tonnerre, du gouffre et des flammes ?...

Hubert GIGNOUX, *Études*, mars 1948, p. 393-394, 395, 398-400.

Barthes. Le silence de Don Juan.

En marge du Dom Juan *de Molière monté et joué par Vilar au T. N. P. (1953-1954).*

...Un acteur peut-il être plus silencieux que d'autres dans le même rôle ? Il faut bien que cela soit et qu'il y ait au théâtre un art de la litote, puisqu'il y a une technique – et combien pratiquée – de l'emphase. Donc Vilar est un Don Juan silencieux, et c'est ce silence de Vilar qui fonde l'athéisme de Don Juan, le dirige comme un scandale au cœur du public. Sans juger de celui de Jouvet, que je n'ai pas vu, mes Don Juan antérieurs faisaient le magister blasé, s'appliquaient à illustrer d'une emphase molle la donnée privative de l'athéisme ; en somme ils se prenaient pour Renan ou France, discouraient de deux et deux font quatre sur un ton avantageux de salon.

Le silence de Vilar est d'un autre métal, c'est le silence d'un homme, non qui doute, mais qui sait. Son Don Juan est moins privé de croyance que doué de certitude, et cette certitude est silencieuse parce qu'elle se sent justifiée, forte d'avoir posé les raisons du monde si loin de Dieu, que le prodige lui-même participe d'un inconnu provisoire et non d'un mystère éternel. Il y a déjà du Sade dans ce Don Juan-là (M. Antoine Adam, professeur à l'Université de Lille, en frémirait, lui qui prie, grands Dieux, qu'on ne suspecte pas Don Juan de sadisme), un Sade qui s'explique encore fort peu, sans doute, mais qui est tout de même entièrement constitué par une connaissance du néant, attaché au crime comme à la première démarche de sa solitude. Et je crois même que ce sadisme, c'est la seule façon de *construire* la pièce, d'unir les deux premiers actes aux trois derniers, de constituer le donjuanisme et l'athéisme comme les deux moments d'une même démarche existentielle...

Dom Juan à l'Esprit Frappeur, dans un espace réduit, tendu de noir. Le public, tout au long des murs dans une sorte de déambulatoire, assiste aux métamorphoses du plus séduisant des Lucifer que la littérature ait enfantés.

Une mise en scène au service du texte où la musique électronique sous-jacente rejoindra les voix pour les faire éclater ou murmurer.

Une mise en scène où la télévision en circuit fermé joue un grand rôle. Le Commandeur-exterminateur s'adresse à Juan par le moyen du petit écran.

Et Juan meurt dans la rue au milieu des voitures, filmé par la caméra électronique. Le public du théâtre, devenu téléspectateur, suit son agonie à distance. Suprême victoire d'un Juan invincible qui ne donne de sa mort qu'une image, un reflet.

Cette fois, ce n'est pas l'œuvre de Molière qui va à la télévision, c'est la télévision qui va à elle.

DU 8 SEPTEMBRE AU 3 OCTOBRE

tous les soirs à 20 h. 30 sauf les dimanches et lundis au Théâtre de l'Esprit Frappeur, rue Josaphat 28, 1030-Bruxelles. Direction : Albert-André Lheureux.

THEATRE DE L'ESPRIT FRAPPEUR

Roland BARTHES, « Le silence de Don Juan », *Les Lettres nouvelles*, , n° 12, février 1954, p. 264-267. Voir aussi *Théâtre populaire*, n° 5, janvier-février 1954, p. 91-94.

Chéreau. Traître à sa classe et progressiste.

...Sur le ciel d'hiver se détacheront les lourdes pièces d'une machinerie primitive : des ouvriers la serviront en permanence et pratiqueront suivant l'heure du jour les travaux de force de cette machine à tuer les libertins, ou le petit artisanat du tonnerre et des nuages à faire naître à la volonté. Ce sont les machines qui feront apparaître les automates qui liquideront l'opposition libertine et présenteront alternativement deux lieux opposés : la ferme abandonnée où Don Juan, coupé de sa classe, privé de toute possession personnelle et de toute puissance politique, mène son aventure individuelle, et le mausolée du Commandeur, un chantier où, pour l'édification de tous, se dressent tout neufs les signes tangibles d'une chrétienté triomphante, une politique de grandeur du bâtiment religieux, couvert de statues souffrant d'une souffrance toute chrétienne et qui ne pourront manquer de faire rire Don Juan.

Le mouvement de la machine racontera le temps qui s'écoule. Don Juan, en tant qu'il pratique l'art de vivre, organise sa journée avec méthode. Des moments de qualité sont à inventer en permanence : c'est au lever du jour que Don Juan pratiquera l'art difficile de la rupture en amour entre les plaisirs de l'eau froide, du petit déjeuner et de la lecture. En plein midi, il conduira son désir, agressera dans l'après-midi plusieurs personnes qui vivent en contradiction avec leur morale, rêvera de tuer son père au soir de sa journée, pratiquera la ruse le lendemain matin, et mourra à midi parce que l'auteur manquait d'arguments et qu'il fallait en finir.

À l'intérieur de cette machine, une troupe jouera et fera naître la campagne française issue de la Fronde, et toute une population de journaliers, de valets et de femmes habitués à la ruse et à l'écrasement de leur destinée et survivant sous les fléaux conjugués des voleurs, des hobereaux qui battent la campagne, et d'un intellectuel qui pratiquera sous leurs yeux les douces violences du sentiment et les cruautés enfantines du libertinage.

Patrice CHÉREAU (1969), dans *Dom Juan... dans la mise en scène de P. Chéreau, analysée et commentée par G. Sandier*, Paris, L'Avant-scène, 1976, p. 27.

Sandier. Sur le Dom Juan de Chéreau.

La scène, ici, n'est pas comme pour les élisabéthains le « théâtre du monde », mais le théâtre où une société (la société française issue de la Fronde) se donne, à elle et aux autres, en spectacle ; mais c'est toujours un lieu « machiné », c'est-à-dire une imbrication de treuils, poulies, tambours, cordages (Chéreau se souvient toujours des maquettes de Léonard de Vinci). Pour actionner ces rouages, « *ceux du sous-sol* », gueux en haillons dormant sur de la paille (ici, Chéreau se souvient des Le Nain) : ils feront péter les feux de Bengale de l'Enfer, tireront les ficelles du pantin-Commandeur et feront tourner le plateau qui emporte, comme celle de *Mère Courage*, la charrette du couple maître-valet. Sur le « théâtre » *ceux d'en haut*, les maîtres du pouvoir, figures visibles d'une société, s'étripant entre eux au gré de leurs différentes morales, mais régnant ensemble sur les autres : vilains et bourgeois (c'est pourquoi l'absence de Monsieur Dimanche me gêne), filles à séduire, pauvres à provoquer, rosser, exploiter, valets à faire tourner en bourrique. Ces maîtres du jeu évoluent dans des perspectives à l'italienne de ville inaccessible, rose et blanche (c'est à Palladio et à Vicence que pense ici Chéreau).

Tout l'éventail des maîtres est là – personnages qu'aucune autre mise en scène de *Dom Juan* ne m'avait jamais donné à voir : vieux féodaux carnassiers du Moyen Âge (Don Alonse), ou féodaux frottés de chevalerie, gargarisés d'« honneur » et de « gloire » (Don Carlos), et la figure monarchiste du Père (Don Louis), ce père dont Don Juan souhaite, sans farder, la mort. Ils sont tous là, habillés de cuir, ou couverts de peaux de bêtes : boyards sortis d'Eisenstein. Au milieu de ces dinosaures à blason, un traître, un « bâtard », un noble intellectuel de gauche : Don Juan. Il casse le jeu des autres. Sachant

Dieu mort, et le Diable aussi, acceptant cyniquement la déchéance politique de sa classe (la Fronde a été écrasée), ce libertin qui ne croit plus qu'en son désir et dans le pouvoir (révolutionnaire) de la raison a l'audace de ne rien cacher. Ce frère aîné de Sade met en pièces les tabous, et la mascarade morale qui fonde pourtant le pouvoir de sa classe; il en précipite donc la décadence, mais il a besoin de cette classe pour exercer son jeu égoïste et souverain : cet individualiste n'a pas encore lu Marx. Il en mourra, progressiste qu'il est, car lorsqu'on a commencé à faire tomber les masques sans pour autant vouloir la révolution, on meurt, victime de ceux qu'on a trahis. Ce noble en rupture de ban, presque chef de bande, entouré de gorilles catcheurs dans une ferme en ruines, rose et herbue, est, en fait, mis à mort dans le sac de son repaire, à l'avant-dernière scène. La machine infernale de la fin, joliment démystifiée, n'est que la métaphore « Grand Siècle », l'imprimatur bien-pensant, la figure théâtrale et rassurante d'une machination bien réelle : une vengeance nobiliaire.

Gilles SANDIER, *Théâtre et combat*, Paris, 1970, p. 169-170.

Sur le Don Giovanni *de Mozart*

Hoffmann. Aux effrayants accords du monde souterrain.

Le finale avait commencé sur un ton d'insolente allégresse : *Già la mensa è preparata.* Don Juan, attablé, caressait deux jeunes filles, et faisait sauter bouchon sur bouchon, afin de libérer les esprits qui fermentaient dans leurs étroites prisons. C'était une petite chambre avec une grande croisée gothique dans le fond, à travers laquelle on voyait la nuit. Déjà, pendant qu'Elvire reprochait à l'infidèle ses serments trahis, des éclairs sillonnaient les ténèbres, des grondements lointains annonçaient l'orage. Bientôt l'on entend frapper violemment à la porte. Elvire et les jeunes filles se sauvent; et, aux effrayants accords venus du monde souterrain, on voit entrer le terrible colosse de marbre, auprès duquel Don Juan semble un pygmée. Le plancher tremble sous les pas sonores du géant. Don Juan crie à travers le fracas de la tempête, les éclats de la foudre, les hurlements des démons, son terrible *No !* L'heure de sa chute a sonné.

La statue disparaît, une épaisse vapeur obscurcit la chambre, et d'effroyables fantômes surgissent de toutes parts. Don Juan se débat dans les tourments de l'enfer, et, par intervalles, on l'aperçoit luttant contre les démons. Une explosion, comme si la terre croulait ! Don Juan, les démons ont disparu, on ne sait comment. Leporello est étendu seul, sans connaissance, dans un coin de la chambre.

Quel soulagement de voir survenir alors les autres personnages qui cherchent en vain Don Juan, soustrait à la vengeance des hommes par les puissances souterraines ! Il semble que de ce moment seulement on échappe au monde terrible des esprits infernaux.

E. T. A. HOFFMANN, *Don Juan* dans *Fantaisies à la manière de Callot* (1808-1815), trad. de Henri Egmont, revue par A. Béguin et M. Laval, Club des libraires de France, 1956, t. I, p. 44-45.

Stendhal. Les accords si sombres de Mozart.

Ensuite il déchiffra sur son piano tout un acte de *Don Juan* et les accords si sombres de Mozart lui rendirent la paix de l'âme.

Armance, 1827, chap. II.

Je ferais dix lieues à pied par la crotte, la chose que je déteste le plus au monde, pour assister à une représentation de *Don Juan* bien joué. Si l'on prononce un mot italien de *Don Juan*, sur-le-champ le souvenir tendre de la musique me revient et s'empare de moi.

Vie de Henry Brulard (1835-1836), chap. 38.

Si vous voulez de la douleur, rappelez-vous

Ah ! rimembranza amara ![1]

---

1. Le duo d'Ottavio et Anna : *Lascia, o cara,*
   La rimembranza amara !

du commencement de *Don Juan*. Remarquez que le mouvement est nécessairement lent et que, peut-être, Mozart lui-même n'eût pu réussir à peindre un désespoir impétueux...
   Vies de Haydn, Mozart..., 1815, lettre IX.

Musset. Perdue dans sa rêverie, Emmeline écoutait.

Elle crut que sa passion pour la musique suffirait pour la rendre heureuse ; elle avait une loge aux Italiens, qu'elle fit tendre de soie comme un boudoir. Cette loge, décorée avec un soin extrême, fut pendant quelque temps l'objet constant de ses pensées ; elle en avait choisi l'étoffe, elle y fit porter une petite glace gothique qu'elle aimait. Ne sachant comment prolonger ce plaisir d'enfant, elle y ajoutait chaque jour quelque chose ; elle fit elle-même pour sa loge un petit tabouret en tapisserie, qui était un chef-d'œuvre ; enfin, quand tout fut décidément achevé, quand il n'y eut plus moyen de rien inventer, elle se trouva seule, un soir, dans son coin chéri, en face du *Don Juan* de Mozart. Elle ne regardait ni la salle ni le théâtre ; elle éprouvait une impatience irrésistible ; Rubini, madame Heinefetter et mademoiselle Sontag chantaient le trio des Masques, que le public leur fit répéter. Perdue dans sa rêverie, Emmeline écoutait de toute son âme ; elle s'aperçut, en revenant à elle, qu'elle avait étendu le bras sur une chaise vide à ses côtés, et qu'elle serrait fortement son mouchoir, à défaut d'une main amie...
   Gilbert allait souvent aux Bouffes, et passait quelquefois un acte dans la loge de la comtesse. Le hasard fit qu'un de ces jours-là on donnât encore *Don Juan*. M. de Marsan y était. Emmeline, lorsque vint le trio, ne put s'empêcher de regarder à côté d'elle et de se souvenir de son mouchoir ; c'était, cette fois, le tour de Gilbert de rêver au son des basses et de la mélancolique harmonie ; toute son âme était sur les lèvres de mademoiselle Sontag, et qui n'eût pas senti comme lui aurait pu le croire amoureux fou de la charmante cantatrice ; les yeux du jeune homme étincelaient. Sur son visage un peu pâle, ombragé de longs cheveux noirs, on lisait le plaisir qu'il éprouvait ; ses lèvres étaient entrouvertes, et sa main tremblante frappait

légèrement la mesure sur le velours de la balustrade. Emmeline sourit ; et en ce moment, je suis forcé de l'avouer, en ce moment, assis au fond de la loge, le comte dormait profondément.

MUSSET, *Emmeline, Œuvres complètes en prose*, Pléiade, p. 403 et 405-406.

Castil-Blaze. Comment on arrangeait Mozart en 1834.

Les traducteurs l'ont fidèlement suivi en adoptant les idées d'Hoffmann qui fait donna Anna amoureuse de son ravisseur ; donna Anna meurt de douleur ou s'empoisonne et son cadavre offert aux regards du coupable, le convoi de l'infortunée défilant sous ses yeux avec les ombres des victimes qu'il a faites sont le prélude horrible des supplices qui lui sont réservés en enfer. Je ne parlerai point du sujet de la pièce, je l'ai fait connaître en indiquant les nuances légères *(sic !)* introduites par les auteurs français dans le livret italien pour arriver à la donnée d'Hoffmann et motiver le spectacle fantastique du dénouement... La statue arrive et renverse, détruit ce palais brillant, ce séjour de joie et de débauche, la salle s'écroule et l'on voit sur les rampes immenses du parc qui l'entoure une foule de femmes vêtues de blanc, portant des flambeaux ; elles entourent le cercueil d'Anna et chantent le chœur foudroyant du *Requiem* de Mozart, *Dies irae*. Ce dernier effet a produit une sensation que je ne chercherai pas à décrire.

CASTIL-BLAZE rend compte d'une représentation du *Don Giovanni* à l'Opéra de Paris, en 1834, dans *Molière musicien*, Paris, 1852, p. 321 ss.

Kierkegaard. L'air du Champagne.

On y chercherait en vain, je pense, une situation dramatique, mais cet air en a d'autant plus une signification d'effusion lyrique. Don Juan est fatigué par les multiples intrigues qui s'entremêlent ; cependant il n'est nullement abattu, son âme est plus vigoureuse que jamais, il ne sent pas le besoin d'être entouré de gaieté, ni d'observer et d'écouter le pétillement du vin, ni de se fortifier en le buvant ; la vitalité intérieure jaillit en lui plus forte et plus riche que jamais. Mozart l'a toujours conçu idéalement, comme vie, comme puissance, mais idéalement en face d'une réalité ; ici il est, pour ainsi dire, idéalement enivré de lui-même. Si toutes les jeunes filles du monde entier l'entouraient en ce moment, il ne serait pas dangereux pour elles, car c'est comme s'il était trop fort pour vouloir les séduire ; les jouissances les plus variées de la réalité ne sont rien pour lui en comparaison de ce dont il jouit en lui-même. Ici on voit clairement ce que cela veut dire, que la nature de Don Juan est musique. C'est comme s'il se décomposait devant nous en musique, il se déploie en un monde de sons. On a appelé cet air l'air du Champagne, et c'est, sans doute, très caractéristique. Mais il est important de comprendre que le rapport de Don Juan avec cet air n'est pas seulement fortuit. Sa vie est ainsi, mousseuse comme le Champagne. Et comme les bulles montent dans ce vin pendant qu'il bout dans sa chaleur intérieure, vibrant dans sa propre mélodie, – comme les bulles montent et continuent à monter, le plaisir de la jouissance résonne dans ce bouillonnement d'éléments qu'est la vie. Nous voyons donc que l'importance dramatique de cet air ne vient pas de la situation, mais du son fondamental de l'opéra qui sonne ici et résonne en lui-même.

KIERKEGAARD, *Ou bien... ou bien*, p. 104-105.

Berlioz. Une voix discordante.

J'ai dit qu'à l'époque de mon premier concours à l'Institut j'étais exclusivement adonné à l'étude de la grande musique dramatique ; c'est de la tragédie lyrique que j'aurais dû dire, et ce fut la raison du *calme* avec lequel j'admirais Mozart.

Gluck et Spontini avaient seuls le pouvoir de me passionner. Or voici la cause de ma tiédeur pour l'auteur de *Don Juan*. Ses deux opéras le plus souvent représentés à Paris étaient *Don Juan* et *Figaro ;* mais ils y étaient chantés en langue italienne, par des Italiens et au Théâtre-Italien ; et cela suffisait pour que je ne pusse me défendre d'un certain éloignement pour ces chefs-d'œuvre. Ils avaient à mes yeux le tort de paraître appartenir à l'école ultramontaine. En outre, et ceci est plus raisonnable, j'avais été choqué d'un passage du rôle de dona Anna, dans lequel Mozart a eu le malheur d'écrire une déplorable vocalise qui fait tache dans sa lumineuse partition. Je veux parler de l'allegro de l'air de soprano (N° 22), au second acte, air d'une tristesse profonde, où toute la poésie de l'amour se montre éplorée et en deuil, et où l'on trouve néanmoins vers la fin du morceau des notes ridicules et d'une inconvenance tellement choquante, qu'on a peine à croire qu'elles aient pu échapper à la plume d'un pareil homme. Dona Anna semble là essuyer ses larmes et se livrer tout d'un coup à d'indécentes bouffonneries. Les paroles de ce passage sont : *Forse un giorno il cielo ancora sentirà a-a-a* (ici un trait incroyable et du plus mauvais style) *pietà di me.* Il faut avouer que c'est une singulière façon, pour la noble fille outragée, d'exprimer *l'espoir que le ciel aura un jour pitié d'elle!...* Il m'était difficile de pardonner à Mozart une telle énormité. Aujourd'hui, je sens que je donnerais une partie de mon sang pour effacer cette honteuse page et quelques autres du même genre, dont on est bien forcé de reconnaître l'existence dans ses œuvres[1].

Je ne pouvais donc que me méfier de ses doctrines dramatiques, et cela suffisait pour faire descendre à un degré voisin de zéro le thermomètre de l'enthousiasme.

Hector BERLIOZ, *Mémoires*, 1865 (chap. XVII).

Même indignation dans *À travers chants*, chap. XXIV : « ... une série de notes aiguës, vocalisées, piquées, caquetantes, sautillantes... »

Shaw. Don Juan revient sur la terre.

La narratrice, une jeune Anglaise, a assisté un soir à une représentation de Don Giovanni *à Londres. Le train la ramène chez elle; seule*

---

1. Je trouve même l'épithète de *honteuse* insuffisante pour flétrir ce passage. Mozart a commis là contre la passion, contre le sentiment, contre le bon goût et le bon sens, un des crimes les plus odieux et les plus insensés que l'on puisse citer dans l'histoire de l'art.

dans son compartiment, elle est surprise, un peu effrayée de voir, assis en face d'elle un voyageur élégant qu'elle n'a pas entendu entrer. Celui-ci la rassure : « Je ne suis qu'un fantôme » ; la conversation s'engage, il est amené à dire ce que fut sa vie terrestre : « J'étais un gentilhomme espagnol..., le dernier descendant de la famille Tenorio », jeune homme sérieux, timide, scrupuleux, fuyant les femmes qui le pour-suivaient et lui faisaient une réputation de libertin, qu'il n'a jamais méritée, etc... Cette confession terminée, la narratrice lui demande ce que sont devenus les autres personnages de son histoire :

Ottavio est mort, Anna s'est remise en deuil et l'a porté avec ostentation jusqu'à quarante ans, après quoi elle a épousé un pres-bytérien écossais et a quitté l'Espagne. Elvire a cherché à se rema-rier, mais n'y est pas parvenue, c'était pourtant une jolie femme, elle a gagné sa vie en donnant des leçons de chant. La jeune paysanne, dont j'ai oublié le nom, devint bientôt célèbre pour son habileté à blanchir le linge –

— Ne s'appelait-elle pas Zerline ?

— C'est bien possible ; mais puis-je vous demander comment vous le savez ?

— C'est une tradition, on se souvient encore très bien de Don Giovanni Tenorio. Il y a une grande pièce de théâtre, et un grand opéra sur vous.

— Vous me surprenez. J'aimerais bien assister à une représen-tation de ces œuvres. Puis-je vous demander si elles donnent une bonne idée de mon personnage ?

— Elles montrent que les femmes tombent amoureuses de vous.

— Sans doute ; mais est-ce qu'on indique bien que je ne suis jamais amoureux d'elles, que je m'efforce sérieusement de les rap-peler au sentiment de leur devoir, et que je repousse leurs avances sans me laisser fléchir ? Est-ce que cela est bien clair ?

— Non, Monsieur, j'ai peur que non. Ce serait plutôt le contraire, je crois.

— Étrange, comme la médisance s'attache à votre réputation ! Ainsi, je suis connu et détesté comme un libertin !

– Oh! pas détesté, je vous assure. Vous êtes très populaire. Les gens seraient extrêmement déçus s'ils connaissaient la vérité.

– C'est bien possible. Les femmes de mes amis, quand je refusais de m'enfuir avec elles, allant jusqu'à les menacer de tout dire à leur mari si elles ne cessaient pas de me poursuivre, me traitaient de benêt. Peut-être pensez-vous comme elles ?

– Non, dis-je. Mais, je ne sais ce qui me prit alors ; je n'étais pas la même avec lui qu'avec les autres hommes, j'avançai la main et je dis : « Vous aviez raison, ce n'étaient pas de vraies femmes ; si elles avaient su ce qu'elles se devaient, elles n'auraient jamais fait d'avances à un homme ; mais je – je – j'aime... ». Je m'arrêtai, paralysée par la lueur d'étonnement que je vis dans ses yeux.

– Même à mon fantôme ! s'écria-t-il. Ne savez-vous pas, Senorita, que les jeunes Anglaises ne passent pas pour faire, sans y être invitées, des déclarations à un gentleman dans le train, la nuit ?

– Je le sais bien ; mais tant pis ! Évidemment, je ne le ferais pas si vous n'étiez un fantôme. Je n'y peux rien. Si vous étiez réel, je ferais trente lieues pour vous entrevoir ; et je vous forcerais à m'aimer en dépit de votre froideur.

– Exactement ce qu'elles me disaient ! Mot pour mot, – sauf qu'elles le disaient en espagnol !...

G. B. SHAW, « Don Giovanni explains » (1887), dans *Short Stories, Scraps and Shavings*, Leipzig-Paris, 1935, p. 100-125 (fragment ci-dessus, p. 123-124). (Je traduis.)

Joyce. Don Giovanni *dans* Ulysse.

La rêverie sur le duo La ci darem la mano *que Molly doit chanter prochainement ; le surgissement d'un juge de pierre condamnant Bloom à mort ; l'apparition de la mère morte répétant à Stephen* Repens-toi, *en écho des* Pentiti *du finale : le* Don Giovanni *exerce dans le roman de Joyce une présence diffuse, qui se distribue sur ses trois protagonistes :*

... À sa coiffure ; elle fredonna : *Voglio e non vorrei.* Non ; *vorrei e non.* Elle examine le bout de ses cheveux pour voir s'ils font la fourche.

Mi trema un poco il. Quelle belle note elle trouve sur ce *tre :* pathétique. Une fauvette. Une grive. Il y a un mot grive qui exprime ça.

. . . .

L'HUISSIER AUDIENCIER, *d'une voix forte.* – Attendu que Léopold Bloom, sans domicile fixe, est un dynamiteur avéré, faussaire, bigame, maquereau et cocu et un danger public pour les citoyens de Dublin et attendu qu'à cette session des assises le très honorable...

> *(Son Honneur Sir Frederick Falkiner, premier magistrat de Dublin, judiciairement vêtu de pierre grise, avec une barbe de Commandeur, se lève à son banc. Il porte dans ses bras une main de justice en forme de parapluie. De son front sortent, roides, les cornes de bélier mosaïques.)*

L'AVOCAT GÉNÉRAL. – Je mettrai fin à cette traite des blanches, je purgerai Dublin de ce fléau nauséabond. C'est un scandale ! *(Il coiffe la toque noire.)* M. le Sous-Shérif, qu'il soit emmené hors du banc qu'il occupe et incarcéré dans la prison de Montjoie, pour y être détenu aussi longtemps qu'il plaira à Sa Majesté et pour y être pendu haut et court jusqu'à ce que mort s'ensuive...

. . . .

LA MÈRE, *avec des yeux qui brasillent.* – Repens-toi ! Oh, le feu de l'enfer !...

LA MÈRE, *se tord lentement les mains, avec des gémissements de désespérée.* – Ô Sacré Cœur de Jésus, ayez pitié de lui ! Sauvez-le de l'enfer, ô divin Sacré Cœur !

STEPHEN. – Non ! Non ! Et non !...

James JOYCE, *Ulysse,* 1922, trad. Gallimard, 1948, p. 92, 451, 520-521.

Jouve. Don Juan.

> Je t'écoute ô Chant très profond – revenu
> De chez les puissants morts
> Ayant souffert la perte de chair et de toute œuvre
> Ayant perdu le génie blanc au phallus sombre
> Ayant serré la main du Convive de Pierre.

Ô génie doux Enfant, pitié pour ma misère !
Je t'ai cherché parmi les plus noires des eaux.
Je crois que ton aurore est plus belle, que mes yeux
Vont plus loin, que le charme est plus fort, que le sexe
Est plus sombre et que la mort est plus brillante
Aux vieux os des cimetières magiciens
Ramenés par la montagne – et que mon malheur
Est grand – que la lumière des grands secrets
Avec les héros peints de la vie et la mort
Du moins s'est produite à mon cœur et s'est dite
Lorsque la main me tient du Convive de Pierre.

Pierre-Jean JOUVE, *Kyrie*, Paris, 1938, p. 366-367.

Jouve. Anna, le grand personnage affectif de Don Giovanni.

Le premier amour du drame est directement mélangé avec la mort.
Ou encore, dans l'aventure de Don Juan, le drame se produit sur ce
sombre événement, l'amour de Donna Anna.

On connaît l'interprétation que E. T. A. Hoffmann a donnée
de cet amour. Donna Anna serait pour Don Juan le cœur du désir,
l'objet féminin entre tous. Don Giovanni et Donna Anna seraient
deux êtres prédestinés l'un pour l'autre, mais qui se rencontrent
trop tard. Lui est l'homme doué de puissance démoniaque ; elle, est
la femme que le romantisme de Hoffmann nomme « céleste », sur
qui le diable devait être sans prise…

Pour nous, cette thèse demande à être éclairée au moyen d'une
autre image qui est celle du Commandeur. Que Donna Anna soit
profondément et lointainement liée au père, c'est l'évidence, et tout
l'opéra va en témoigner. Évidence dramatique, évidence musicale.
La violence apparemment injustifiée de l'Air *Fuggi, crudele*, l'égarement du thème de tendresse qui s'insinue ensuite, nous renseignent
là-dessus mieux que tout un discours. Il n'y a point de figure mater-
nelle auprès de Donna Anna : elle est pour ainsi dire sans mère,
vivant auprès du père et pour le père. Lorsqu'elle vient de s'échapper des baisers du séducteur, elle ne peut supporter la vue du père,

et nous pouvons interpréter son étrange départ, juste avant le duel, comme une fuite ; elle laisse le père en danger ; plus tard elle revient, avec la culpabilité aiguë de l'avoir laissé en danger. Cette femme, inconsciemment liée au père, a reporté sur l'homme le désir d'être séduite, d'être forcée, en même temps qu'elle éprouve pour le séducteur, rival indigne du père, un amour-haine dont elle ne pourra jamais se guérir. Elle appelle le viol, et le viol faisant mourir celui qu'elle aime, elle en meurt. Dans cette détermination, Anna est entière, sincère, et l'on pourrait dire : pure. Et ce qu'il lui est permis de voir en elle (tout le secret demeurant caché) c'est seulement l'idée de vengeance, qui n'est autre que son besoin de tout détruire d'une situation coupable.

Donna Anna est le grand personnage affectif de *Don Giovanni*. En elle, sur elle, se joue le drame essentiel de Don Juan. En elle sont la douleur, la folie et l'impuissance. Mais son développement, c'est celui du *témoin* du péché d'abord et de la punition ensuite.

Pierre-Jean JOUVE, *Le Don Juan de Mozart*, Fribourg et Paris, Egloff 1942, p. 68-71 (sur Acte I, scène 3).

Bataille. Comme si les cieux s'ouvraient.

Pour exprimer le mouvement qui va de l'exultation (de son heureuse, éclatante ironie) à l'instant de la déchirure, je recourrai une fois de plus à la musique.

Le *Don Juan* de Mozart (que j'évoque après Kierkegaard et que j'entendis – une fois du moins – comme si les cieux s'ouvraient – mais la première seulement, car après coup, je *m'y attendais* : le miracle n'opéra plus) présente deux instants décisifs. Dans le premier, l'angoisse – pour nous – est déjà là (le Commandeur est convié au souper), mais Don Juan chante :

« *Vivan le femmine ! – Viva il buon vino ! – Gloria e sostegno – d'umanità.* »

Dans le second, le héros tenant la main de pierre du Commandeur – qui le glace – et pressé de se repentir – répond (c'est, avant qu'il ne tombe foudroyé, la dernière réplique) :

« *No, vecchio infatuato !* »

(Le bavardage futile – psychologique – à propos de « don juanisme » me surprend, me répugne. Don Juan n'est à mes yeux plus naïfs qu'une incarnation personnelle de la fête, de l'heureuse orgie, qui nie et divinement renverse les obstacles.)

Georges BATAILLE, L'Expérience intérieure, Paris, Gallimard, 1943, p. 121.

Blanchot. Au fond du mythe l'énigme de la statue de pierre.

Ce Don Juan de Blanchot, héros joyeux, mis en présence « d'Anna, son égale », d'où vient-il, sinon de Mozart ? d'un Don Giovanni *revu par Hoffmann et Jouve ?*

... Rien de plus joyeux que Don Juan, rien aussi de plus « sain », comme le dit Micheline Sauvage ; c'est vraiment un héros superbe, homme d'épée, de courage, homme qui introduit dans la nuit la vivacité et l'allant du jour. Seulement, il a une faiblesse, si c'en est une, un parti pris invincible : il veut être à la fois désir et liberté, liberté désirante, l'homme qui, dans la lourdeur de la fascination, resterait légèreté, action souveraine, maîtrise. La conséquence, c'est le Commandeur, et le Commandeur, c'est la rencontre de la passion devenue la froideur et l'impersonnalité de la nuit, cette nuit de pierre que précisément le désir chantant d'Orphée réussit à ouvrir.

Est-ce parce qu'il s'est trouvé en face d'Anna, son égale, est-ce parce que devant elle sa liberté a failli ? Est-ce parce qu'il aurait rencontré en cette énigmatique Anna Yseut qui fait de lui Tristan ? Du moins on peut dire que le Commandeur et le rendez-vous avec le Commandeur, c'est le rendez-vous avec l'espace du désir où erre Tristan, espace qui est le désir de la nuit, mais nuit qui est nécessairement vide pour qui veut garder la plénitude de la maîtrise personnelle, nuit qui oppose l'impersonnalité et la froideur de la pierre à celui qui l'attaque par l'épée et avec les signes de la provocation et du pouvoir. Toutes les nuits de Don Juan se rassemblent en cette nuit qu'il ne sait pas désirer, qu'il veut seulement combattre, homme, jusqu'à la fin, de l'initiative, là où cependant règne la démesure de l'indécision.

Il est remarquable que, formé dans un univers chrétien où tout invitait, face à l'homme du plaisir terrestre, à incarner la puissance finale qui le saisit en une présence grandiose, spirituellement riche, le mythe ait fait de cette image de la transcendance quelque chose de froid, de vide, de terrifiant certes, mais par sa froideur et son irréalité vide. Cela ne veut pas dire que le mythe de Don Juan soit finalement athée, mais ce qu'il rencontre est encore plus extrême que l'autre monde : ce qu'il rencontre, ce n'est pas la Toute-Puissance, rencontre qui au fond lui plairait, à lui, homme du pouvoir guerrier, du désir combattant, ce n'est pas l'extrême du possible, mais l'impossibilité, l'abîme du non-pouvoir, la démesure glacée de l'*autre* nuit. Il y a toujours au fond du mythe l'énigme de la statue de pierre, qui n'est pas seulement la mort, chrétienne –, qui est l'impersonnalité de tout rapport, le dehors même. Et le dernier repas avec le Commandeur, cette cérémonie courtoise qui emprunte ironiquement la forme d'une vie hautement socialisée, représente le défi de Don Juan, résolu à traiter l'*autre* comme si l'*autre* était encore lui-même, sans accepter de pressentir, dans cet *autre* avec qui il n'y a pas de rapport possible, ce qu'il a décidément écarté de son commerce avec les êtres, par le parti pris de son désir mutilé. Et, maintenant, ce qu'il saisit, c'est une main froide, ce qu'il aperçoit, lui qui a choisi de ne pas regarder le visage nu des êtres déchirés, c'est le vide qu'est alors cette nudité.

Maurice BLANCHOT, « Orphée, Don Juan, Tristan », *L'Entretien infini*, Paris, Gallimard, 1969, p. 282-284.

ANNEXES

Catalogue des versions

Corpus insaisissable dans sa totalité. J'ai retenu les seules versions que j'ai lues. On trouvera d'autres titres dans les bibliographies générales mentionnées plus loin. Sont exclus les textes qui ne sont pas en rapport strict avec le *mythe* de Don Juan.

I. Théâtre

Tirso de Molina (attr. gén. admise)	*El Burlador de Sevilla, y combidado de piedra*, 1630.
Pseudo-Cicognini	*Il convitato di pietra*, 1640-1650? (Croce a démontré que la pièce n'est pas de Cicognini et qu'il existait avant 1640 au moins un scénario tiré de la pièce espagnole).
scénario anon.	*Il convitato di pietra*, prob. milieu XVIIᵉ s.
scénario anon.	*L'ateista fulminato*, prob. milieu XVIIᵉ s. (Ces trois textes dans G. Macchia, v. bibliogr.).
scénario anon.	*Il convitato di pietra*, milieu XVIIᵉ s. ? (dans Petraccone, *La Commedia dell'arte*, Naples, 1927).
Dorimon	*Le Festin de Pierre ou Le fils criminel*, Lyon, 1659.
Villiers	*Le Festin de Pierre ou Le fils criminel*, Paris, 1660.
Biancolelli	*Le Festin de Pierre*, vers 1660 (joué à Paris) (ms. italien perdu, connu par trad. fr. ms. de Gueulette, début XVIIIᵉ s. Se trouve dans G. Macchia).
Molière	*Dom Juan ou Le Festin de Pierre*, 1665.
Rosimond	*Le Nouveau Festin de Pierre ou L'athée foudroyé*, Paris, 1669.
Acciaiuoli F.,	*L'Empio punito, dramma per musica*, Rome, 1669 (musique perdue de Melani).

CORNEILLE Th.,   *Le Festin de Pierre*, Paris, 1677 (refonte versifiée de *Dom Juan* de Molière, ajoute des figures féminines, supprime la scène du Pauvre, etc.).

DE CORDOVA Y MALDONADO A.,   *La venganza en el sepulcro*, 3ᵉ tiers XVIIᵉ s. (ms. publié au XXᵉ siècle, reproduit dans A. Baquero, voir bibliogr).

SHADWELL Th.,   *The Libertine*, Londres, 1676.

PERRUCCI (pseud. E. PREUDARCA) A.,   *Il convitato di pietra*, Naples, 1690 (refonte d'une 1ʳᵉ version de 1678).

LE TELLIER   *Le Festin de Pierre*, Paris, 1713 (opéra comique) (3 versions ms. à la B. N., publ. annoncée par M. Spaziani).

DE ZAMORA A.,   *No hay plazo que no se cumpla, ni deuda que no se pague, y combidado de piedra*, Madrid, 1714 ?

GOLDONI   *Don Giovanni Tenorio ossia Il dissoluto*, Venise, 1736.

GLUCK   *Don Juan*, ballet, Vienne, 1761 (texte, en français, du chorégraphe G. Angiolini).

Les opéras (entre parenthèses, le nom du librettiste, quand il est connu) :

CALEGARI (?)   *Il convitato di pietra*, dramma giocoso per musica, Venise, 1777.

RIGHINI (Porta ?)   *Il convitato di pietra o sia Il dissoluto*, dramma tragicomico, Prague et Vienne, 1777.

TRITTO (Lorenzi)   *Il convitato di pietra*, commedia per musica, Naples, 1783.

ALBERTINI (?)   *Il Don Giovanni*, Varsovie, 1784.

FABRIZI (Lorenzi)   *Il convitato di pietra*, Rome 1787.

GARDI (Foppa ?)   *Il nuovo convitato di pietra*, dramma tragicomico, Venise carnaval 1787.

GAZZANIGA (Bertati)   *Don Giovanni o sia Il convitato di pietra*, Venise, carnaval 1787 (a été repris en 1973 à Sienne et en 1976 à Lugano, Radio Suisse italienne).

Mozart (Da Ponte)	*Don Giovanni*, Prague, 1787.
Marinelli K.,	*Don Juan oder Der steinerne Gast*, Vienne, 1783 (curieuse adaptation de Molière au Kasperl viennois).
Rivière	*Le Grand Festin de Pierre*, scènes foraines, Paris, 1811.
Grabbe	*Don Juan und Faust*, Francfort, 1829.
Pouchkine	*L'Invité de pierre*, Saint-Pétersbourg, 1830.
Musset	*Une Matinée de Don Juan*, Paris, 1833.
Blaze de Bury (pseudo. Werner) H.,	*Le Souper chez le Commandeur*, Paris, 1834.
Dumas A.,	*Don Juan de Marana ou La chute d'un ange*, Paris, 1836.
de Gobineau A.,	*Les Adieux de Don Juan*, Paris, 1844.
Zorrilla J.,	*Don Juan Tenorio*, Madrid, 1844.
Lenau N.,	*Don Juan, Ein dramatisches Gedicht*, 1844, publ. posth. 1851.
Levavasseur G.,	*Don Juan barbon* dans *Farces et moralités*, Paris, 1848.
Baudelaire	*La Fin de Don Juan* (ébauche), 1853 ?, publ. posth. Paris, 1887.
Jourdain V.,	*Don Juan, drame fantastique*, Paris, 1855.
Tolstoï A.,	*Don Juan*, Saint-Pétersbourg, 1862.
Laverdant D.,	*Don Juan converti, Drame en sept actes*, Paris, 1864.
Aicard J.,	*Don Juan 89*, Paris, 1889.
Eudel P., et Mangin E.,	*La Statue du Commandeur* (pantomime), Paris, 1892.
Richepin J.,	« Don Juaneries », dans *Théâtre chimérique*, Paris, 1896.
Lavedan H.,	*Le Marquis de Priola*, Paris, 1902.
Bernhardi O. K.,	*Don Juan*, Berlin, 1903.
Shaw G. B.,	*Man and Superman*, 1901-1903, trad. fr. Hamon, Paris, 1912.
de Milosz O. V.,	*Scènes de Don Juan*, 1906, publ. posth. dans *Œuvres complètes*, t. IV, Paris, 1945.

Mounet-Sully J.,	*La Vieillesse de Don Juan*, Paris, 1906.
de Régnier H.,	*Les Scrupules de Sganarelle*, Paris, 1908.
Oukrainka L.,	*L'Amphitryon de pierre*, 1912, trad. de l'ukrainien en français par O. Witochynska, 1976 (inédit).
Rostand E.,	*La Dernière Nuit de Don Juan*, Paris, 1921.
Lenormand H.,	*L'Homme et ses fantômes*, Paris, 1924.
del Valle-Inclàn R.,	*Las galas del difunto* (1 acte), Madrid, 1925.
de Ghelderode M.,	*Don Juan ou Les amants chimériques*, 1928, dans *Théâtre*, t. IV, Paris, 1955.
de Unamuno M.,	*El hermano Juan o El mundo es teatro, vieja comedia nueva*, Madrid, 1934.
von Horvath O.,	*Don Juan kommt aus dem Krieg*, Vienne, 1935, trad. fr. de R. Saurel dans *La Nuit italienne*, Paris, 1967.
Puget C. A.,	*Échec à Don Juan*, Paris, 1944.
Lilar S.,	*Burlador ou l'Ange du démon*, Paris, 1947.
Bertin Ch.,	*Don Juan*, Bruxelles, 1947
Obey A.,	*L'Homme de cendres*, Paris, 1949 (3ᵉ version de *Don Juan*, 1934, *Le Trompeur de Séville*, 1937).
Brecht B.,	*Don Juan von Molière, Bearbeitung*, 1952, dans *Stücke*, t. XII, Francfort, 1959.
Frisch M.,	*Don Juan oder die Liebe zur Geometrie*, Francfort, 1953, 2ᵉ version revue 1961, trad. fr. de H. Bergerot, Paris, 1969.
Anouilh J.,	*Ornifle ou Le courant d'air*, Paris, 1955.
de Montherlant H.,	*Don Juan*, Paris, 1958.
Vailland R.,	*Monsieur Jean*, Paris, 1959, dans *Œuvres*, t. IV, Lausanne, 1967.
Perrelet O.,	*La Fin de Don Juan*, 1977 (inédit).

II. Récits

Hoffmann E. T. A.,	*Don Juan*, 1813. Trad. fr. d'H. Egmont, 1836, reprise dans *Contes et Dessins*, Paris, 1956, t. I.

BYRON	*Don Juan*, Londres, 1819-1824, trad. fr. d'A. Digeon, Paris, 1974.
MUSSET	*Namouna*, Paris, 1832.
MÉRIMÉE	*Les Âmes du Purgatoire*, Paris, 1834.
MUSSET	*Emmeline*, Paris, 1837.
GAUTIER	*La Comédie de la Mort*, Paris, 1838.
SAND G.,	*Lélia*, Paris, 1839 (2ᵉ version augmentée de l'éd. 1833).
SAND G.,	*Le Château des Désertes*, Paris, 1847.
FLAUBERT	*Une Nuit de Don Juan* (ébauche), 1851 (posthume).
MALEFILLE F.,	*Mémoires de Don Juan*, Paris, 1852.
MÖRIKE E.,	*Mozart auf der Reise nach Prag*, 1856.
VILLIERS DE L'ISLE-ADAM	« Hermosa » dans *Premières poésies, 1856-1858*, Lyon, 1859.
SHAW G. B.,	*Don Giovanni explains*, 1887, dans *Short Stories, scraps and shavings*, éd. de Paris et Leipzig, 1935.
MONTÉGUT M.,	*Don Juan à Lesbos*, Paris, 1892.
ROUJON H.,	*Miremonde*, Paris, 1895.
APOLLINAIRE	*Les trois Don Juan*, Paris, 1915 (compilation et montage) dans *Œuvres en prose*, éd. Décaudin, Paris, Pléiade, 1977, t. I.
ZÉVACO M.,	*Don Juan* et *Le roi amoureux*, Paris, 1916.
AZORIN	*Don Juan*, Madrid, 1922 (un Don Juan comparse que l'épilogue transforme en François d'Assise).
DELTEIL J.,	*Don Juan*, Paris, 1930.
COLETTE	*Supplément à Don Juan*, Paris, 1931.
CAPEK K.,	« La confession de Don Juan » dans *Récits apocryphes*, Prague, 1932, trad. du tchèque par M. Poulette, Lausanne, 1969.
JIRAT V.,	*Le Dialogue de Venise*, Prague, 1945, trad. inédite du tchèque par H. Jechovà et M. E. Ducreux.
JOUHANDEAU M.,	*Don Juan*, Paris, 1948.

DES FORÊTS R. L.,   « Les grands moments d'un chan-
                           teur » dans *La chambre des enfants,
                           Récits*, Paris, 1960.
BALLESTER T. G.,   *Don Juan*, Barcelone, 1963 (roman :
                           Don Juan et Leporello dans le Paris
                           de 1960).
PELEGRIN B.,   *Concertino pour corps et cœur*, Paris,
                           1968 (Don Juan à Aix-en-Provence)
BUTOR M.,   *Une chanson pour Don Juan*, Dijon,
                           1975.

Bibliographie

I. Bibliographies et catalogues de versions

SINGER A. E., *A Bibliography of the Don Juan Theme. Versions and Criticism* dans *West Virginia University Bulletin*, 1954.

Contient 4303 numéros; c'est dire l'ampleur de ce travail; on peut lui reprocher de n'être pas suffisamment sélectif.

Des suppléments dans le *West Virginia University Philological Papers*, 1966, 1970, 1973.

WEINSTEIN L., *The Metamorphoses of Don Juan*, Stanford, 1959 : bibliographie et catalogue de versions (sélectifs), p. 177-214.

FRENZEL E., *Stoffe der Weltliteratur*, Stuttgart, 1970, p. 154-159.

V. aussi HESSE E. W., sous *Études particulières* 1 sur le *Burlador*.

II. Études générales

1. – Histoire

GENDARME DE BÉVOTTE G., *La Légende de Don Juan. Son évolution dans la littérature des origines au romantisme*, Paris, 1906.

Même ouvrage, abrégé mais prolongé jusqu'au début du xxᵉ siècle : Paris, 1911.

WEINSTEIN L., *The Metamorphoses of Don Juan*, Stanford, 1959.

Déjà citée pour son catalogue des versions, cette étude d'ensemble, de Tirso à Montherlant, est une excellente réflexion sur les variations du thème.

MONCH W., « Don Juan. Ein Drama der europäischen Bühne », *Revue de littérature comparée*, oct.déc. 1961.

BAQUERO A., *Don Juan y su evolucion dramatica. El personaje teatral en seis comedias españolas*, 2 vol., Madrid, 1966.

Moins utile par ses notices que par la publication complète des pièces espagnoles.

PETZOLDT L., *Der Tote als Gast. Volkssage und Exempel*, Helsinki, 1968.

Fondamental pour la préhistoire du mythe : le thème folklorique de l'invitation au mort.

2. – Essais critiques

RANK O., *Don Juan. Une étude sur le double*, 1922, trad. de l'allemand par S. Lautman, Paris, 1932.

SAUVAGE M., *Le cas Don Juan*, Paris, 1953.
Essai original et informé axé principalement, mais non uniquement, sur l'expérience temporelle du héros.

TORRENTE BALLESTER G., « Don Juan tratado y maltratado », *Teatro español contemporaneo*, Madrid, 1957.
Par l'auteur d'un *Don Juan* (roman), art. compétent sur quelques *Don Juan* espagnols récents : Grau, Unamuno...

MACCHIA G., *Vita avventure e morte di Don Giovanni*, Bari, 1966, réimpr. Turin, 1978, augmentée d'une « Nota bibliografica ».
Ouvrage indispensable : avec l'un des meilleurs essais écrits sur le sujet, rassemble les textes et scénarios italiens du XVIIe siècle revus sur les manuscrits.

GNÜG H., *Don Juans theatralische Existenz. Typ und Gattung*, Munich, 1974.
Pose une relation nécessaire entre le héros et le genre dramatique ; analyse successivement les principaux textes dramatiques de Tirso à Frisch.

Obliques, Nᵒˢ 4 et 5 de cette revue, Paris, 1974, réimpr. en un vol. en 1978.
Intéressant ensemble de textes et d'essais.

WITTMANN B., *Don Juan. Darstellung und Deutung*, Darmstadt, 1976.
Recueil d'articles ou de chapitres d'une trentaine d'auteurs européens et américains visant à donner un panorama de la recherche contemporaine (1921-1974). Un choix bibliogr. p. 429-436.

III. Études particulières

Cette section se limite, sur les trois *Don Juan* majeurs, à quelques-uns des titres utilisés, et toujours utiles ; certains d'entre eux offrent des compléments bibliographiques récents.

1. – Sur le Burlador

MENENDEZ PIDAL R., *Estudios literarios*, Madrid, 1920.
Ouvrage collectif *Tirso de Molina*, Madrid, 1949, avec bibliographie de Tirso et un catalogue des versions de *Don Juan* par E. W. Hesse, p. 781-889.

AUBRUN Ch., « Le Don Juan de Tirso de Molina, essai d'interprétation », *Bulletin hispanique*, Paris, 1957.

GUENOUN P., *Tirso de Molina : l'abuseur de Séville*, pour l'importante introduction à cette édition et traduction du *Burlador*, Paris, 1962.

MAUREL S., *L'Univers dramatique de Tirso de Molina*, Poitiers, 1971.

MULLER-BOCHAT E., « Tirsos Themen und das Ende Don Juans », *Spanische Literatur im Goldenen Zeitalter* (hommage à Fritz Schalk), Francfort, 1973.

MOLHO M., « Oedipe Burlador ou la théorie du masque, essai d'une lecture psychocritique de D. J. 1. (= Tirso) », *Travaux de l'Université de Toulouse-Le Mirail*, t. V, 1977.

Du même auteur, d'autres articles à paraître.

2. – Sur le *Dom Juan* de Molière

Le tome V des *Œuvres* de Molière dans l'éd. des G. E. F., Paris, 1880, fournit en appendice quelques documents contemporains : un pamphlet, les *Observations* de Rochemont, et des réponses à ces *Observations*, ainsi qu'un « programme-annonce » pour une représentation de la pièce en province (à Grenoble ?), vantant « les superbes machines et les magnifiques changements de théâtre du *Festin de Pierre* » et donnant un argument détaillé qui atteste un certain nombre de modifications par rapport au texte que nous connaissons.

GENDARME DE BÉVOTTE G., Le *Festin de Pierre* avant Molière, Paris, 1907.

Donne les textes de Dorimon et Villiers.

BALMAS E., *Il mito di Don Giovanni nel seicento francese*, t. I. *-I testi*, Milan, 1977.

Outre les textes de Dorimon et Villiers, donne celui de Rosimon (1669). t. II. – *Nascita ed evoluzione del mito dagli scenari a Rosimon*, ib., 1978.

MARANINI L., *Morte e commedia di Don Juan*, Bologne, 1937.

VILLIERS A., *Le Dom Juan de Molière, un problème de mise en scène*, Paris, 1947.

BÉNICHOU P., *Morales du Grand Siècle*, Paris, 1948.

GUICHARNAUD J., *Molière, une aventure théâtrale*, Paris, 1963 (p. 175-343 sur le *Dom Juan*).

SCHÉRER J., *Sur le Dom Juan de Molière*, Paris, 1967.

HORVILLE R., *Dom Juan de Molière, une dramaturgie de la rupture*, Paris, 1972 (voir p. 67-80 sur les avatars du texte de Molière au XVIIe siècle ; sur la même question, v. G. Couton, éd. *Œuvres* de Molière, Paris, Pléiade, 1971, t. II, p. 1289 ss).

SANDIER G., *Dom Juan dans la mise en scène de P. Chéreau*, Paris, 1976.

HÖSLE J., *Molières Komödie « Dom Juan »*, Heidelberg, 1978.

REICHLER Cl., *La Diabolie. La séduction, la renardie, l'écriture*, Paris, 1979.

3. – Sur le *Don Giovanni* de Mozart

KUNZE St., *Don Giovanni vor Mozart*, Munich, 1972.

KIERKEGAARD S., « Les étapes érotiques spontanées » dans *Ou bien... Ou bien* (1843), trad. du danois par F. et O. Prior et M. H. Guignot, Paris, 1943.

GOUNOD Ch., *Le « Don Juan » de Mozart*, Paris, 1890.

JOUVE P. J., *Le Don Juan de Mozart*, Paris, 1942.

MASSIN J. et B., *W. A. Mozart*, Paris, 1959 (p. 1048-1067 sur *Don Giovanni*).

ROSENBERG A., *Don Giovanni. Mozarts Oper und Don Juans Gestalt*, Munich, 1968.
BARRAUD H., *Les Cinq Grands Opéras*, Paris, 1972 (p. 9-71 sur *Don Giovanni*).

Disques

GLUCK, *Don Juan*, ballet :
Dir. N. Marriner, Academy of St. Martin-in-the-Fields. Decca, 1968.

MOZART, *Don Giovanni* :Inutile de le dire, les enregistrements sont nombreux ; en voici quatre qui comptent parmi les plus marquants :
Dir. Furtwängler, Siepi et Edelmann en Don Juan et Léporello, Dermota en Ottavio, E. Grümmer, E. Schwarzkopf et E. Berger dans les rôles d'Anna, Elvire et Zerline. Orch. Philh. de Vienne.
(Il s'agit d'une représentation du festival de Salzbourg 1954). Cetra.
Dir. Giulini, Wächter et Taddei en Don Juan et Léporello, Alva en Ottavio, J. Sutherland, E. Schwarzkopf et Gr. Sciutti en Anna, Elvire et Zerline.
Orch. Philh. de Londres.
EMI.
Dir. Klemperer, Ghiaurov et Berry en Don Juan et Léporello, Gedda en Ottavio, Cl. Watson, Chr. Ludwig et M. Freni en Anna, Elvire et Zerline.
Nouvel Orch. Philh. de Londres.
EMI.
Dir. Maazel, Raimondi et Van Dam en Don Juan et Léporello, Riegel en Ottavio, E. Moser, K. Te Kanawa et T. Berganza en Anna, Elvire et Zerline. Orchestre et chœurs de l'Opéra de Paris.
CBS.

STRAUSS R., *Don Juan*, poème symphonique (inspiré de la pièce de Lenau) :
Dir. Clemens Krauss, Orch. Philh. de Vienne. Decca, 1972.

MOLIÈRE, *Dom Juan*, avec Jean Vilar, Daniel Sorano, Georges Wilson, Monique Chaumette, J. P. Moulinot et la troupe du T. N. P.
Encyclopédie sonore.

Films

Citons *L'Œil du diable* de Bergman (1960) et le *Dom Juan* de Molière conçu par M. Bluwal pour la télévision (1965).
Il existe un film du *Don Giovanni* de Mozart, dirigé par Furtwängler au festival de Salzbourg 1954 et, bien entendu, l'inoubliable *Don Giovanni* de J. Losey, également sur la musique de Mozart dirigée par Lorin Maazel (pour la distribution de ces deux œuvres voir à la rubrique *Disques*).

Table des matières

Composition réalisée par Datagrafix

Achevé d'imprimer en France
par Dupli-Print à Domont (95)
en août 2012
www.dupli-print.fr

Armand Colin Editeur
21, rue de Montparnasse – 75006 Paris

11019648 - (I) - (0.9) – OSB 80° - ACT/HBA-ASIATYPE
Dépôt légal : septembre 2012
N° d'impression : 208042